저성장시대에
상품기획을
잘하는
10가지 방법

저성장시대에
상품기획을
잘하는
10가지 방법

한 권으로 끝내는 상품기획의 실전 노하우

최낙삼 지음

도서출판 새빛
SAEVIT

초판을 내고 개정판을 준비하는 사이에 코로나19가 전 세계를 휩쓸고 지나갔다. 이후로도 여파는 계속되고 있어서 증상이 약해졌다고는 하지만 감염자들의 수는 계속되고 있고 지속적으로 변형된 바이러스들이 곳곳에서 출현하고 있어 여전히 주변에서 마스크를 쓴 사람들을 보는 것은 낯선 풍경이 아니다.

서울대학교 김난도 교수의 말처럼 바이러스는 트렌드의 방향을 바꾸지 않고 트렌드의 속도를 높였다. 책을 쓰기 시작했을 무렵 저성장 시대를 알리며 깜빡이던 신호들은 켜진 불로 바뀌었다. 믿고 기대하고 있었던 각종 지표들은 힘 있게 뭔가를 시작하기에는 부담스러운 수치들로 변했다. 소매유통 환경도 크게 변해서 핵가족이라 불리던 4인가구는 1인가구와 2인가구로 분리되어 2021년 기준 전국 세 집 중 한 집은

1인 가구로 채워졌다. 가구수로는 720만 세대에 이르러 4인 이상 가구의 1.8배에 달하고 1,2인 가구를 더할 경우 전체 가구의 65%에 이르는 변화가 있었다. 2017년 1.05명이었던 가임 여성 1명의 합계 출산율은 2021년 0.81명으로 줄어 세계 최저 수준이 됐다. 소비주체로 자리 잡은 MZ세대들과 재력도 있고 감각도 갖춘 X세대들은 각자의 취향을 내세우며 로컬경제(Local economy)와 개념소비, 미닝아웃(Meaning out)과 ESG 등을 비롯한 가성비 이외의 부분에서 구매를 결정하는 변화를 가져왔다. 온라인 소비는 오프라인 전체 소비만큼 비중이 늘었다. 얘기하고 싶었던 '저성장 시대를 대비하는 상품기획의 방법'은 더 필요하게 됐다.

시간이 지나고 다양한 분야의 사람들을 만날수록 더욱 분명해 지는 것은 모든 것의 기본은 '상품'이고 '안전, 위생, 품질'이야말로 아무리 얘기해도 지나치지 않은 '상품의 기본'이라는 사실이다. 여기에 더해져야 하는 것이 '우리만의 차별화'임은 말할 나위가 없다.

어려울 때일수록 기본에 충실한 상품, 기대 이상의 가치를 제공하는 상품이 필요하다. 그리고 그런 상품이 거기에 있음을 알리는 일을 어려워하거나 귀찮아해서는 안 된다. 대부분의 기업은 기획을 못해서 망하지 않고 영업을 못해서 망하기 때문이다.

대량생산과 효율성을 목표하던 시대가 지났다. 더 낫게 만들기 위해 많은 시간과 기술을 투자하는 기업이 필요하지만 모두가 그럴 필요는 없다. 더 낫게 만들 수 없다면 포기하거나 비난할 것이 아니라 다르게 만들면 된다. 이 책은 전적으로 다르게 만드는 방법을 열거하고 있다. 소개된 10가지 방법은 다양하고 쉽다. 상품기획자가 해야 하는 일은 이미 시장에 나와 있는 상품들을 꼼꼼히 살피고 타깃하는 소비자들의 선호를 예측하는 것이다. 그 과정에서 드러난 목표고객의 취향과 요구에 귀를 기울여 자신이 할 수 있는 범위에서 다양하게 시도하고 결과에 따라 즉시 대안을 제시하는 것이다. 10가지 방법이 대안을 제시함에 있어 속도감과 다양성, 현실성과 차별성을 드러내는데 쓸 만한 도구가 되기를 기대한다.

'노화는 주름에서 오는 것이 아니라 권태에서 온다'고 하던데 25년 넘게 상품기획을 하지만 여전히 신기하고 설레는 상품들과 새로운 상황을 즐거운 마음으로 함께 하는 친구인 아내와 그런 아빠와 엄마를 부러워하는 아이들이 있어 감사하고 늘 새로운 생각을 할 수 있도록 아낌없는 응원과 지지를 해주는 아름다운 전익균 대표님이 있어 감사하다.

한 권의 책이 나올 때마나 '복 많은 자'임을 깨닫게 하시니 그 또한 감사하다.

선릉역 베이직랩에서

최낙삼

머리말

아내는 별로 좋아하지 않지만 나름 깨알 같은 웃음과 함께 찡한 여운을 남기며 가끔 다시 보고 싶어지는 범죄 영화 〈타짜〉(2006).

"나, 이대 나온 여자야!" 라는 유행어와 함께, 〈클래식〉(2003)에서 순진하게만 만났던 조승우를 본격적인 성인배우로 각인시킨 이 영화는 20년이 넘도록 상품기획을 하며 상품기획 속에 담긴 뭔가를 알아내고 싶었던 내게 뜻밖의 감동을 주었다.

누나 돈을 갚을 때까지는 두 다리 뻗고 못 잔다며 막무가내로 평경장(배윤식 분)을 귀찮게 했던 고니(조승우 분)가 가까스로 평경장의 제자로 승낙을 받아 화투에 대한 수련을 익히던 어느 날, 고니는 대뜸 평경장에게 평경장의 화투실력이 어느 정도인지를 묻는다.

"선생님은 대한민국에서 랭킹 몇 위쯤 돼요?"

"당연히 내가 일등이지, 인마!"

"에이~."

"어라? 웃네, 이 간나새끼, 화투하면 대한민국에 딱 세 명이야. 경상도에 짝귀. 전라도에 아귀. 그리고 전국적으로 나! 예전에 짝귀랑 아귀가 한판 붙었는데, 아귀가 짝귀의 귀를 잘라버렸어. 기래서 짝귀야."

"그럼 선생님은 아귀랑두 붙어보셨겠네요?"

"아귀의 평생소원이 뭐이가? 조국의 통일? 아니야. 내 팔모가지야. 보라, 짤렸나? 응? 아귀는 아직도 날 쫓아다니고 있어. 이때쯤 니가 그걸 알아야 되는데… 내가 누구냐? 화투를 거의 아트의 경지로 끌어올려서 내가 화투고, 화투가 나인 물아일체의 경지. 응? 혼이 담긴 구라, 으응?"

처음 상품기획을 할 때는 물론이고 상품기획자(MD)로 일을 하면서도 나는 한참 동안 상품이 어떻게 기획되고 어떤 공정에 의해 개발되어 세상에 나오게 되는지 별로 관심이 없었다. 내게는 만들어진 상품이 중요했고 그것을 팔기 위한 경쟁력 있는 가격과 프로모션만 중요했었다.

그도 그럴 것이 좋은사람들 재직시절에는 각각의 품목을 맡고 있는 디자이너들이 시즌마다 신상품을 만들어내니 공정 자체가 나의 관심 꺼리여야 한다는 생각은 해 본 일이 없었고, CJ오쇼핑 재직시절에는 협력업체들이 리스크를 부담하는 조건으로 자기들이 알아서 다 만들어 놓고 줄을 서서 팔아달라고 기다리고 있었기 때문이었다.

어쩌다가 샘플이라도 좀 보려고 자리에 앉으면 한 시간이 멀다하고 수많은 협력업체들이 생각지도 못했던 상품들을 들고 와서 나의 관심과 결정을 기다리고 있었던 그때, 내게는 딱 결과만 중요했었다. 그리고 그게 얼마나 스스로를 부실하게 만드는 생각이었는지 그때는 전혀 몰랐었다.

우연한 기회에 후배 MD들과 그룹 계열사 임직원들에게 홈쇼핑을 비롯한 국내 온라인 유통시장의 특성과 상품기획, 상품소싱에 대한 것을 설명하고 가르쳐야 하는 기회를 얻게 되었다. 그리고 그 과정을 준비하면서 나는 잘한다고 생각했던 스스로의 모습에서 턱없는 부족함을 확실하게 보게 되었다.

'상품기획을 잘하는 방법이 있지 않을까?'

온라인과 오프라인에서 판매되는 소비재 상품들 중에서 잘 팔린 상품들의 공통점을 찾아보기 시작했다. 화려한 구성, 고급스러운 패키지, 파격적인 가격정책, 다양한 판촉과 프로모션들이 제일 먼저 눈에 들어왔지만 공통점은 의외의 곳에 있었다.

고객들은 상품 자체에 더 많은 관심을 가지고 있었고 그것이 주는 '그것만의 가치(Value)'에 매력을 느꼈기 때문에 기꺼이 구매를 결정한다는 것이었다. '상품을 기획한다는 것'은 사람들이 깜짝 놀랄 만한 새로운 상품을 만들어내는 것이 목표이고 그것은 창작의 고통을 수반하는 것이어야 한다고 알고 있었지만 실제로 잘 팔린 상품의 대부분은 그 기초가 '있던 것'에 뿌리를 두고 있음도 알게 되었다. 해답은 새로운 것에 있지 않고 기존의 것에 있었다.

사람들은 항상 '새로운 것(Something new)'을 찾고 있지만 사실 보통 사람들의 수준에서의 창조란 '낯선 것(Something strange)'일 뿐이다. 그래서 우리가 어떤 것을 두고 '창조적인 것'이라고 이름 붙이는 대부분의 것들은 나만, 우리만, 우리 회사만, 우리 업계만 몰랐을 뿐 다른 곳에는 이미 있었던 것을 우리와 지금에 맞게 몇 가지 아이디어를 더해 조금씩 바꾸는 것이라고 생각을 정리할 수 있었다.

전 세계가 고성장을 당연한 것으로 인식하던 때는 시장조사와 표본 조사를 통해 목표로 삼는 고객의 기대와 반응을 살피며 이를 콘셉트에 반영하고 시제품으로 고객의 반응을 살피는 과정을 통해 긴 시간을 두고 새로운 상품을 구체화했다. 그렇게 만들어진 제품들은 여러 차례 세상을 드라마틱하게 바꿨다. 그럼 저성장 시대로 세상이 달라진 지금은 어떻게 해야 할까?

마음을 먹고 정리를 했지만 '난데없이 새로운 원리'란 것이 눈에 띄지 않았다. 어디선가 들었던 교육, 강의의 일부, 책의 어떤 부분, 논문의 일부, 메모지와 블로그에서 담아 놓았던 조각들이 낯설지 않은 퍼즐처럼 책의 구성과 목차를 잡아주었다. 책이 집필되는 과정은 아주 즐거웠다. 마치 하나님께서 세상을 만드실 때 사용하셨을지도 모를 매뉴얼의 한쪽 귀퉁이에 붙어 있는 작은 원리 같은 것을 발견한 것 같았기 때문이다.

발견은 끝나지 않았다. 당연히 더 쉽고 더 치밀하고 더 세련된 방법들이 있을 것이다.

언제나 나보다 앞서 나의 여건을 준비하시고 감당할 만한 적절한 환경과 돕는 손길을 더하시는 하나님께 감사드린다. 국내외를 오가며 쌓은 다양한 경험에서 비롯된 깊은 생각으로 조언과 격려를 아끼지 않는 사랑하는 영빈이와 날이 갈수록 건강하고 당당하게 자라는 복된 서림이와 엄마를 닮은 아름다운 서안이에게 감사한다.

계획되지 않은 만남으로부터 알게 된 사이임에도 비전과 실행을 위해 조언해주고 격려해주며 생각을 펼칠 수 있도록 기회를 만들어준 많은 분들이 계셨기에 지금의 내가 있음을 감사하게 생각한다. 걸어 다니는 막대기를 보는 것 같았던 마케팅과 상품기획에 대한 희미하고 거친 생각들을 학문적 지식으로 풀어낼 수 있도록 지도해주신 한양대학교 경영대학원 교수님들과 경영컨설팅학과 교수님들을 비롯한 학계의 여러 교수님들, 각 기업의 대표님들과 선배님들, 상품기획의 경험을 아낌없이 공유해준 업계의 동료들과 후배들이 없었다면 지금의 나는 여기에 있을 수 없을 것이다.

언제나 새로운 상품을 마주하는 첫 순간을 잊을 수 없다. 그 설렘과 짜릿함이 늘 가슴 벅차다.

모쪼록 이 짜릿함이 착한 영향을 끼칠 수 있는 좋은 거름이 되어서 상품기획에 관한 더 가치 있는 생각들을 펼치게 하는 동력이 되기를 기대한다.

지방을 돌며 실력은 닦은 어느 날. 평경장과 고니는 '도박의 꽃'이라 불리는 정마담의 연락을 받고 부산으로 내려간다. 이들 앞에는 한가득 펼쳐진 희고 노란 벚꽃이 펼쳐져 있다.

"아~ 꽃 좋다. 너 저게 뭐로 보이니?"

"화투짝 삼요, 사쿠라?"

"너도 이제 슬슬 미쳐가는구나야."

고니가 화투에 미쳐가듯 좋은 MD는 좋은 상품기획에 미쳐가야 함이 마땅하지 않을까.

참고문헌

1. 국내문헌

- 이춘길,『명품 유통관리사 2급 한권으로 합격하기』, 명품출판사, 2013.
- 하동석,『이해하기 쉽게 쓴 행정학용어사전』, 새정보미디어, 2010.
- 로버트 B. 세틀, 패멀라 L. 알렉 저, 대홍기획 마케팅컨설팅그룹 역, 소비의 심리학, 세종서적, 2014.
- 한상린,『마케팅개론』, 한양대학교 경영전문대학원, 2011.
- 박흥수, 하영원, 강성호 공저,『신제품 마케팅전략』, 박영사, 2009.
- 파버 비렌 저, 김진한 역,『색채의 영향』, 시공사, 2003.
- 박도양,『실용색체학』, 이우출판사, 1982
- 서용구,『브랜드스타를 만드는 상상엔진 I.D.E.A.』, 명진출판, 2010.
- 베니 에드워드,「애플 노트북 20주년, 휴대성 돋보이는 제품 10선」,『맥월드』, 2009.

2. 웹사이트

- 네이버 지식백과 : www.terms.naver.com
- 헤럴드경제 : www.biz.heraldcorp.com
- 한국능률협회컨설팅 : www.kmac.co.kr
- 트랜드 포스 : www.trendforce.com
- 통계청 : www.kostat.go.kr
- 나무위키 : www.namu.wiki
- 조인스닷컴 : www.joins.com
- 특허청 : www.kipris.go.kr
- 매일경제 : www.mk.co.kr

3. 국내논문

- 여운승,「전통적 상품분류방식의 문제점과 대안 모색: 상품의 사회적 특성화를 중심으로」,『유통연구』제2권 제2호.
- 로스(H. A. Roth,) 외,「레몬 맛과 라임 맛이 나는 음료에서 느끼는 단맛과 색깔 사이의 심리학적 관계」,『식품과학회지』, 53:1116-1119, 1988.
- 뒤보스 (DuBose C.N.),「착색제와 향료가 과일 맛 음료와 케이크의 식별, 인지된 맛의 강도, 쾌락의 질에 미치는 영향」,『식품과학회지』, 45:1393-1399, 1415, 1980.
- 이성용,「울고 웃는 삼성 애플 특허戰… 소비자는 삼성을 택했다」, 한국특허신문사 학술지특허뉴스 통권107·108호, 학술논문, 2014.

4. 국외문헌

- Booz, Allen & Hamilton, New products management for the 1980s, New York : Booz, Allen & Hamilton, c1982.
- Sharon NG and Angela Y. Lee, Handbook of Culture and Consumer Behavior, Oxford University Press, 2015.

Part 1 상품기획이 필요한 이유

Part 2 상품기획을 잘하는 10가지 방법

STEP 2. 기술이 있다면 최고의 방법

STEP 3. 알고 보면 제일 효과가 큰 최선의 방법

Part 1

상품기획이
필요한
이유

상품기획을 말하다

상품을 기획하는 일은 언제나 설레고 흥분되는 일이다.

머릿속에 가득한 생각을 추슬러서 기획안을 만들고 주변에 묻고 자료를 찾고 샘플링을 하고 환경을 설득해 나가는 일들은 마치 낯선 곳을 여행하는 것처럼 흥분과 두근거림이 된다.

우리나라 말로 '상품기획'이라는 단어를 사전에서 찾아보면 적어도 두 가지의 영어 표현이 있음을 알 수 있다. 하나는 머천다이징(Merchandising), 다른 하나는 프로덕트 플래닝(Product Planning)이다. 무엇이 다를까?

머천다이징(Merchandising)이란 기업의 마케팅 목표를 달성하기 위하여 특정한 상품이나 서비스가 제구실을 할 수 있도록 목표한 시장의 현황을 조사해서 고객의 필요를 규정하고 그것을 충족시킬 수 있는 상품을 기획하고 구색을 고려하여 직접, 또는 협력사를 선정하여 상품을 개발하거나 발주를 통해 매입을 거쳐 가격을 정하고 행사와 판매를 기획하여 판매활동을 한 후에 재고까지 처리하는 일련의 과정 전체를 뜻한다.

그러나 프로덕트 플래닝(Product Planning)은 전체 머천다이징 과정 중에 속해 있는 하나의 프로세스(Process)로서, 고객과 시장의 필요를 조사해서 문제를 정의하고 상품의 개념을 설계한 후 스펙과 원가를 포함한 제품의 사양을 확정하여 제품을 출시하는 것까지를 뜻한다. 즉 영어의 Merchandising은 Product Planning을 포괄하는 개념이며 직무에 대한 개념인 반면, Product Planning은 하나의 과정(Process)으로 정의할 수 있다. 그럼 왜 서로 다른 이 말을 우리는 같이 사용하게 되었을까?

한국에서 두 가지 단어가 '상품기획'이라는 하나의 의미로 사용되고 있는 것은 아마도 함축된 우리나라의 유통 역사 때문으로 보인다.

머천다이징이라는 개념은 1890년대 미국을 시작으로 발화되어 1920년대를 가득 채웠던 대공황을 겪으면서 패션 제조업을 중심으로 움트기 시작했다. 이후로 미국에서의 상품기획은 제조업체를 중심으로 시장조사는 물론 생산 및 판매부분과 밀접한 관계를 유지하면서 상품을 기획하고 생산하고 관리하고 통제하는 업무로 발전했다. 하지만 우리나라에서는 그로부터 100년 후인 1980년대 후반, 통신판매의 일종인 다이렉트 메일을 서비스하는 업체들을 중심으로 MD라는 직업의 출현에서 그 시작을 찾을 수 있다. DM이라 불리던 다이렉트 메일

에 포함되는 상품을 선정하고 취급하는 일이 시작이었다. 본격적으로
는 1995년 8월 1일, 홈쇼핑텔레비젼(현 CJ오쇼핑)이 국내에서 처음으로
'39쇼핑'이라는 이름으로 TV홈쇼핑을 개국하고 제조업체가 아닌 유통
업체에서 상품기획을 담당하는 사람들을 상품기획자(Merchandiser)라
고 부르기 시작하고 이들이 하는 업무를 지칭하는 이름이 머천다이징
이라고 알려지면서 대중화되기 시작했다.

유통업체의 상품기획자들은 제조업체와 같은 프로세스를 공유하면
서도 유통을 위한 상품선정과 매입, 판매촉진(Promotion)을 포함한 판
매부분과의 연계를 통해 구체적인 판매관리계획을 세우는 일을 지칭
하여 '상품기획'이라고 불렀다. 구분 없이 사용하다보니 제조업체는 제
조업체대로 유통업체는 유통업체대로 사용하면서 혼재되어 쓰인 것으
로 보인다.

상품을 알다

| 상품의 속성

상품은 욕망을 위한 산물이다. 기업이나 사람에게 욕망이 없다면 세
상에 이처럼 많은 상품은 존재하지 않을 것이다. 인간은 사회(Society)
라는 테두리 안에서 저마다 각자의 역할을 하며 원하든 원하지 않든
다른 구성원으로부터 영향을 받거나 영향을 끼치며 살아가고 있다. 그
리고 그러는 동안 자연스럽게 비교(比較)를 하게 되는데 기업과 사람의
상품에 대한 욕망은 여기서부터 시작된다. 좀 더 편하게, 좀 더 쉽게,
좀 더 크게, 좀 더 많이, 좀 더 저렴하게 혹은 좀 더 우아하게….

상품의 가치

사람의 욕망을 충족시키기 위하여 생산되거나 소비되는 물자(物資)를 경제재, 혹은 재화(財貨)라고 부른다는 것은 이미 잘 알려진 사실이다. 여기에 모든 재화에 있어 '사람의 욕망을 충족시키는 기능'을 가리키는 이름이 있다. 바로 사용가치(Use Value)라는 것.

재화가 사용가치(Use Value)를 목적으로 시장에서 판매하기 위해 생산된 경우 사람들은 목적이 뚜렷한 이 재화를 '상품(Merchandise)'이라고 부른다. 따라서 상품은 교환가치(Exchange Value)를 목표로 하여 생산되고 판매되는 것이어야 하고 매매의 대상이 되는 것*으로 형태가 있는 것이든 형태가 없는 것이든 반드시 유상으로 거래가 되어야 한다.

그래서 상품은 일반적으로 좁은 의미로 사용될 때는 사용가치와 교환가치를 동시에 가지면서 형태가 있어 상거래가 가능하며 만질 수 있는 실질재만을 지칭하지만, 넓은 의미로 사용될 때는 교환가치를 지닌 유가증권이나 상품권(형식재), 특허권이나 저작권(의법재), 흔히 프리미엄(Premium)**이라고 불리는 영업신용이나 명성에 대한 평가(관습재) 등을 포함하며 나아가서는 인간의 욕구를 충족시키는 모든 것, 심지어는 무형재에 해당하는 것***도 포함되는 것을 알 수 있다.

---

* 한국민족문화대백과, 출처: 네이버 지식백과.
** 액면가액이나 계약금액 이상으로 지출되는 할증금(割增金). 입수가 곤란한 것을 취득하려고 할 때나 그 권리를 확보하는 데 상당한 노력을 필요로 하는 것을 취득하려고 할 때 지불되는 금액. 출처: 두산백과.
*** 이춘길, 『명품 유통관리사 2급 한권으로 합격하기』, 명품출판사, 2013.

그러나 상품기획자(Merchandiser) 입장에서 보면 실질적으로 고려해야 하는 상품의 중요한 가치는 사용가치(Use Value)와 교환가치(Exchange Value)보다 오히려 비슷하게 나열된 상품과 서비스 중에 구매자들이 특정한 것에 더 강한 끌림을 느끼도록 하는 선호가치(Preference Value)다. 상품이 많지 않고 서비스가 다양하지 않았던 시대에는 위에 언급한 두 개의 가치만으로도 충분히 상품으로서의 의미를 가질 수 있었다. 하지만 지금은 어떤 상품이라도 선호가치가 없다면 상품으로서의 가장 기본적인 기능을 발휘할 수 없다. 이동성이 있고 교환가치가 있음에도 불구하고 소비자에게 선택되지 않는 것은 상품이라고 할 수 없기 때문이다.

상품은 그것이 다른 상품에 비해서 소비자들에게 무엇으로든 선택받을 수 있는 가치를 지니고 있어야 하고 상품기획자(MD)는 그것이 무엇인지를 분명하게 구별하고 부각시킬 수 있어야 한다.

상품에 가치를 부여함으로써 그것으로 하여금 고객들이 가지고 있던 불만을 해소시키거나 또는 기대하지 않았던 새로운 가치를 제공함으로써 고객의 만족을 높이는 일, 그것이 상품을 기획하는 사람들의 몫이다.

| 상품의 분류

서비스까지를 상품으로 포함하면 상품의 범위는 따지는 것이 무의미할 만큼 넓어진다. 그래서 사람들은 많은 상품의 종류를 때로는 통계를 위해서, 때로는 사회현상에 따르거나 관리를 목적으로, 때로는 편의를 위해서 서로 다르게 분류한다.

이미 만들어진 상품에 대한 분류는 각각의 기준에 따라 생산과정, 용도와 구매동기, 가격과 수출입 관계는 물론 사용 상태와 소비주체, 가격수준 및 구매평가에 따라 다양하게 분류된다. 그리고 여러 연구자들은 지속적으로 시각을 달리하며 새로운 분류체계를 세워 다시 상품을 세분화하기도 한다.

하지만 아이러니하게도 급격한 속도로 IT가 발달하고 하루가 멀다하고 새로운 첨단의 디지털 기기와 시스템이 발달한 2000년대 들어서면서 국가 간에 서로 분류의 기준을 일원화하고 표준화하려는 경향이 있다는 것. 한쪽에서는 계속 구분하고 있고 다른 한쪽에서는 계속 통합하고 있으니 상품기획자는 각각의 기준에 대한 콘셉트는 물론 분류의 취지, 분류 체계의 트렌드를 알고 있어야 하고 제시된 기준을 이해할 수 있어야 한다. 나아가 스스로도 자신만의 기준으로 상품을 분류할 수 있어야 한다.

상품의 분류

상품은 다종다양하므로 일정한 기준에 의해 분류·정리해야 한다. 분류기준 자체에도 여러 가지가 있는데, ①물리적 또는 화학적 성질에 의한 분류, ②생산양식 또는 출처에 의한 분류, ③소비양식 또는 용도에 의한 분류, ④유통양식에 의한 분류 등이 있다.
즉, ①은 부패손상성의 유무에 의한 내구성 상품·신선(新鮮)상품, 가치집중의 정도에 의한 종량품(從量品)·종가품(從價品), 단위형태에 의한 액체상품·기체상품·고체상품·분말

상품 등으로 분류한다. ②는 생산장소에 따라 농산품·임산품·수산품·광산품·공산품 등으로, 생산동력에 따라 천연생산품·수공생산품·기계생산품 등으로, 가공도에 따라 자연품·반제품·완제품 등으로 나누어진다. ③은 상품이 최종적 소비에 충당되는지, 생산적 소비에 충당되는지에 의한 구분이다. 전자를 소비재, 후자를 생산재라고 한다. 소비재는 다시 필수품과 편의품, 일용품과 임시품, 소비품과 설비품, 식료품·의료품·주거용품 등으로 분류된다. 생산재는 원료품·재료품·부분품·보조품·설비품 등으로 나누어진다. ④는 편의품(便宜品:가장 가까운 곳에서 구입하는 상품)·선매품(選買品:여러 상점을 돌면서 품질·가격·의장 등을 비교 선택하여 구입하는 상품)·전문품·규격품·특별의장품, 일반품·계절품, 상표품·무상표품 등으로 분류한다.

(출처: 두산백과)

〈도표 1〉에서 보여주는 다양성은 지금으로부터 100여 년 전부터 시작된 상품 분류의 기준들이다. 표가 말하는 것은 그루핑(Grouping)으로써 상품기획을 하는 사람이라면 반드시 그루핑의 개념을 가지고 있어 기준대로 분류할 수 있어야 한다. 분류하고 가늠할 수 있어야 아무렇게나, 아무 스펙이나 느낌 따라 상품을 만드는 실수를 피할 수 있다. 상품기획자는 상품을 어떻게 전개해 나갈 것인지, 어떤 조합과 구성으로 어떤 가치를 실현시킬지, 지금과 향후를 어떻게 연결할지에 대한 구상을 해야 하기 때문이다.

**〈도표 1〉 상품 분류에 대한 여러 접근 방법*

연구자	분류상품	분류기준(변수)	구매자 또는 판매자 지향성[1]	용도[2]	부문[3]	유형[4]	총체적 편익[5]
				일반화 정도			
Copeland (1923)	편의품, 선매품, 전문품	점포의 접근용이도, 브랜드 비교를 위한 노력, 브랜드 집착의 정도	구매자	C	P	G	없음
Boume (1958)	제품-플러스, 브랜드-플러스; 제품-플러스, 브랜드-마이너스; 제품-마이너스, 브랜드-플러스; 제품-마이너스, 브랜드-마이너스; (준거집단의 영향력)	사회적 현시성과 브랜드 현시성의 정도	구매자	C	P	G	없음
Holton (1958)	편의품, 선매품 전문품	편의품과 선매품의 차이는 소비자 개인이 정보탐색 비용에 비하여 가격과 품질의 비교에서 나오는 이득에 달려 있음 한정된 시장수요로 인하여 특별한 구매노력이 필요함	구매자	C	P	G	없음
Luck (1959)	편의품, 선매품, 전문품	Holton(1958)의 전문품 논거에 대한 반론으로서, 소비자는 특별한 브랜드에 대해 특별한 구매노력을 기울일 의사가 있음	구매자	C	P	G	없음
Aspinwall (1961)	빨간색 상품, 오랜지색 상품, 노란색 상품(연속적 척도)	상품대체속도, 총이윤, 사용조정의 정도, 소비시간, 정보탐색시간	구매자	B	P	G	없음
Bucklin (1963)	편의품, 선매품, 전문품(쇼핑-無쇼핑)	쇼핑 노력의 정도, 구매전에 선호도 형성의 정도	구매자	C	P	G	없음
Dommermuth (1965)	방문한 소매점의 수, 검토한 브랜드의 수(쇼핑 행렬)	제품분류 내에서 차이를 구분	구매자	C	P	G	없음

* 여운승, 「전통적 상품분류방식의 문제점과 대안 모색: 상품의 사회적 특성화를 중심으로」, 『유통연구』 제2권, 제2호, pp. 119-120.

Miracle (1965)	집단Ⅰ-과자류 집단Ⅱ-식료품 집단Ⅲ-TV 등 집단Ⅳ-자동차 등 집단Ⅴ-사무용 전기제품	상품의 특성: 단가, 소비자 개별 구매의 중요성, 구매에 지출한 노력과 시간, 기술 변동속도, 기술적 복잡성, 서비스에 대한 소비자의 필요성, 구매빈도, 사용 정도	구매자	B	P	G		없음
Kaish (1967)	편의품, 선매품, 전문품	육체적 노력과 정신적 노력의 두 가지 노력으로 구분	구매자	C	P	G		없음
Mayer, Mason and Gee (1971)	편의품, 선매품, 전문품	지역적 편의성, 취급상품의 적합성, 가격에 비한 가치, 판매노력과 점포 서비스, 점포 내의 쾌적성, 거래 후 만족도	구매자	C	P	G		없음
Ramond and Assael (1974)	정신심리적	상품이 부여하는 보상의 수, 이러한 보상을 전달하는 방법에 대한 지식의 정도	구매자	C	P	G		없음
Bucklin (1976)	편의품, 전문품, 선매품(저강도), 선매품(고강도)	브랜드 유사성의 정도, 상품선택에 대한 소비자의 불확실성 정도	구매자	C	P	G		없음
Holbrook and Howard (1977)	편의품, 선호품, 선매품, 전문품	상품특성(구매의 크기와 특성의 명료성), 소비자 특성(자아몰입과 특수한 자신감), 소비자의 반응(정신적 또는 신체적 쇼핑 노력)	구매자	C	P	G		없음
Enis and Roering (1980)	편의품, 선호품, 선매품, 전문품	상품을 구매자가 느끼는 '총체적 구매자 편익'으로 보고 마케팅 믹스 전략을 이에 맞춤	구매자	B	P	G S		있음
Murphy and Enis (1986)	편의품, 선호품, 선매품, 전문품	구매에 따르는 위험과 노력, 관여도 정도	구매자	B	P	G S I		있음
Dibbs (1997)	편의품, 선매품, 전문품, 비(非)관심품	Copeland(1923)와 유사	구매자	C	P	G		없음

주: 1) 상품분류가 구매자 욕구에 초점을 두는가(구매자 지향성) 또는 상품특성에 초점을 두는가(판매자 지향성)의 여부.
  2) 상품분류의 용도가 소비재(C), 산업재(I) 또는 양자 모두(B)에 있는가의 여부.
  3) 상품이 영리기관(P) 또는 비영리기관(N)에 다루고 있는가의 여부.
  4) 상품(G), 서비스(S), 아이디어(I) 중 취급되는 것.
  5) 상품선택에서 총체적 편익을 구매자가 인식하고 있는가의 여부.

상품의 조건

욕구를 충족시킬 수 있는 상품과 서비스가 합법적으로 사고 팔릴 수 있을 때 판매자는 상품과의 교환으로 얼마나 많은 화폐를 얻을 수 있는가의 가치인 교환가치(Exchange value)를 따져 그것을 화폐단위로 재어 가격으로 나타내게 된다. 구매자는 그 물건을 사용함으로써 얻는 욕구만족의 정도를 따져 지불하는 화폐보다 만족의 정도(Use value)가 클 것이라고 판단될 때 화폐를 지불하게 되는데, 이로써 매매가 성립된다.

즉, 상품은 가치교환이라는 행위를 통해 판매자에게는 수익을 제공해야 하고, 구매자에게는 자신의 욕구를 충족시켜줄 수 있는 수준에 부합하는 품질과 상태, 기능에서 만족을 제공할 수 있어야 한다. 결국 상품과 서비스는 수익성과 유용성은 물론 가격을 기반으로 한 상품성이 균형을 이룬 상태에서 적정(Saleable) 상품으로 결정되고 유통된다고 할 수 있다.

역사적으로는 최초 내연 기관(1890년)보다 더 오래전에 발명된 것이 전기차(Electronic vehicles)다. 1834년에 스코틀랜드의 로버트 앤더슨에 의해 만들어진 최초의 전기차는 이후 미국의 토머스 대번포트(1802~1851)와 스코틀랜드의 로버트 데이비슨(1804~1894)에 의해 1842년경에 업그레이드되었다.

전기차는 1900년경까지만 해도 증기와 내연기관과 더불어 자동차를 추진시키는 세 가지 기술 중 하나로 미국에서는 전기로 구동되는 택시가 수년 동안 주요 도시에서 운행되기도 했었다. 그러나 당시 전기차는 비용, 주행거리, 배터리의 충전과 무게의 한계를 극복하지 못했다. 이후에도 GM이 1996년에서 2003년까지 전기차(EV1)를 생산했지만 도요타와 혼다가 내연기관과 배터리를 결합한 하이브리드차를 도입했던 1990년대 후반까지도 전기차는 판매될 수 있는(Saleable) 상황이 아니었다.

그러나 얼마 후, 순수 전기차(EV)에 대한 기술적 난관과 충전 인프라 문제가 잔존하기는 했지만 2015년부터 강화된 유럽과 미국의 강력한 환경규제에 힘입어 2013년 테슬라(Tesla)가 보여준 성공적인 사례는 전기차의 상용화 가능성을 보여주기에 충분했다. 전기차 제조업체인 테슬라가 2012년에 출시한 모델S는 가벼운 몸체, 배터리 혁신, 괴물급 퍼포먼스(100km/h, 3.7초)로 미국 컨수머리포트가 밝힌 소비자 만족도 조사에서 최상급을 받았고 배터리 용량을 확대해 가능한 주행거리를 260~426km로 늘렸다. 테슬라는 가격 면에서도 모델X를 시작으로 2014년부터 점차 가격대를 낮춰 2016년 3월 제네바오토쇼를 통해 선보였던 모델3의 2017년 판매가격은 3만 5천 달러에 불과하다.

2016년 3월 31일 테슬라의 웹페이지 라이브 스트림(Live Stream)으로 발표회를 끝낸 모델3은 이어진 사전계약 일주일 만에 한국을 포함한 전 세계 구매자들을 통해 325,000여 대의 사전계약을 이끌어내어 상품을 출시하기도 전에 US 14Billion 달러(한화 16조 원)의 잠재적 매출을 올리는 기염을 토했다. 출시를 1년이나 앞둔 시기에 인터넷을 통한 사전계약을 통해 테슬라가 보여준 '위력'은 신규모델 출시를 임박에 둔 기존 전기차 업체들의 적극적인 가격할인을 유도했고 기술개발은 물론 동시에 각국 정부의 보조금 지급을 촉진시킴으로써 전기 차와 일반 차 사이의 구매비용 차이를 현저하게 줄이는 데 일조했다. 시장성장을 방해하는 충전 문제에 대해서도 테슬라는 이미 슈퍼충전 시스템으로 30분 충전(기존 완속 7~8시간)을 일반화하고 있으며 솔라시티(Sola city)를 통한 태양광 충전소 설치와 더불어 테슬라 차량에 한해 무료충전과 함께 1분 30초 만에 배터리 교체가 가능하게 함으로써 인프라 제약조건을 해소할 수 있는 가능성을 보여주었다.

여건상 팔 수 없었던 상품을 이제 팔 수 있게 된 것이다.

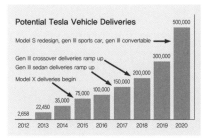

▲ 2012년 이후 적상성이 확보되면서 급격히 판매가 증가한 테슬라모터스*의 예상실적과 테슬라 모델3. (출처: InsdeEVs contents partner Motley Fool, 테슬라모터스 홈페이지)

이를 '적상성(Merchantability)이 확보된 상태'라 할 수 있는데 일반적으로 적상성은 제품뿐 아니라 관련된 여러 여건이 상품으로서 판매가능(Saleable)한 조건을 갖춘 것을 뜻한다. 적상성이 확보되기 위해서는 전기차와 같이 제품이 가치를 지닌 상품으로서 적정해지기 위해 필요로 하는 필수요건을 충족해야 함은 물론 그것을 소비자에게 전달하

---

* Tesla Motors: 미국의 전기자동차 회사. 2003년, 페이팔의 최고경영자이던 엘론 머스크가 설립. 회사 이름은 물리학자이자 전기공학인인 니콜라 테슬라의 이름을 따서 지었으며 2010년 6월 나스닥에 상장되었음.

고 최종 가치를 위해 사용됨에 있어 사용가능하게 하는 부분들도 함께 필요하다. 이는 마치 스마트폰에 있어 배터리의 지속력에 대한 경쟁력이 스마트폰 선택에 있어 중요한 중심축이 될 것이라는 예측이 바로 이런 적상성에서 나온 고민인 것과 같다.

고객가치 충족을 위한 적상성에는 품질의 적절성(사용과 교환가치적 품질), 적가성(적당한 가격), 보존성(보존력에 관련된 교환가치의 크기), 운반성(존재 장소 변화에 따른 가치 증대), 대체성(상품의 교체 원활성), 독점성(자연적 독점성과 인위적 독점성), 공지성(선전이나 광고에 의한 상품 인지도), 무공해성(상품의 환경적 특성), 내구성(내구력), 쾌적성(소비자들의 감각을 만족시키는 특성), 희소성(흔하지 않은 것에 따른 상품가치증대) 등이 있으며, 이러한 성질들은 각각의 상품에 맞게 조합되어 충족되어야 한다.

이외에도 상품이 선호되는 가치를 발휘하여 상품으로서 살아남으려면 시장성과 함께 상품성이 확보되어야 한다. 시장성이란 특정한 목표시장에서 손익분기(BEP)를 넘어 수익을 발생시킬 수 있을 만큼 비용 효율적이냐에 대한 것으로 얼마의 비용을 들일 때 얼마나 팔릴 수 있느냐에 대한 답을 요구한다. 시장성은 상품의 좋고 나쁨을 떠나 출시여부를 판가름하는 중요한 요소가 된다. 아무리 좋은 제품도 팔릴 만한 매체나 채널, 시장규모가 상품과 맞지 않으면 정상적인 상품으로서의 가치는 없기 때문이다. 상품성은 특정한 상품이 기존의 상품과 차별화되는 특징으로 팔릴 만한가 아닌가의 문제를 다루는 것이다.

신상품이 필요한 이유

기업이 새로운 상품을 기획하게 되는 이유는 다양하다. 거기에는 기업의 생존을 위해 결정해야 하는 내적인 이유와 외적인 이유를 비롯해서, 전략적인 선택에 따라 혹은 연구개발 실적이나 때로는 M&A의 결과에 따라 새로운 상품을 개발하는 것이 포함된다.

그러나 무엇보다 가장 결정적인 이유는 새로운 가치를 찾는 고객들 때문이고 어떤 상황에서든 기업은 지속가능해야 할 뿐 아니라 성장해야 하기 때문이다.

밑 빠진 마음에 만족감 붓기

사람들은 상품을 구매하면 일정기간 충분히 만족스럽다가도 그 순간이 지나거나 혹은 만족하는 순간이 반복되면 즉시 싫증을 느끼면서 새로운 만족꺼리를 찾는다. 때로는 아무렇지 않다가도 다른 사람이 구매한 것이 더 좋게 보이거나 예기치 못한 상황에서 본인이 소유한 상품이 상대적으로 효용성이나 과시성을 인정받지 못하거나, 혹은 단지 마음이 바뀌었다는 이유만으로도 새로운 만족꺼리를 찾는다.

세상에 신상품이 필요한 가장 큰 이유는 사람들은 불만족한 상태를 싫어하고 누구나 만족감을 느끼기를 좋아하지만 근본적으로 만족감은 유지될 수 없기 때문이다. 그래서 마치 밑 빠진 독에 물 붓기처럼 사람들은 만족감을 느끼다가도 곧 부족함을 느끼게 되고 계속해서 새로운 만족을 위해 새로운 상품과 서비스를 필요로 한다. 사람들은 늘 무엇인가를 가지고 싶어 하고 가고 싶고 먹고 싶고 하고 싶고 체험하거나 경험하고 싶어 하며 가끔씩 '~되고 싶다'거나 '~롭고 싶다'는 생각에 사로잡힌다.

사람들이 가지는 필요의 동기에 대한 수준을 정리한 심리학자 매슬로(Abraham H. Maslow)*의 5단계의 욕구(Hierarchy of human needs)는 신상품의 필요요인을 고객(Human)에게서 찾는 상품기획자로 하여금 '필요'와 '원함'으로 구분하게 한다.

---

* Abraham H. Maslow(1908~1970). 미국의 심리학자. 처음에는 역동적 이상심리학 · 임상심리학을 연구하였으나 1954년 「동기와 성격」(Motivation and Personality)을 발표한 후, 건강인의 심리를 연구하기 시작해서 인간의 자아실현, 성장의 극한 등에 대하여 체험적인 연구를 통하여 독자적인 유기체 이론을 전개함. 그는 1943년에 「심리학평론」(Psychological Review)을 통해 '동기이론'을 발표하였는데 그것이 '욕구단계이론'임. 출처: 「이해하기 쉽게 쓴 행정학용어사전」(하동석, 2010, 새정보미디어).

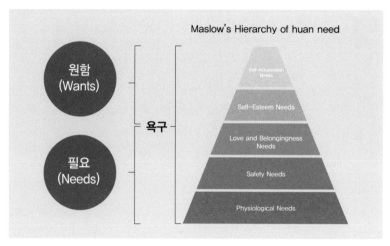

(출처: 로버트 B. 세틀, 패멀라 알렉(2003), 『소비의 심리학』)

매슬로의 이론에 따르면 가장 기본적인 단계로 불리는 1단계 욕구인 '생리적 욕구(Physiological Needs)'로부터 '안전에 대한 욕구(Safety Needs)'와 '애정과 소속에 대한 욕구(Love and Belongingness Needs)'는 '필요'에 의한 것으로 인간으로서의 삶을 위해 반드시 공급되어야 하는 기본적인 것이라고 할 수 있다. 그래서 여기에서는 무엇보다 욕구를 충족시켜줄 '기능'이 담보되는 것이 가장 중요하다. 목마름에는 갈증을 해소시킬 수 있어야 하고 추위에는 몸을 따듯하게 할 수 있어야 한다. 기능이 중요하다보니 가격(Price)이 구매에 절대적인 영향을 미치는 요소가 된다. 쾌락재적인 요소보다 실용재적인 요소가 더 강한 상품과 서비스가 이에 속한다.

그러나 4단계인 '자기존중의 욕구(Self-Esteem Needs)'와 5단계인 '자아실현의 욕구(Self-Actualization Needs)'는 근본 바탕은 같으나 표현되는 것은 좀 다르다. 이 두 단계는 명예와 권력, 주체적인 자아실현과 재능, 잠재력을 발휘함으로써 자아를 성취하려는 수준 높은 요구에 대한 것으로 '원함'에 해당하기 때문이다. 학자에 따라 매슬로의 5단계 욕구를 더 세분하여 자기존중의 욕구와 자아실현 욕구 사이에 추가한 지적 욕구(Cognitive Needs)와 심미적 욕구(Aesthetic Needs)도 역시 욕구에 기본을 두고 있는 좀 더 감정적이고 희망적인 것에 대한 '원함(Want)'이라고 할 수 있다.

필요에 원함을 더함

'욕구'가 기본이 되어 그것이 구체화되는 '요구'가 표현되는 방법에는 말, 글, 직간접적인 행동이 있다. 상품기획자는 고객이 어떤 요구를 하는지를 언제든 듣고 보고 겪을 수 있도록 시장과 고객의 반응에 주의해야 한다. 이것이 신상품의 필요요인을 고객에게서 찾는 상품기획자의 기본 도구(Tool)이다. 고객 게시판과 FGI(Focus Group Interview)의 결과물, 고객의 상품 제안서, 내외부의 아이디어 회의가 중요한 이유는 고객으로부터 전달되는 아이디어가 집합되는 곳이기 때문이다.

상품기획을 하겠다고 하면서 고객들이 직접 아이디어를 남겨준 게시판을 소홀히 여기거나 고객게시판에까지 올라온 상품과 서비스에 관한 사항을 우습게 생각하여 아무렇지 않게 처리하고 있다면 비용은 비용대로 쓰면서도 실적은 개선되지 않는 악순환에 빠져 있을 가

능성이 높다. 이는 마치 귀와 눈을 가리고 상품기획을 하려는 것과
같다.

〈도표 3〉 욕구가 표현되는 방법

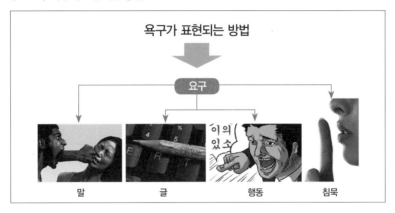

  사람들이 요구사항이 생겼을 때 가장 기본적으로 표현하는 '말
과 글, 행동'을 수집하여 상품기획에 반영하는 것은 평범하고 기본적
인 일이다. 그래서 좋은 상품기획자가 알아야 하는 것은 고객으로부
터 표현되지 않은, 어쩌면 고객 스스로도 필요한지조차를 모르거나
혹은 어떤 식으로든 표현할 수가 없어 침묵 속에 묻혀두었던 '원함'을
찾아내는 일이다. 저성장 시대를 살아야 하는 상품기획자의 몫은 기
본에 충실한 후, 고객들로 하여금 본인조차도 알지 못했던 '원함'을
새로운 상품과 서비스로 보여주고 제안함으로써 고객 스스로 본인에
게 내재되어 있던 욕구를 발견하고 감탄하며 즐겁게 구매하도록 하
는 것이다.
  그래서 상품기획자가 상품을 기획해야 하는 방향은 '고객들의 요구

가 진행될 포인트'라고 할 수 있다. 마치 NHL(National Hockey League)의 전설적인 하키 영웅 웨인 그레츠키*가 어떻게 그렇게 하키를 잘하느냐의 기자들의 질문에 "내가 달려가는 곳은 퍽이 '있었던' 곳이 아니라 퍽이 '날아올' 포인트다(I stake to where the puck is going to be, not where it has been)"라고 말한 것처럼.

전체를 공감할 수는 없지만 훌륭한 상품기획자였던 스티브 잡스(Steve Jobs)가 애플(Apple)부터 넥스트(NeXT), 픽사(Pixar)라는 걸출한 회사들을 설립하고 그 회사들로부터 엄청난 콘텐츠들을 만들어낼 수 있었던 원동력 중에 하나는 아무도 그에게 말해주거나 글로 써 주거나 행동으로 보여주지는 않았지만 그가 가지고 있던 사람과 인류에 대한 깊은 관찰과 공감, 깊은 애정에서 비롯된 그만이 가졌던 확신 때문이었다.

"어떤 사람들은 '고객에게 그들이 원하는 것을 줘야 한다.'라고 말하기도 한다. 하지만 그것은 내 방식이 아니다. 우리의 일은 고객이 욕구를 느끼기 전에 그들이 무엇을 원할 것인가를 파악하는 것이다. 헨리 포드가 이렇게 말한 것으로 기억한다. '내가 고객에게 무엇을 원하느냐고 물으면 고객은 '더 빠른 말!'이라고 대답할 것이다.' 많은 경우, 사람들은 직접 보여주기 전까지는 자신이 무엇을 원하는지 모른다. 그것이 내가 절대 시장조사에 의존하지 않는 이유다. 아직 적히지 않은 것을 읽어내는

---

* Wayne Douglas Gretzky(1961~). 캐나다 출신의 아이스하키 선수. 약 20년간 내셔널 하키 리그(NHL)에서 활동하며 아이스하키 역사상 가장 뛰어난 업적을 남긴 선수 중 하나로 '위대한 선수'(The Great One)로도 불리며 국내에서는 '살아 있는 신화'로 잘 알려져 있음.

게 우리의 일이다."

"Some people say, "Give the customers what they want." But that's not my approach. Our job is to figure out what they're going to want before they do. I think Henry Ford once said, "If I'd asked customers what they wanted, they would have told me, 'A faster horse!'". A lot of times, people don't know what they want until you show it to them. That's why I never rely on market research. Our task is to read things that are not yet on the page."*

필요를 모르다

〈도표 4〉에 나온 상품들의 공통점은 시장조사를 통하거나 고객의 요청, 또는 경영진의 지시에 따르지 않고 상품기획자의 직관이나 앞으로 살펴볼 상품기획의 방법들이 적용된 상품들이라는 것이다. 물론 '대박 상품'이라는 것이 기획만 잘된다고 잘되는 것은 아니어서 어떻게 운영을 하느냐에 따라 승패가 갈리지도 하지만 이를 차치하고 본다면 〈도표 4〉에 소개된 상품들은 하나같이 출시 이후 엄청난 시장의 반응과 함께 강력한 구매욕을 일으키며 '대세(大勢)'로 인정받기에 부족함이 없던 상품들이었다.

* Business Week, May 25 1998.

이 상품들은 기존의 방식대로 시장조사와 고객분석을 하고 게시판을 뚫어져라 쳐다봐서 나온 것들이 아니다. 고객의 니즈 파악을 통한 제품의 개념을 구상하고 콘셉트를 개발하고 시제품을 개발한 후 다시 고객의견 수렴과 FGI를 거쳐 사양을 결정하는 방식으로는 세상에 나올 수 없었던 상품들이었다. 아무도 이런 상품들이 세상에 필요하다고 각각의 회사를 찾아가 상품기획자들에게 요청을 했거나 게시판에 올린 일이 없었기 때문이다.

〈도표 4〉 사람들이 원함을 표현하지 않았던 상품들

샴푸형 염색제인 리체나는 2008년 출시 후 5년간 약 1300만 개가 이상이 판매되었고 2016년 누적판매 2000만 개의 판매기록을 갈아치운 글로벌 히트상품이다. 하지만 리체나가 출시되기 전까지 염색약을 사용하거나 혹은 사용하려는 사람들은 염색약 제조사들에게, 혹은 화장품회사의 게시판에 '일단 시작하면 40분씩이나 걸리는 염색약 말고, 염색 한 번 하려면 1제와 2제를 섞어 아내나 남편의 손이 있어야

만 가능한 염색약 말고 한 5분 안에 혼자서 염색이 가능한 제품을 출시해 달라는 요구를 한 일이 없었다.

출시 후 최단 기간(168일)에 1억 개가 팔려 우리나라의 라면 역사에 새로운 획을 그은 '꼬꼬면'도 출시되기 전까지는 아무도 닭육수와 청양고추로 베이스를 삼은 맑은 국물 라면을 만들어 달라고 요구된 적이 없던 제품이다. 꼬꼬면이 출시되기 전까지 사람들은 모든 라면은 당연히 소고기스프 베이스에 고춧가루로 국물을 낸 붉은색에 얼큰한 것이라고 생각했다. 어느 누구도 고춧가루로 국물을 낸 탕(湯)이 있다면 고춧가루를 쓰지 않아 맑고 개운한 흰(맑은)국물을 가진 '지리(ちり)' 스타일의 라면이 필요하다는 얘기를 한 일이 없었고, 온통 소고기 국물 베이스뿐이니 닭고기 국물을 베이스로 한 라면도 만들어 달라는 요구를 하지 않았다.

사람들은 복어집이나 매운탕 집에 가서는 탕과 함께 '지리(ちり)'라는 메뉴는 먹으면서도 라면에도 지리의 개념을 접목시킨 라면이 있을 수 있다는 생각은 하지 않았다. 반짝 1년 만에 흥행이 끝나기는 했지만 꼬꼬면이 초단기 히트상품이 될 수 있었던 것은 내재되어 있었지만 아무도 말하지 않았던 새로운 니즈인 '맑은 국물'과 '칼칼한 닭육수'를 개그맨 이경규 씨가 구현해냈기 때문이다.

업계에서조차 출시 당시 '강남 학원가에 부는 아줌마들의 치맛바람 같은 것'이라고 폄하되었던 스마트폰의 시대를 연 아이폰 역시 시장조사 때에는 고사하고 심지어는 출시가 되어서 미국에서 날개 돋친 듯 판매가 되고 있는 중에도 한국에서는 세계 최고의 컨설팅회사라고 불리던 회사마저 당시 모토롤라를 따돌리고 글로벌 3위로 진격하려던 LG전자에게 '스마트폰에 신경 쓰지 말고 R&D 투자비용은 동결한 채 모처럼 판매에 탄력을 받은 프라다폰과 초콜릿폰의 광고에 주력을 하는 것이 더 낫다'고 조언했을 만큼 고객의 수요가 요구된 적이 없던 제품이었다. 아무도 이제 막 아이팟(IPod)을 시장에 자리 잡게 한 스티브 잡스에게나, 당시 2G폰 세상을 호령하던 모토롤라나 노키아 연구진에게 MP3 기능과 통화기능, 그리고 와이파이로 인터넷 접속이 가능한 한 손에 들어오는 기기를 만들어 달라고 한 일이 없었다. 필요를 느낀 사람은 오직 스티브 잡스(Steve Jobs)뿐이었다.

〈도표 4〉의 상품들은 모두 고객들의 막연한 욕구만 있을 뿐 구체적인 요구가 없었던 상품, 몰라서 말하지 않았던 침묵의 요구를 읽어낸 상품기획자들이 기획을 해 냄으로써 '기록적인 매출'이라는 페이지(Page)에 이름을 올린 상품들이다.

신상품의 범위

어디까지를 신상품이라고 할까

사내 게시판에 올라온 아이디어 상품, 고객게시판에 고객이 먼저 제안한 상품, 경쟁사가 먼저 출시한 상품, 새로운 기술이 적용되어 개선된 상품, 생산처나 원료가가 바뀐 상품, M&A로 거저 얻게 된 상품, 다른 업계에는 있었지만 우리 업계에는 없었던 콘셉트의 상품, 누가 팔아달라고 판매를 위탁받은 상품이나 사장님이 관심이 많다는 이유로 개발하게 된 상품까지… 모두가 신상품이다. 신상품을 제대로 기획하려면 우선 신상품의 개념을 이해하고 확장시켜야 한다.

기업은 내외부적인 환경변화에 따른 자극을 자의든 타의든 대처해 나가는 과정에서 '상품과 서비스'라는 자원을 때로는 창으로, 때로는 방패로 사용한다. 그래서 다양한 신상품을 확보하고 있다는 것은 기업의 성장과 영속에 절대적인 영향을 준다.

그렇다면 신제품이란 어떤 제품까지를 말하는 것일까? 신제품이라고 하면 우리는 보통 새롭게 시장에 출시되는 완전히 새로운 제품(Truly New Product)이나 새로운 브랜드(New Brand)를 생각한다. 그러나 상품기획을 하는 관점에서 보면 신제품의 실제 종류는 매우 다양하다. 신상품은 기업 측면에서의 참신성과 소비자 측면에서의 참신성 정도에 따라 아래와 같이 구분할 수 있다.

〈도표 5〉 소비자와 기업 측면의 참신성 기준 신제품 구분*

구분		소비자측면참신성		
		낮음	중간	높음
기업측면 참신성	높음	제품 계열 확장	–	혁신제품
	중간	제품 개선	기존제품 라인추가	–
	낮음	비용절감	제품 리포지셔닝	–

가장 먼저 해야 하는 일은 우리가 알던 '신상품'이 '그 신상품만'을 말하는 것이 아니라는 것임을 이해하는 것이다.

신상품을 기획하려고 하거나 상품개발에 대한 주문이 떨어지면 '어디서부터 뭐부터 어떻게 해야 하지?'라는 생각으로 상품기획자의 머

---

* 『New Product Management for the 1980's』, Booz, Allen & Hamilton, 1982.

릿속을 복잡하게 만들면서 과도하게 집착하게 했던 '완전히 새로운 제품', 즉 〈도표 5〉에서 혁신제품이라 불리는 것은 그저 여러 신상품 타입 중 하나에 불과하다는 것을 빨리 이해해야 한다.

표현된 용어는 좀 다르지만 한국능률협회컨설팅(KMAC)에서 발표한 자료도 크게 다르지 않다.

〈도표 6〉 개발된 신상품의 영역별 비중

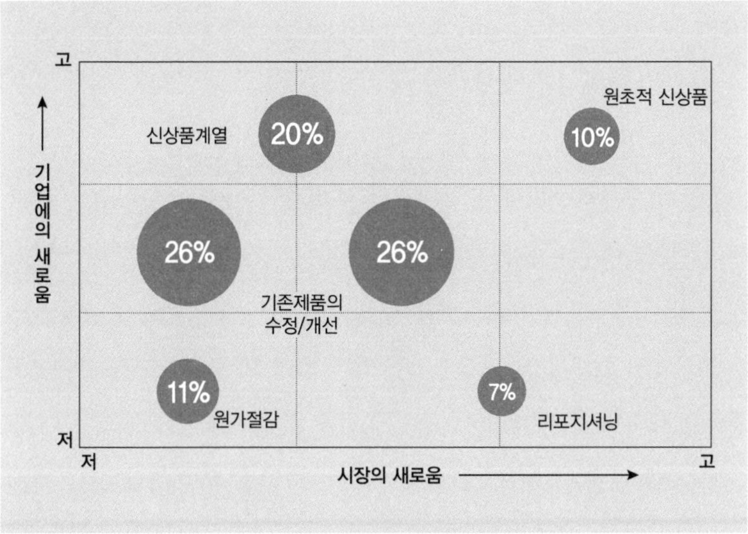

(출처: KMAC)

발표된 자료에는 신상품의 종류를 '기업과 시장에서의 신선함 정도'를 가지고 9개의 영역에서 구분하면서 새롭게 시장에 출시되는 상품들이 각각의 어느 영역에 주로 포함되었는지를 보여주고 있어, '되는 상품기획의 방향성'에 대한 힌트를 준다. 〈도표 6〉에서 기업은 고객과 시장의 요구와는 크게 비례함 없이 다양하게 신상품을 기획하고 있음을 알 수 있다.

눈여겨봐야 하는 것은 9가지의 영역 중에 가장 많은 신상품 출시가 집중된 곳이 시장과 기업에 있어 각각 어느 정도 새로움이 의도된 제품으로 이미 있는 기존의 제품들을 변형, 개선, 보완, 첨가, 수정하는 영역이라는 점이다. '새로운 것'뿐만 아니라 '다른 것'도 신상품이다.

기업에게 새로운 상품

기업의 입장에서 새로움의 정도는 구체적으로 어떻게 표현될까? 예를 들어 삼각김밥을 만들어 편의점에 제공하는 회사가 있다면 이 회사가 생산하는 삼각김밥은 크게 보면 김, 밥, 밥 안의 내용물로 구성되어 있다. 이 경우 고객들은 기존에 사용하던 김의 원산지나 공급자가 달라진다고 해서 동일한 '참치마요' 삼각김밥을 다른 상품으로 인지할 수 없다. 하지만 기업이 생산량을 증대함에 따라 더 낮은 단가에 동급 품질의 김을 공급할 새로운 공급자를 찾거나 원산지를 변경함으로써 더 낮은 단가로의 매입을 결정한다면 기업입장에서 이 상품은 신상품이 된다. 또 한 개씩만 판매하던 삼각김밥을 두 개씩 묶어 판매함으로써 새로운 코드를 만들어내는 것이나 같은 밥이지만 쌀의 생산지나 생산년도에 따라 원가나 맛이 달라지는 것을 감안하여 기존과 다른 쌀을 사용함으로써 원가를 조정하여 생산했다면 그 상품도 기업입장에서는 신상품이다.

이처럼 상품기획자는 동일한 시장 내에서 제품의 본질에 대한 변화 없이도 원가절감이나 거래처 변경 등의 사유로 신상품을 출시할 수 있으며 계열을 확장하는 등 기업 입장에서 원가변경, 포장변경, 단위변경, 거래선 변경과 같은 사소한 부분의 변화부터 기술개발, 제품보완, 불량개선, 응용과 접목 등의 사유로 출시하는 제품 모두를 신상품으로 인식하고 상품기획의 대상으로 적용할 수 있어야 한다.

상품기획자로서 신상품에 대한 시각을 확대해야 하는 이유는 무엇보다 다양하고 활발한 상품기획의 틀을 확보한다는 것에 있다. 아울러 10% 내외에 불과한 '난데없었던 신상품(New-to-world-true innovations)'을 찾는 것에만 집중한 나머지 90%에 이르는 새로운 상품기획의 기회를 무시함으로써 오히려 크리에이티브한 사고의 전환을 방해해서도 안 되기 때문이다.

소비자에게 새로운 상품

정말로 기업과 소비자의 중간쯤에서 있던 제품을 바꾸고, 하던 제품을 개선하고 늘리고 보완해서 새로운 상품을 만드는 방법이 적절한 것일까? 남들도 그렇게 할까? 여전이 10%에 이르는 전혀 새로운 제품을 만들기 위해 혼신의 힘을 다해야 하는 것은 아닐까?

〈도표 7〉에서 보는 바와 같이 1990년대 이후 2000년대에 들어서면서 전통적인 신상품 개발프로젝트유형(NPD Process)에서 '난데없었

던 신상품(New-to-world-true innovations)'의 비중은 1990년 대비 2004년에는 43.7%나 감소했다. 그러나 기업이 현재 가지고 있거나 존재하고 있는 상품을 기반으로 개선한 제품의 비중은 기간 대비 80.1%가 증가했다는 것은 시사하는 바가 크다. 소비자들에게는 기존에 경험해 본 일이 없는 낯선 모든 것이 신상품이다. 못 봤던 것은 말할 것도 없고 알고 있었지만 포장이 달라지거나 모양이 바뀐 것도 새로운 상품이다. 맛이나 향이 달라진 것, 색깔과 용량이 달라진 것도, 기능이 더해졌거나 빠진 상품도 새로운 상품이다. 사용하던 방식이 달라진 것도 당연히 신상품이다.

1850년대부터 시작된 과학적 탐험가이자 발명가인 에디슨(Thomas Alva Edison)에 의해서만 1,000여 개에 이르는 원천기술에 대한 발명이 이어지면서 지난 150여 년 동안 세계 곳곳에서는 삼라만상(森羅萬象)의 원리에 기초한 발명과 기술이 상품화 과정을 통해 폭발적으로 구현되었다. 그래서 그런지 1990년대를 지나면서는 이미 발견되었거나 발명된 원리를 베껴서 만들어지는 신제품들은 급격하게 줄었고 시간이 지날수록 더 적어지고 있는 형국이다. 그만큼 현재의 기술은 사람이 생각한 것을 구현하지 못하는 것은 없다고 할 만큼 기술의 대부분이 대단한 수준에 이르러 있다는 것을 뜻한다.

〈도표 7〉 신상품 개발프로젝트 타입-개발포트폴리오에서의 프로젝트 비중*
(NPD Project Types-Precent of Projects in the Development portfolio)

Development Project Type	1990	2004	% Change from 1990
New-to-world-true innovations	20.4%	11.5%	43.7% decrease
New product lines to the company	38.8	27.1	30.1% decrease
Additions to existing product line in company	20.4	24.7	20.8% increase
Improvements and modifications to existing company products	20.4	36.7	80.1% increase
Total	100.00%	100.00%	—

Source and detailed bibliography at Robert G. Cooper, "Your NPD Portfolio May Be Harmful To Your Business Health," Visions(April 2005).

1959년 세계에서 첫 번째로 집적회로인 IC(Integrated Circuit)가 발명된 후 1970년대와 1980년대를 거치며 '활성과 동시에 제어'를 상징하는 반도체 기술이 세계적으로 급속하게 발전하였다. 이 시기를 기점으로 생산성과 상품성이 급격하게 좋아진 상품들이 갑자기 늘어났던 시대가 1990년대다. 그러나 2000년대 이후 개별적인 기기들의 개발은 빠른 속도로 축소되었다. 세밀하고 강화된 성능의 반도체를 중심으로 상품들이 점차 통합되어 갔다. 획기적인 상품의 수는 점점 줄어갔다.

스토리텔링 전문회사인 올댓스토리의 김희재 대표에 따르면 창조, 또는 창조자를 뜻하는 라틴어 크레아레(Creare)와 크리에이터(Creator)는 오랜 기간 동안 신과 신의 행위에 대해서만 사용할 수 있었다고 한다(세바시 290회). 또 창조적인 행위로 인해 만들어진 부산물만이 가지는 독창성(Originalities)이라는 단어도 신학이 아닌 인문학에 처음으로

* 한상린, 한양대학교 경영전문대학원, 2011.

쓰인 시기는 유럽에서는 17세기 말이었고 미국에서는 1742년이 되어서야 사용할 수 있었다고 하니 어쩌면 독창성을 겸비한 진정한 의미의 신상품(New-to-world-true innovations)은 보통의 사람으로서는 범접이 어려운 그런 분야일지도 모른다.

〈도표 7〉은 이미 10여 년 전의 상황을 바탕으로 만들어진 것이다. 내용이 진행되는 추세로 보았을 때 현재는 물론 앞으로도 전체 신상품 중에 '난데없었던 신상품(New-to-world-true innovations)'이 차지하는 비중은 자료가 발표되었던 2005년의 비중(11.5%)보다 결코 높지 않을 것으로 보인다.

더 크고 무한한 가능성은 만들어진 것으로부터의 변형과 응용에 있다. 앞으로 가능성 있는 상품기획의 방향은 기존의 제품에서 탈(脫)하거나 역(易)함으로써 새로운 고객가치를 창출해 내는 방법이 효과적일 것임을 반증한다고 할 수 있다.

고객은 끊임없이 새로운 상품을 요구하고 기업은 어떻게든 새로운 상품을 만들어내야 하는데 그렇다면 앞으로의 상품기획 방향은 어떻게 잡아야 할까? 그런 의미에서 〈도표 8〉이 보여주는 것은 성공가능성이 높은 이상적인 방향(Ideal Vector)과 동시에 새롭게 출시되는 상품이 시장(고객) 내에서의 차별성과 기존 산업과의 연관성에 따라 어떤 성공확률을 가지는지를 개략적으로 보여준다. 결과에 따르면 새로운 상품은 시장에서의 차별성 정도가 클수록 성공확률이 높고 기존산업과의 연관성이 높을수록 유리한 것으로 나타났다. '같지만 다른 상품', '아는데 새로운 상품', '가지고 있는데 사고 싶은 상품'이어야 성공의 가능성이 높다는 얘기다.

이처럼 새로운 상품을 기존의 상품과의 연관성을 이용하여 전개하
면 소비자들은 별다른 교육 없이도 쉽게 신상품을 받아들일 수 있다.
이렇게 함으로써 새롭게 인식된 상품은 머릿속 어딘가에 이미 만들어
져 있는 기억의 방에 눈에 띄는 새로운 상처(Dent)를 만들어낸다. 이는
기업 측면에서도 별도의 홍보 없이도 이미 보편화된 기존 상품이 가지
고 있던 고유의 핵심기능을 유지하면서(Point of parity) 이전에는 없었
던 차별화 포인트(Point of Difference)만 강조하면 되기 때문에 훨씬 효
율적으로 소비자에게 새로운 제안을 할 수 있다.

〈도표 8〉 시장 내 차별성과 산업 연관성에 따른 신제품 성공확률[*]

구분		시장 내에서의 새로운 정도(차별성 정도)	
		높음	낮음
산업과의 연관성 정도	높음	• 성공률 -67% • 마케팅 포인트 　-제품과 시장의 조화 　 (소비자들의 수용성 문제)	• 성공률 -25% • 자기 잠식 가능성이 높음 • 마케팅 포인트 　-어느 정도 자기 잠식을 할 것인가 　 추가매출 기여도는 어느 정도가 되는지 　 를 판단
	낮음	• 성공률-25% • 높은 실패 가능성	• 성공률-극히 낮음 • 고려 대상에서 제외

* 박흥수, 하영원, 강성호 공저, 『신제품 마케팅전략』, 박영사, 2009.

Part 2

상품기획을
잘하는
10가지 방법

STEP 1

있는 것에서 시작하는
상품기획

보통사람으로 상품기획자의 역할을 맡고 있는 사람들은 오랜 시간과 비용을 들여 개발해야 하는 '난데없었던 신상품(New-to-world-true innovation)'에 대한 기획은 다른 사람들에게 미뤄두는 것이 어떨까? 이런 상품기획은 1백 년에 한 번 나온다는 천재의 몫으로, 탄탄하고 막강한 상품기획 조직을 갖추고 기업이나 하나의 프로젝트에 수백억 원을 기꺼이 투입할 수 있는 사람들의 몫으로 남겨두는 것이다.

보통 상품기획자들은 상품기획의 방향을 '기존에 있는 것을 효과적으로 다루는 것'으로 잡는 것이다. 이렇게 하는 것은 난데없었던 신상품을 찾기 위해 매몰될 수 있는 비용 때문이다. 또한 어쩔 수 없이 투자되어야 하는 막대한 시간 때문이며 언제 변할지 모르는 시장 환경과 작은 변화에도 쉽게 마음을 바꾸는 소비자들 때문이다.

저성장 시대를 위한 '상품기획을 잘하는 10가지 방법'은 쉽고 흔하다. 이미 '있는 것'을 기본으로 하고 있기 때문이다. 어디엔가 현존하는 것을 기반으로 익숙한 것, 개발된 것, 다른 분야에서는 사용하고 있는 것을 관찰하여 적용하기 때문이다. 그러나 상품기획자는 10가지 방법을 적용하기에 앞서 반드시 염두에 두어야 할 것이다. 언제나 새로운 상품은 항상 처음 소비자들에게 선택될 때 꼭 거치게 되는 마음으로부터의 관문(關門) 같은 것이 있기 때문이다. 새로운 상품이 아무리 좋은 의도로 기획되었더라도 이 문을 통과하지 못하면 소비자들은 처음 눈길을 주었더라도 결국 지갑을 열지 않을 것이며 마음을 혹했더라도 곧 추스려 기존에 구입하던 익숙한 것을 구매할 것이기 때문이다.

> "맷돌 손잡이가 뭔지 알아요? '어이'라 그래요.
> 맷돌에 뭐 갈려고 집어넣고 맷돌을 돌리려고 하는데 손잡이가 빠졌네?
> 이런 상황을 '어이가 없다'라고 해요. 황당하잖아?
> 아무것도 아닌 손잡이 때문에 해야 할 일을 못하니깐
> 지금 내 기분이 그래.
> 어이가 없네?"
> −영화 〈베테랑〉(Veteran, 2015) 중에서

두고두고 기억에 남을 배우 유아인의 명대사처럼 상품도 기껏 많은 비용과 시간을 들여 만들어 놓았는데 정작 시장에 내 놓으려고 하면 꼭 필요한 것이 빠져 제구실을 못 하는 경우들이 생긴다. 새로운 상품기획이란 고객에게는 지속적인 만족감의 공급 때문에 필요하고 기업에

게는 지속가능경영을 실현하기 위해 필요하다. 이 두 가지 명제를 해결하기 위해 모든 상품은 고객들의 생각 속에 떠오른 다른 상품들보다 아래 언급될 5가지 중 적어도 하나 이상을 만족시켜야 한다. 더 많은 것을 만족시킬 수 있다면 선택은 말할 나위가 없다.

저렴(Cheap)

상품은 가격이 저렴해야 한다. 그러나 '저렴'이라는 단어가 반드시 돈으로 계산되는 것만은 아니어도 된다. 상품은 지불하는 가치보다 지불함으로써 얻는 가치가 더 크면 된다. 핵심은 소비자들로 하여금 지불하는 가치가 얻는 가치보다 더 저렴하다고 인식하게 하는 것이다. 사람들을 이를 일컬어 '가격대비 성능'을 줄여 '가성비(Cost-effectiveness)'라 부르기도 한다. 가성비가 높아야 한다. 가격이 저렴하면 다수의 사람들은 포장의 어떠함은 물론 조금 먼 거리도, 약간의 불편함과 수고로움도, 기다림까지도 대부분 감수한다. 자본주의 사회에서 낮은 가격이 가지는 파워는 감히 최고라고 불릴 만큼 막강하다. 평소에 가격 이외에 다른 것들이 중요하다고 생각했던 사람들도 저렴한 가격 앞에 서면 대부분은 자기합리화를 하며, 저렴한 가격의 끌림에 빠지게 되는 것은 그만큼 낮은 가격이 주는 구매력이 강력하기 때문이다. 저렴한 가격만큼 강력한 차별점은 없고 이것만큼 소비자의 구매욕을 자극시키는 것은 없다. 실용재로서 대중적인 만족과 매출을 보장할 수 있는 가장 확실한 방법은 소비자에게 낮은 가격을 제안하는 것이다.

상품의 가격을 낮게 하려면 상품기획자는 최대한 정확하게 목표하는 시장의 규모를 예측할 수 있어야 한다. 또 상품의 원료가 만들어지는 과정부터 유통이 되는 전 과정인 가치사슬(Value chain)을 정확히 알고 있어야 한다. 어떤 생산과 어떤 분류를 통해 어떤 역할을 하는 개별 단계의 과정으로 완성품이 되는지 프로세스를 관통하지 못하는 상품기획자는 저렴한 상품을 기획할 수 없다.

협력업체와의 이면합의, 또는 고압적인 위치를 이용해 일시적으로 판매가가 낮은 상품을 만들어 저렴한 상품을 만든 것처럼 보일 수는 있다. 하지만 이는 제한된 시간과 제한된 수량에 묶인 이벤트일 뿐이다. 유통주체들의 마진이 확보되지 않은 유통경로는 반드시 깨지게 되어 있고 이를 지속할 경우 상품은 약속된 기능을 보장하지 못하는 것이 당연하다. 잊을 만하면 터져 나오는 부실 상품과 부적합 상품이 나오는 근본적인 이유는 상품을 공급하는 사람도, 상품을 사는 사람도 모두 낮은 가격의 매력을 알고 있기는 하지만 프로세스는 무시한 채 결과만 흉내 내고 있기 때문이다.

그렇다면 상품이 품질과 용도, 혹은 모양에 상관없이 무조건 저렴해야 할까? 사람들은 저마나 개인의 경험, 외부의 광고효과, 다른 상품과의 절대적, 혹은 상대적인 비교를 통해 특정한 제품에 대해 최고로 많은 돈을 지불할 의향을 가지는 금액(유보가격/Reservation price)과 더 이상 낮아지면 품질에 의문을 가지기 때문에 구매하지 않는 금액(최저 수용가격/Lowest Acceptable Price)을 가지고 있다. 고객들은 새로운 상품을 볼 때 상품에 대한 품질정보와 가격정보가 자신이 가지고 있는 최저 수용가격과 유보가격 사이에서 들어오면 필요에 따라 구매를 결정하게 된다.

이 때문에 기업 입장에서는 장기적으로 볼 때, 고객 개개인이 생각하고 있는 유보가격을 상향시키는 것이 훨씬 유리하다. 이익이 보장되기 때문이다. 하지만 대다수의 기업과 상품기획자들은 단기적 성과를 위해 겉으로 보기에 쉬워 보이는 최저 수용가격을 낮추는 것에 더 많은 노력을 하는 경향이 있다. 물론 이것도 좋은 방법이다. 단기적으로는 '매출상승'이라는 효과를 기대할 수 있다. 그러나 잊지 말아야 하는 것은 최저 수용가격을 낮추는 것에도 지속적인 노력과 끈기는 물론 생각보다 많은 자원이 투입되어야 한다는 것이다. 시장에 지배력을 가지기 전까지는 충분한 이익을 취하기 어렵다는 것을 감안해야 한다. 신상품 기획에 있어 상품기획자의 중요한 업무는 새로운 상품의 품질은 가격 대비 기존의 최저 수용품질과 유보품질 사이에 두고 지속적으로 유보가격을 올릴 수 있는 방법을 찾아 제안함으로써 고객들로 하여금 '상대적으로 저렴한 상품'임을 부각시키는 것이다.

| 다름(Different)

캐시미어가 10%가 들어 있는 검은색 머플러를 가지고 있는 고객에게 신상품으로 각각 캐시미어의 함량을 30%로 높인 검은색 머플러와 캐시미어 10%가 들어 있는 같은 품질의 버건디(Burgundy) 컬러 머플러를 보여준다면 고객들은 어떤 머플러를 더 구매하고 싶을까?

새로 기획된 상품은 기존의 것과 '달라야' 한다. 어떤 방향으로 어떻게, 얼마나 달라져야 하는지는 경쟁과 환경, 기업의 내부역량에 따라 달라야 하고 그 정도 값을 찾아내는 것은 당연히 상품기획자의 몫이다. 그러나 분명한 것은 '달라져야 한다'는 것이다. 달라짐의 중요성에 대해서는 일찍이 빌 게이츠도 언급한 바 있다.

"If you can't make it good, at least make it look good."
좋게 만들 수 없다면 적어도 좋아 보이게 만들어라.

상품은 구매함에 있어 지금은 선호가치(Value in preference)가 있어야 한다. 선호된다는 것은 '더 나은(Better)' 것을 의미하지만 궁극적으로 '더 나음(Better)'의 기본은 '다름(Different)'을 전제한다. 새로운 상품을 기획할 때에는 더 낫게 만드는 것에 집중할 것이 아니라 이전과 다르게 만드는 것에 집중하는 것이 필요하다.

버건디 컬러가 검은색보다 더 우수하다(?)고 할 수 없는 것처럼 '다르다'는 것이 꼭 진보적이어야 한다는 것은 아니다. 진보적이면 더 좋겠지만 그렇지 않더라도 일정 기간 이상 익숙하지 않아 낯설거나 오랜만에 보는 대부분의 것들이 '다른 것'의 범주 안에 들어온다. 다름은 새 것을 포함한 낯선 것을 의미한다.

매일같이 TV 가요순위 프로그램에 비슷비슷하게 생긴 아이돌 가수들만 나와서 수년간 TV브라운관을 장악했던 때에, 똑같은 대중가요를 부르지만 15~16년 차를 훨씬 지난 각자의 개성이 뚜렷한 중견 가수들이 나와서 서로 경쟁을 하는 TV프로그램은 아주 '낯선 것'이었다.

낯선 것은 곧 고객들의 많은 호감을 얻는 데 성공했다. 각자 개성이 강한 젊은 남자들이 낯선 곳으로 배낭여행을 떠나 1박을 머물고 돌아오는 프로그램인 〈1박2일〉이 인기를 끌자 동일한 포맷에 젊은 남자들을 노숙한 70대 남자 노인들로 바꾸고 행선지를 한국이 아닌 해외로 다르게 하자 고객들은 큰 환호를 질렀다. 아이돌과 10년 차 가수, 젊은 남자들과 늙고 쉽게 지치는 할배들 중에 어떤 것이 더 좋다고 누구도 단정할 수는 없다. 다만 둘은 서로 다를 뿐이다.

새로운 상품이 고객들에게 선택되기 위해서는 기존의 것에 비해 다른 색깔, 다른 모양, 다른 소재, 다른 질감, 다른 가격, 다른 포장, 다른 구성, 다른 효과. 다른 생산지… 그것이 무엇이든 반드시 달라야 한다.

| 더 나음(Better)

새로운 것은 더 나아야 한다. 상품기획에 있어 더 나음(Better)은 고객들이 더 호감을 가지고 더 관심을 가지고 있는 방향으로 더 많이 '다른 것'이라고 풀이할 수 있다. 앞서 말한 '다른 것'은 일정한 방향성을 가지지 않은 채 현재로부터 일탈(逸脫)된 것을 뜻한다. 그렇기 때문에 그저 다르기만 해서는 방향에 따라 고객들의 호응을 얻을 수도 있고 혹은 실패할 수도 있다.

"내 것도 다르고 다른 사람 것도 다른데 왜 다른 사람의 것만 판매가 일어나느냐?"에 대한 답은 고객들이 '다른 것'과 더불어 어떤 부분에서든 '더 나음'이라는 방향성을 가지고 구매를 결정하기 때문이다.

'더 나음'이 가리키는 방향은 경제 환경과 시장 상황, 그리고 마치 긴장한 노루처럼 뛰는 방향을 쉽게 바꾸는 고객들의 취향에 따라 달라진다. 판단과 결정은 전적으로 고객의 몫이지만 큰 테두리에서 보면 방향에 대한 지표는 트렌드와 관련 통계로 추측이 가능하다.

어느 정도까지 더 나아져야 할까? 다행히 '더 나음'이라는 인식은 절대적인 요소가 아닌 상대적인 것이어서 고객의 마음속에 이미 자리 잡고 있는 자사의 기존상품이나 또는 타사의 상품이 위치해 있는 가상의 위치보다 조금이라도 더 (+)요인 쪽으로 기울면 된다. 이 때문에 상품기획자는 새로운 상품의 (+)의 정도를 정하는 것이 중요한데, 어느 정도의 자원(비용과 시간)을 투입하고 고객들에게 어느 정도의 추가적인 부담을 지게 하면서 다른 상품과 어느 정도의 차이를 발생시킬 것인가가 의사결정 포인트가 된다.

얼마나 더 나은지에 대한 물리적인 정도도 중요하다. 더 중요한 것은 어떻게 더 나음을 인식하게 하느냐에 대한 인식의 정도다.

끌림(Attractive)

상품은 '매력 덩어리(Hot Stuff)'가 되어야 한다. 매력적이지 않은 상품은 상품이라고 할 수 없다. 팔리지 않을 것이기 때문이다. 경쟁이 심화되지 않았던 시대에는 상품이 매력적이지 않아도 판매에 문제가 없었다. 다만 좀 덜 팔렸을 뿐이다. 하지만 하찮은 클립이나 흔한 볼펜과

복사용지조차 수많은 경쟁상품이 존재하는 현재 시장에서 매력적이지 않은 상품은 아예 팔리지 않는다. 어디엔가 노출이 되어야 유통의 기회를 잡을 수 있는데 어느 유통업체도 매력적이지 않은 상품에 대하여 기회비용을 투자하며 노출시킬 이유가 없고 설령 노출된다고 한들 매력 없는 상품이 고객들의 선택을 받는다는 것은 기대하기 어렵다. 이런저런 방법을 통해 어떻게든 유통에 들어갈 수는 있을지 모르지만 끌림이 없는 상품이 스크랩(Scrap)되거나 빠지는 것은 시간 문제다.

매력적(Attractive)이지 않은 상품은 스스로 유통채널을 만들어 노출하는 방법을 취하기도 한다. 그러나 이것 역시 만드는 것이 문제가 아니다. 매력적이지 않은 상품은 고객들의 선택을 받지 못할 것이기 때문에 크게 달라지는 것은 없다. 새로운 상품의 모양, 소재, 가격, 크기 등은 상품을 더욱 매력적으로 보이게 하기 위한 도구의 문제이며 콘셉트의 문제다. 새로운 상품은 매력적이어야 하며 제품은 물론 이를 프리젠테이션하는 각종 도구들과 '홍보'라고도 하고 '프로모션(Promotion)'이라고도 부르는 일련의 자료와 기사, 장치, 문구와 포장들도 매력적이어야 고객으로부터 선택의 가능성을 기대할 수 있다.

| 효율(Efficient)

세계적으로 히트한 상품에는 공통점이 있다. '고객으로 하여금 동일한 상품과 서비스를 사용하는 데 시간을 줄였거나 또는 비용을 줄인 것'이라는 점이다. 역사적으로 보면 두 가지를 동시에, 획기적으로, 편하게 줄인 것일수록 파급효과는 엄청났다.

공연이나 영화를 보러가는 시간과 비용을 줄인 TV나 이동시간을 단축시킨 자전거와 자동차, 이미 오프라인에서 진행되고 있었던 경매를 온라인으로 편하게 집에서 할 수 있도록 만든 온라인 경매, 일일이 상품을 설명하고 동의를 구하러 다니지 않아도 컴퓨터상에서의 버튼과 댓글 하나로 매일 50% 이상의 할인율이 적용된 상품을 공동으로 구매할 수 있도록 한 SNS(Social Network Service)를 통한 공동구매, 하나의 기계가 인터넷도 되고 사진기도 되고 전화기도 되고 라디오도 되고 MP3플레이어도 메모장도 되는 스마트폰(Smart phone), 글을 쓰면서 항상 지우개를 찾으러 다녔는데 그런 시간을 아끼라고 연필위에 지우개를 붙여 놓은 지우개연필, 한 번 붙였다 떼면 접착력이 떨어져서 다음에는 쓸 수 없었던 불편함을 없앤 떼었다 붙였다가 가능한 메모지, 전자레인지에 2분만 돌리면 바로 먹을 수 있는 즉석밥 등은 우리 주변에서 우리가 좋아하는 대부분의 상품과 서비스는 '효율성'이라는 면에 매우 특화된 것들이다.

이동통신서비스 속도만 해도 불과 몇 년 사이에 2G에서 3G에 이어 LTE(4G)로 빨라지더니 다시 3G보다 10배, LTE보다 2배 빠르다는 LTE-A로 속도를 높인 바 있다. 2018년에는 4세대(4G) 이동통신인 LTE보다 전송속도가 1,000배 빠른 5G도 평창 올림픽에서 세계 최초로 서비스 될 예정이라고 하니 속도의 효율성은 이미 스마트폰 유저들에게 차별화를 느끼도록 하는 중요한 요소임을 알 수 있다.

2008년 글로벌 경제위기 이후에 부상한 새로운 글로벌 경제 질서

인 '뉴노멀(New Normal)'*은 상품기획자들에게도 새로운 방식의 상품기획 방법을 요구한다. 이전의 상품기획은 '논리와 순서'라는 알고리즘(Algorithm)을 중시하는 산업공학과 통계학을 기반으로 했다. 그래서 한 상품을 개발함에 있어 짧게는 1년부터 길게는 2~3년까지 적지 않은 시간과 인력과 비용을 투자해야 했다. 그때는 고성장의 시대였고 고소비와 낮은 실업률이 유지되던 시대였다. 하나의 히트상품이 나오면 긴 시간에 걸쳐 전 세계를 돌아가며 엄청난 수량을 판매할 수 있는 시대였다. 하지만 지금은 세상이 달라졌다. 저성장과 저소비, 높은 실업률과 강도 높은 규제, 불안한 유가의 위협이 일반화된 시대가 되었다. 높은 기술개발 비용에 비해서 개발된 상품의 수명은 날이 갈수록 짧아지고 있고 경쟁은 더욱 치열해지고 있다. 선진국에 집중되었던 혁신(Innovation)이 광범위한 국가에서 다양한 범주에 걸쳐 동시에 발생하고 있어 히트상품의 판매도, 신제품에 대한 폭발적인 매출도 기대하기 어렵게 되었다.

그러나 이러한 상황 속에서도 상품기획은 계속되어야 하기 때문에 이어 소개할 '상품기획을 하는 10가지 방법'은 고성장 시대의 상품기획 방법과 함께 뉴노멀 시대를 대응하도록 하는 휴리스틱(Heuristic)한 방법이다. 저성장 시대를 위한 '상품기획을 잘하는 10가지 방법'은 쉽고 흔하다. 이미 '있는 것'을 기본으로 하고 있기 때문이다. 어디엔가 현존하는 것을 기반으로 익숙한 것, 개발된 것, 다른 분야에서는 사용하고

---

* 뉴노멀 [new-normal] : 벤처캐피털리스트 로저 맥너미가 2003년 처음 제시하였으며 세계 최대 채권운용 회사 '핌코'의 최고경영자 무하마드 앨 에리언이 그의 저서 『새로운 부의 탄생』(2008년)에서 금융위기 이후의 뉴노멀을 언급하면서 널리 퍼짐. 저성장, 저소비, 높은 실업률, 고위험, 규제 강화, 미국 경제 역할 축소 등이 글로벌 경제위기 이후 세계경제에 나타날 뉴노멀로 논의되고 있음. 출처 : 시사상식사전, 박문각.

있는 것을 관찰하여 정리한 것들이다. 우리 주변을 감싸고 있으며 우리 눈앞에 있는 거의 모든 상품은 10가지 방법 중에 하나 또는 그 조합으로 구성되어 있다.

우리가 창조라고 믿는 것의 대부분은 사실 모방에 더 가깝다. 새로운 상품은 기존의 것을 새로운 요구에 따라 다시 만드는 과정에서 바꾸고(Change), 나누고(Divide), 줄이고(Reduce), 조립하고(Assemble), 조율하고(Tuning) 처리함으로써(Treat) 서로 연결되어(Connected) 다르게 태어나기 때문이다.

색상 바꾸기

운전을 하기 위해 자동차를 탈 때마다 느끼는 것 중에 하나는 시트(Seat)에 대한 불만이다. 가죽은 먼지가 안 나고 깔끔하지만 겨울엔 너무 차갑고 여름엔 달라붙는다. 직물(Woven)이 패션어블해서 좋기는 한데 오염과 직사광선에 약해서 조금 지나면 색이 탈색되기도 하고 먼지도 너무 많이 쌓인다. 무엇보다 세탁을 할 수 없어서 온갖 세균들이 가득할 것을 생각하면 좀 고민이 된다.

그래서 많은 사람들이 하는 방법은 그냥 가죽시트를 참고 타거나 부지런한 사람은 2~3년에 한 번씩 수십만 원을 들여 가죽시트를 청소하거나 혹은 천으로 만든 시트를 사서 그 위에 애프터 마켓(After Market)에서 구입한 또 다른 덮개를 덮는 것이다. 그런데 그런 방법 말고 아예 자동차의 시트를 스마트폰 케이스처럼 기분에 따라 바꿀 수 있으면 어떨까?

QM6나 SM6보다 먼저인 2013년 출시되어 저물어 가던 르노삼성을 회생시키는 데 기여한 QM3에 적용된 탈착식 지퍼형 시트는 르노가 특허를 받은 기능으로, 사용을 하다가 지퍼로 가볍게 분리해 편리하게 세탁할 수 있는 시트다. QM3가 타깃하고 있는 20~30대의 젊고 감각적인 소비자들은 이제 더 이상 검은색 가죽의 칙칙함과 밝은 가죽의 오염 부담으로 인해 스트레스 받을 일이 없고 오염된 직물시트의 먼지와 오염을 걱정할 일도, 직물시트에 쏟은 커피를 말리느라 창문을 열거나 탈취제와 소독제를 뿌릴 일이 없다. 바꾸고 싶으면 마음에 드는 색상으로 언제든 '휘릭~'하고 바꾸면 된다.

많은 경쟁 차들이 밀집되어 한동안 심한 경쟁이 예상되는 소형 SUV시장에서 절치부심(切齒腐心)한 르노삼성의 QM3가 주목을 받은 또 다른 이유는 높은 연비와 함께 고객의 취향에 맞춘 투톤 색상의 인테리어를 적용할 수 있게 했다는 것. 스티어링휠의 색상은 물론 루프와 바디의 색상을 고를 수 있게 하면서 외관 색상에 따라 다양한 색상의

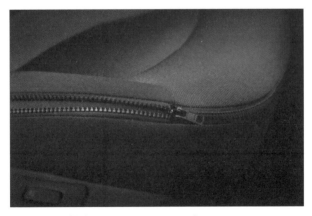

▲ 2013년 QM3 (출처: www.renaultsamsungm.com)

시트를 고를 수 있도록 이 차에 '다양한 색상의 변화'를 부각시켰다는 것이다. 운전자 관점에서 시트를 바꾸면 차는 완전히 다른 차가 된다. 변화를 즐기는 타깃 취향을 제대로 저격한 상품기획이라고 할 수 있다.

| 색의 기능

경쟁이 치열해지면서 상품기획자들은 소비자들과의 소통에 있어 자신이 기획한 상품에 대한 정체성(Identity)을 구체화하고 차별화하기 위해 많은 노력을 하고 있다. 이들이 이를 위해 가장 기본적으로 활용하는 감각은 어떤 것일까? 그것은 두말할 나위 없이 바로 시각(Sight)의 차별화다. 일찍이 미국의 색채학자인 파버 비렌(Faber Birren)[*]은 '눈과 마음의 움직임이 인체 에너지의 25%를 소모한다'고 했고 윌슨(R.F.Wilson)은 '인간이 획득한 지식의 84%가 눈을 매개로 한 것'이라고 할 만큼 시각의 지각은 중요하고 결정적이라고 한 바 있다.

이는 〈도표 9〉에서 보는 것과 같이 시각을 통한 인지(認知)가 오감각 중 87%의 비율을 차지할 만큼 큰 것을 알 수 있다(박도양, 1982).[**] 그리고 그 시각의 인지(認知)를 염두에 둔 차별화 중 가장 확실한 것이 바로 색상을 바꾸는 것이다.

* 파버 비렌(Faber Birren), 김진한 역, 『색채의 영향(Color &Human Response)』, 시공사, 2003.
** 박도양, 『실용색체학』, 이우출판사, 1982.

<도표 9> 오감(五感)의 감도(感度)

종류	시각	청각	후각	촉각	미각	계
비율(%)	87	7	3.5	1.5	1.0	100

　사람들은 시각 전달계를 거쳐 물체의 모양이나 크기 등을 인지하는 시지각(視知覺)을 통해 사물을 구분하다. 그중 색을 알아차리고 구분하는 것을 색지각(Color perception , 色知覺)이라 하는데 색은 빛, 물체, 시각 기관과 뇌의 상호작용을 통해 서로 다름을 구분하는 것으로 알려져 있다. 색의 이러한 기능은 각각 시각적 효과와 감정적 효과를 일으킴으로써 서로 다른 것을 더욱 분명하게 구분하게 한다.

　색상을 바꾸는 것은 특별한 기술이 없이도 쉽게 기존의 것과 다른 것으로 보이게 할 수 있는 방법이다. 오랜 세월 동안 사람들이 가장 많이 적용시켜왔고 지금도 널리 사용하고 있으며 앞으로도 흔하게 사용될 방법 가운데 하나다. 이는 기존의 상품을 기반으로 다른 상품을 기획할 때 적용하는 방법으로 의류에 있어서는 블랙 라벨이나 화이트

<도표 10> 인간에게 미치는 색의 작용과 효과

구분	색의 작용 및 효과 내용
시각적 효과	• 색의 대비와 동화(동시 대비, 면적 대비, 한난 대비, 연변 대비) • 잔상(계시 대비에 의한 색의 잔상효과) • 항상성, 시인성, 주목성(배경과의 관계에서의 주목성질) • 기억색
감정적 효과	• 온도감(한색, 난색) • 운동감(색의 밝기, 넓이에 따른 전진방향, 수축, 후퇴) • 무게감(명도의 차이에 따른 무게감) • 경연감(색의 명도와 채도에 따른 부드럽고 딱딱한 색의 느낌)

라벨처럼 짧은 시간 내 설명하기 어려운 상품들 간의 차이를 인식하게 할 때도 적용하는 방법이다. 색상을 바꾸는 것은 색상에 익숙한 고객들로 하여금 구매의 만족감을 상승시키는 데 사용하는 확실한 방법 중 하나다.

색상을 바꾸는 것은 상품기획자가 '어떻게 하면 소비자들에게 새로운 상품을 기존의 것과 다른 상품으로 인식하게 할 수 있을까?'라는 질문에서 출발하는 기본적인 방법이다.

미국의 트렌드 분석가이면서 컬러 컨설턴트인 캐시 라만쿠사(Kathy Lamancusa)*는 "소비자가 제품에 대해 가지는 첫 인상의 60%는 컬러에 의하여 결정된다."고 했을 만큼 색상(Color)은 제품의 아이덴티티를 결정하고 고객에게 만족감을 제공하는 데 매우 중요한 역할을 한다.

출시될 때마다 전 세계적으로 폭발적인 반응을 만들어내는 애플사도 이 방법을 매우 선명하게 구사하는 기업이다. 2008년 아이폰 3G에서 흰색을 출시하며 폭발적인 색의 반전을 만들었던 애플사는 2013년 9월에 발표된 아이폰5S에서도 역시 색상을 바꾸는 방법을 적용했다. 2007년 첫 아이폰 출시 이후 처음으로 아이폰 시리즈의 검은색과 흰색 사이에 골드색을 추가한 것이다. 동시에 출시된 아이폰5C(저단가 버전)의 플라스틱 컬러가 아닌 프리미엄한 제품의 라인(아

---

* 서용구, 『브랜드스타를 만드는 상상엔진 I.D.E.A.』, 명진출판, 2010, p. 49.

이폰5S)에 추가된 골드색은 그들이 의도한 대로 확실한 차별화를 이끌어 냈다.

특히 중국에서 엄청난 인기를 끈 골드색은 출시 후 단 3일간 전 세계적으로 900만 대가 팔리는 기염을 토하며 애플로 하여금 '10분 만에 초기 물량이 소진되었다'는 또 하나의 기사를 만들게 했다. 사람들은 기능과 용량이 똑같지만 색깔이 다른 골드색의 구매에 열을 올렸다. 초기 물량이 품절된 아이폰5S의 골드색은 인터넷을 통해 출시가격보다 4배 높은 가격에 판매되기도 했고 폭발적인 반응에 편승하려는 스티커 제조사들로 하여금 아이폰5S용 금색 스티커까지 제작하게 했다.

현대자동차의 보고서에 따르면, 내구재(耐久財)로서 비교적 가격이 비싸고 교환주기가 길어서 대부분 고관여(High Involvement) 상태에서 구매가 결정되는 자동차의 경우에도 성능이나 엔진소리보다 더 많이 구매에 영향을 미치는 것이 시각적인 요소라는 사실은 시각을 통한 고객선점과 차별화가 얼마나 중요한지를 설명해준다.

〈도표 11〉 자동차에서 오감의 중요도에 대한 소비자 조사

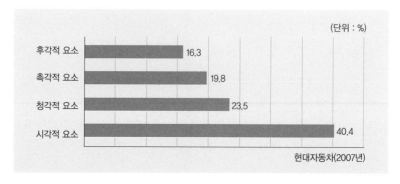

(단위 : %)

후각적 요소	16.3
촉각적 요소	19.8
청각적 요소	23.5
시각적 요소	40.4

현대자동차(2007년)

︱ 색상의 조탁(彫琢)

1998년 8월 15일. 모두가 베이지색의 불투명하고 딱딱하게 네모진 모니터를 만들고 있을 때 아름다운 유선형에 속이 들여다 보이는 반투명 형광 빛에 곱상하고 깔끔한 색으로 무장한 새로운 형태의 컴퓨터가 나온 일이 있었다. 게다가 이 컴퓨터는 본체와 모니터가 하나인 일체형이면서 똑같은 플라스틱 소재를 썼음에도 반투명에 광택이 나도록 표면을 처리하여 반짝거리는 풍부한 색이 고급스런 느낌마저 물씬 풍기는 '물건'이었다. 아이맥(iMac)이 출시된 것이다.

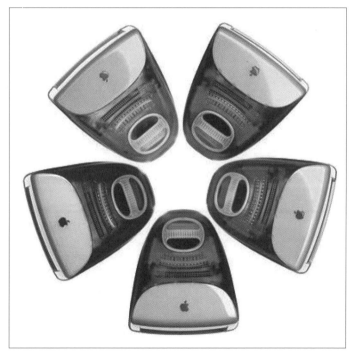

▲ 아이맥(iMac) (출처: www.apple.com)

불투명과 투명, 사각과 라운딩, 일체형과 분리형…

세계 최고의 IT디바이스 디자이너로 손꼽히는 조너단 아이브(Jonathan Ive)의 첫 번째 작품이기도 한 아이맥(iMac)은 스티브 잡스가 빌 게이츠를 비롯한 여타의 IT리더들과 상품기획을 하는 방법이 어떻게 다른지를 잘 보여준다. 감성적인 요소를 중요시하는 스티브 잡스는 디자인도 컴퓨터에 중요한 구매요소가 될 수 있다고 생각했다.

마치 스와치(www.swatch.com)라는 손목시계가 시간이 정확하다는 이유로 팔리는 것이 아니라 독특한 디자인과 예쁜 색상 때문에 팔리듯이 컴퓨터 역시 디자인과 패션이 중요한 구매의사 결정요소라고 판단한 그는 아이맥의 '색상'에 집중했다. 반면 빌 게이츠는 기능의 중요성은 인정했지만 디자인에 대해서는 다른 입장을 가지고 있었다. 그래서 빌 게이츠는 '고작 색깔밖에 다른 게 없는 아이맥은 일시적으로는 성공한 것처럼 보이겠지만 오래가지 못할 것이다'라고 생각했다. 하지만 색깔을 바꾼 아이맥은 등장과 함께 폭발적인 인기를 끌었다(아이맥은 모양도 달랐다). 출시된 지 6주 만에 30만 대가 팔렸고, 1년 동안 200만 대나 팔리더니, 나중에는 600만 대까지 판매량이 치솟으면서 데스크톱 최고의 베스트셀러 컴퓨터가 되었다. 아이맥의 성공으로 적자에 시달리던 애플은 3억 950만 달러의 흑자회사로 변모할 수 있었다.

기존에 있는 상품을 출발점으로 새로운 상품을 기획할 때 가장 먼저 적용할 수 있는 상품기획 방법은 색상을 바꾸는 것이다. 인간의 시각은 모든 감각들 중에서 가장 매력적이고 지배적이다. 그것은 다른 감각들보다 확실히 뛰어나고, 언어를 넘어 강력한 설득력을 지니고 있다. 사람들은 늘 사용해왔던 익숙한 제품이 색상만 달라져도 전혀 새로운 제품으로 느낀다.

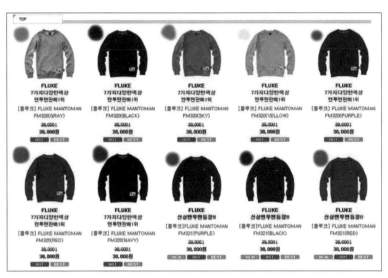

▲ 플루크 맨투맨 (출처: 플루크 홈페이지)

　흰색 티셔츠를 입고 있는 사람에게 품질이 동일한 티셔츠에 무늬를 그려 넣은 것이나 파란색이나 붉은색의 등의 색상을 추가하여 새로운 상품으로 제안할 수 있는 것은 색상의 변화만으로도 구매욕은 충분히 증폭되기 때문이다. 의류에서 신발, 가방, 보석, 액세서리는 물론 악세서리화된 IT기기까지 이런 경우는 우리 주변에 너무나 흔하다. 우리나라에서 크게 유행하고 있는 SPA* 매장을 가면 어느 매장이건 마치 미술용 팔레트를 펼쳐 놓은 것처럼 다양한 컬러의 셔츠들이 전시되어 있는 것을 볼 수 있다. 패션에 있어 색상의 변화는 가장 강력하고 유용한 상품기획 방법이다.

* Speciality retailer of Private label Apparel, 미국 브랜드 '갭'이 1986년에 선보인 사업모델. 의류기획·디자인, 생산·제조, 유통·판매까지 전 과정을 제조회사가 맡는 의류 전문점을 말함. 대형 직영매장을 운영, 비용을 절감시킴으로써 싼 가격에 제품을 공급하고, 동시에 소비자의 요구를 정확하고 빠르게 캐치하여 상품에 반영시키는 새로운 유통업체. 출처: 네이버 지식백과.

▲ 제일모직 빈폴 매장 (출처: 구글)

먼 곳에서도 가장 쉽게 다른 것과 구별하도록 하는 역할 때문에 색상은 아주 오래전부터 신분과 소속을 표현하기도 했다. 이 때문에 근세까지도 국가에 따라서는 특정한 색에 대하여 쓰고 싶어도 쓸 수 없게 하는 구별의 상징으로 색을 활용했다.

영국의 스코틀랜드의 각 씨족(Clan)들이 제각기 독특한 문장(紋章)이나 장식으로 사용하던 타탄(Tartan). 흔히 체크무늬(Check)라고 불리는 가로세로 격자무늬의 패턴으로 각종 의례와 수렵, 전쟁 등의 상황에서 자신들만의 특별한 타탄을 사용하는 방식으로 가문의 높고 낮음, 신분의 높고 낮음을 표현해 왔다. 타탄은 전통적으로 씨실과 날실을 사용하여 직조하되 신분에 따라 사용할 수 있는 색과 사용할 수 없는 색이 구분되어 실의 색깔과 색깔 사이의 간격, 사용한 실의 종류에 따라 신분을 나타내도록 했다. 이 때문에 다른 신분의 것은 사용해서도 안 됐고 색상을 마음대로 지정할 수도 없었다. 색상이 '사람의 다름'을 나타냈기 때문이다.

▲ 스코틀랜드의 다양한 타탄 (출처: www.highlandstore.com)

│ 비싸게 보이는 색

기능적으로는 똑같은 상품이라도 더 비싼 금액을 지불하고서라도 특정한 색의 제품을 소유함으로써 더 큰 만족감을 누리려는 사람들도 있다.

2008년 이후 유럽의 부실로 확실한 글로벌 넘버2(G2)로 등극한 중국 국민들이 가지고 있는 금색과 붉은색에 대한 선호는 확연하다. 이들에게 있어 붉은색과 금색은 다른 색과는 전혀 다른 색이다. '어느 시대 얘기일까' 싶지만 지금도 이들은 같은 제품이라면 붉은색과 금색이 사용된 상품에 대해서 기꺼이 더 많은 유보가격(Reservation Price)*을 책정하여 비용을 지불할 의사를 가진다.

* 판매자 입장에서 판매를 포기하지 않는 가장 낮은 선의 가격을 의미하며 동시에 구매자 입장에서는 구매를 포기하지 않을 가장 높은 가격을 의미함. 구매자가 지불할 의지를 가질 수 있는 가장 높은 가격임.

▲ 한국에서는 큰 인기가 없었지만 중국에서는 없어서 못 판 붉은색 현대자동차 액센트
(출처: 연합뉴스)

중국인들이 붉은색을 좋아하는 것은 오랜 중화문명의 전통으로 중국의 선조들이 붉은색을 태양으로부터 발원되는 것이라고 생각했기 때문이다. 뜨거운 태양의 열량이 불과 같기 때문에 중국 조상들은 햇빛을 숭배하는 본능을 지니게 됐고 이로 인해 중국인들은 오래전부터 붉은색 태양 아래에서만 만물이 생기발랄하게 자라날 수 있다고 여겼다.

중국어에서 '붉은색'은 흔히 성공의 상징으로 쓰인다. 이 때문에 중국 사람들은 사업을 시작할 때 '문을 열면 붉을 것이다(开门红)'는 말을 많이 사용하고 있으며 아랫사람이 윗사람의 총애를 받을 때는 '붉은 사람(红人)'이라 부르기고 하고 운수가 아주 좋을 때는 '붉은 운수가 통하다(红运)'고 말할 정도로 붉은색에 대한 선호는 다른 나라와 그 정도가 다르다.

▲ 이탈리아산 프리미엄 초콜릿 페레로 로쉐 (출처: 구글)

프리미엄 초콜릿인 페레로 로쉐(Ferrero Rocher). 이탈리아의 식품 회사인 페레로에서 만든 정통 초콜릿으로 그 생김새는 이름대로 ("로쉐 Rocher"는 프랑스어로 "바위"를 뜻) 돌덩이처럼 울퉁불퉁하고 큼지막하게 생겼다. 그러나 맛만큼은 어느 초콜릿과 견주어도 뒤지지 않는다. 제대로 포장된 제품의 경우 1알의 소매가격이 700원을 웃돌 정도로 값비싼 이 초콜릿이 2010년대 중반부터 중국에서 매출이 크게 늘었다. 이유는 중국 사람들이 생일선물이나 승진, 입학, 크리스마스, 화이트데이 등의 기념일에 선물로 사용하기 시작했기 때문이다. '다른 초콜릿들도 많은데 왜 갑자기 페레로 로쉐의 매출이 느는 것이냐?'는 물음에 중국 소비재시장 전문가들의 대답은 한결같다.

"포장이 금색이잖아요!"

페레로 로쉐의 금박포장이 중국인들에게 어필하고 있다. 이들은 금박포장을 붙이는 초콜릿 하단 종이받침을 크라운(Crown)이라고 명명하며 중국에서 더욱 고급스러운 여세를 몰아가고 있다.

동일한 회사에서 나온 제품이지만 금박을 두르지 않은 화이트 초콜릿 라파엘로(Raffaello)는 가격이 20%이상 저렴한데도 로쉐와 같은 현상이 생기지 않는 것을 보면 확실히 색상의 차별화는 서로 다른 정도의 구매욕을 자극한다.

중국은 중국이라서 그렇다지만 우리나라에서도 '붉은색'으로 상품을 기획해서 대박을 만들어낸 예가 있다.

우리나라 제2의 경제도시인 부산에서 2007년을 전후로 이상한 얘기가 떠돌기 시작했다. '백화점이나 속옷 가게가 개업하는 날에 붉은 속옷을 사면 재운(財運)과 행운(幸運)이 동시에 깃든다'는 말이었다. 출처도 없고 근거도 불확실한 이 얘기는 지역적인 상황과 맞물리며 '만선과 안전한 귀향'을 기원하는 의미까지 더해졌다. 그러던 2009년 3월, 국내 최대 규모 쇼핑센터인 부산 신세계 센텀시티에서는 개점일인 3월 3일을 전후해 붉은 속옷을 사려는 사람들로 북새통을 이룬 일이 있었다.

당시 기사에 따르면 개점일 하루 동안 6층 란제리 코너의 매출은 7억 원. 예비 개점일인 1~2일에도 약 1억 5000만 원 상당의 붉은 속옷이 팔렸다고 하니 3일간 속옷만 8억 5000만

朝鮮日報
2009년 03월 07일 토요일
B07면 특별기획
6.5 x 31.3 ㎝

🔲 Why pedia!

빨간 속옷, 왜 난리야?

걸치면 행운이 덮친다?

(출처: 조선일보)

원어치가 팔린 셈이다. 도대체 누가 언제부터 이런 이상한 얘기를 퍼뜨린 것일까?

▲ 2009년 3월 신세계 부산센텀점 개장일과 2015년 12월 경남 창원시 롯데마트 양덕점 6층 매장 전경 (출처: 세계일보, 프라임경제)

동서양을 막론하고 붉은색이 재운(財運)을 가져다준다는 속설은 흔하게 있어왔다. 이 때문에 항간에는 프랑스 명품인 까르띠에(www.cartier.com)의 와인 색상 라인인 보르도(Bordeaux) 라인이 재복(財福)을 부른다는 소문에 결혼 예물용으로 많이 나간 적도 있고 까르띠에를 사야 하는데 형편이 안 되거나 까르띠에라는 브랜드를 모르는 예비 신랑신부는 와인색으로 비슷한 루이까또즈(www.louisquatorze.com)를 선물한다는 얘기도 있었다.

이는 "모두 비슷하게 생각할 때에는 아무도 깊이 생각하지 않는다."라는 저널리스트 월터 리프만(Walter Lippmann)의 말이 제대로 적용된 것으로, 불확실성과 유사성이 충족되면서 그것이 일정 수준이 넘어가면 대규모의 쏠림현상을 일으켜 대다수가 상황에 맞춰 무의식적인 결정을 하게 된다는 사회적증거의 법칙(Social Proof) 이론이 적용된 사례라고 할 수 있다. 신세계백화점은 이걸 어떻게 알았는지 사전에 오픈 당일 판매를 위해 협력업체들에게 붉은색 속옷을 준비시켰고 당일 전체 매출 44억 원 중 14%를 속옷으로 달성하는 기염을 토하며 백화점 오픈용 상품기획에 새로운 품목을 추가하여 지금에 이르고 있다.

| 새로운 수요창출

지금은 아무렇지도 않게 고르는 스마트폰의 다양한 컬러들. 하지만 2009년까지만 해도 스마트폰은 검은색이었고, 검은색의 일상성에 만족을 느끼지 못하는 사람들이 다양한 휴대폰 케이스로 컬러에 대한 만족감을 대신해야 했다.

그러던 2009년 11월, 애플이 한국에 아이폰을 출시하며 검은색과 흰색을 들고 나오자 소비자들은 크게 동요했다. 통신사의 로고조차 허락하지 않은 군더더기 없는 디자인, 동글동글 반짝반짝한 아이폰은 첫 인상부터 달랐다. 전화기 같지가 않았다. 그리고 이 조약돌 같기도 하고 매끈한 조개를 엎어 놓은 것과도 같은 흰색 아이폰은 웃돈을 주고 기다려야 할 만큼 폭발적인 인기를 끌었다. 색상이 새로운 욕구를 만들어 낸 것이다. 애플은 '똑같은 제품인데 색깔이 다르다고 뭐가 달라?'라고 말하는 사람들은 도저히 생각해낼 수 없는 전자기기에 있어서의 색상 차별화를 통한 새로운 수요창출을 실현해 냈다.

아이폰이 흰색을 시장에 내 놓은 이후 출시되는 대부분의 스마트폰들은 '검은색과 흰색'을 기본으로, 여기에 핑크나 블루, 브라운 같은 색상을 추가하여 출시하기 시작했다. 차가운 IT기기에서조차 색상의 변화는 새로운 상품기획의 방법이 된 것이다.

▲ 아이폰3GS (출처: www.gsmarena.com)

한때 최고였지만 지금은 잊혀진 노키아(Nokia)는 기능 일변도의 스마트폰에 가장 먼저 다양한 색을 입혀 스마트폰에 패션을 접목시킨 기업이었다. 특히 파란색부터 빨강, 노랑까지 파격적인 색상을 앞세웠던 루미아(Lumina)는 2013년 2분기 판매량을 전 분기 대비 76%까지 증가시키며 시장 평균치(52%)를 웃도는 놀라운 판매력을 보인 기종이었다. 같은 제품이 색상만을 달리함으로써 평균 이상의 매출을 일으켰다는 것은 패션은 물론이고 기능중심의 IT기기에도 색깔이 중요한 상품기획의 한 방법임을 보여준다.

▲ 노키아 루미아 710 (출처: 올레닷컴)

『애플과 삼성은 어떻게 디자인 기업이 되었나』의 저자이며 애플 사에서 산업디자인을 총괄하다가 디자인 컨설팅 기업인 어뮤니션 (Ammunition)을 창업한 로버트 브루너(Robert Brunner)는 그의 저서에서 "새로운 제품이 등장한 후 기술적 독특함이 대중에게 익숙하게 받아들여지는 때가 온다. 그 상황에서 수요를 계속 유지하고 창출해내는 가장 적절한 요소는 패션이다."라고 설명한 바 있다. 그는 "다양한 색상은 기본이다. 디자인 차별화가 어렵다면 최소한 소비자가 부유해 보일 수 있도록 값비싼 소재를 차용하는 것도 방법"이라고 덧붙이기도 했다. 색상의 변화는 한국이나 미국이나 세계 어디에서나 동일하게 적용되는 매우 효과적인 셀링포인트(Selling Point)다.

지금은 의미가 퇴색했지만 가전분야에는 오랜 기간 동안 백색가전 (白色家電. White Goods)이라는 카테고리가 있었다. 과거 미국의 GE사가 미국 시장을 지배하며 한참 잘나가던 1980~1990년대 냉장고, 세탁기, 에어컨, 전자레인지 등과 같이 청결한 이미지가 강조되어야 하는 제품은 흰색으로 통일하고, TV나 오디오와 같은 영상관련 제품들은 갈색(Brown Goods)으로 통일하면서 굳어진 카테고리다.

1980년대 중반 이후 한국의 반도체 기술력이 세계적인 수준에 이르게 되면서 제품에 대한 기술적 경쟁력을 가지고 있던 한국 업체들은 미국을 포함한 세계시장에서 설대적으로 낮은 시장 점유율을 높이기 위해 새로운 전략을 구사해야만 했다. 미국 제품과 일본 제품들이 중상층 가정에서 우위를 점유하고 있는 시장에서의 한국산 제품들은 별 볼일이 없는 제품이었고 중하층민들을 위한 저가제품으로 취급받고 있었기 때문이다. 한국 업체들이 가장 먼저 시도했던 것은 가격차별화 전략. 수출에서는 좀 손해를 보더라도 경쟁력 있는 낮은 가격으로 많이 팔아서 해외에서 인지도를 넓히겠다는 전략이었다. 그러나 가격을 낮춰 미국 시장에 진입하려는 의도를 인지한 미국 상공부는 이런 상황을 내버려 두지 않았다. 미국 상공부는 1988년 이른바 '슈퍼 301조' 라는 법안을 미국 상원에 통과시켰다. 미국은 보호무역의 입장을 밝히며 자국시장을 보호하는 일련의 조치들을 취했다. 미국의 무역대표부는 저가 공세로 자국의 산업에 위협이 되는 수입품들에 대해서 과감하게 덤핑 관세를 부과함으로써 이제 막 시장 진입을 시도하는 우리나라 제품의 미국 진출을 강력하게 저지했다.

한국 기업들은 다른 방안을 고민해야 했다. 그때 나온 것이 백색가전의 색상을 바꿔 인테리어 효과까지 누리게 한 이른바 컬러(Color) 가전이다.

색상이 달라진 백색가전은 새로운 수요를 창출해 냈다. 지루했던 백색가전 업계에 새로운 고객을 확보하게 된 것이다. 이후 백색가전에 색상을 바꾸는 것은 전 세계 가전 업계에 핫(Hot)한 트렌드가 되어 2000년대에 들어서면서부터는 그 동안 백색가전에서 금기시되었던 검은색뿐 아니라 빨강, 그레이, 와인컬러 등 점차 다양한 색상들이 상품기획에 적용되었다. 이에 한술 더 뜬 한국 업체들은 그림과 조각은 물론 유명 작가들과의 콜라보레이션(Collaboration) 등을 통해 기능과 상관없이 컬러만으로 새로운 가치를 만들어냄으로써 더 높은 판매가격의 새로운 매출을 만들어냈다.

식품업계에 있어 색상의 변화를 통한 상품기획은 선입견에 기반을 두는 경우가 많다. 예를 들어 녹차가 들어가면 초록색으로, 검은콩이 들어가면 회색으로, 블루베리가 들어가면 보라색으로, 매운 맛을 의미하려면 붉은색으로 표현함으로써 기존에 사람들이 가지고 있는 인식(Perception)에 기반을 해서 자연스럽게 라인을 확장하는 것이다.

그전에는 색깔 있는 음식이라고 하면 진회색의 칡국수가 최선이었지만 최근에는 메밀, 뽕잎, 백련초, 쑥, 호박, 자색고구마 등을 활용해서 밋밋하고 단조로운 흰 국수에 울긋불긋한 생기를 더할 수 있게 되었다. 각종 열매와 차로 물들인 오색국수나 클로렐라를 넣어서 만든 초록색 라면, 카라멜 색소와 고형커피로 색깔을 낸 여름 빙과들은 오히려 너무 흔한 상품기획 방법이다.

▲ 〈성실국수〉와 〈바나나는 원래 하얗다〉 (출처: www.olpost.com, 매일유업 홈페이지)

일반적으로 사람들은 색깔이 진하면 농도가 더 높다고 생각한다. 그래서 이에 기반을 둔 상품기획은 원물을 그대로 넣는 프리미엄 시장과 흉내만 내는 저가시장으로 양분되어 각각 하나는 원물을 강조하며, 하나는 원물과 같은 시각적 효과를 강조하며 기획되고 있다.

색상에 대한 선입견은 다른 상품에 대한 출시기회를 제공하기도 한다.

1980년 뒤보스* 박사는 포도, 레몬- 라임, 체리, 오렌지 음료수의 맛을 주제로 실험한 일이 있었다. 우선 그는 실험에 참여한 사람들에게 음료를 맛보고 마신 음료의 정확한 색깔을 볼 수 있는 경우 맛을 정확히 식별해낼 수 있는지를 실험했다. 포도 맛을 보게 하고 보라색을 보여주면 그것이 포도 맛인지를 정확하게 식별하도록 하는 방식이었다. 첫 번째 실험에서 일치성을 확인하는 데는 문제가 없었다. 두 번

---

* 뒤보스 (DuBose C.N.), 「착색제와 향료가 과일 맛 음료와 케이크의 식별, 인지된 맛의 강도, 쾌락의 질에 미치는 영향」(Effects of colorants and flavorants on identification, perceived flavor intensity, and hedonic quality of fruit-flavored beverages and cake), 『식품과학회지』(Journal of Food Science), 45:1393-1399, 1415, 1980.

째 실험은 달랐다. 포도 음료를 맛보게 하고 라임색상을 보여준 것이다. 포도 음료를 맛보게 하고 라임색상을 보여주자 사람들은 맛에 대한 확신을 갖지 못했다. 두 번째 실험에서 포도음료를 마신 사람들의 70%는 자신들이 마신 것을 포도 음료라고 말했지만 15%는 레몬 라임 음료라고 생각했다. 같은 방식으로 체리 음료를 마시게 하자 전체 대상자 중 대부분의 사람들(40%)은 체리 음료를 레몬라임 음료라고 생각했고 30%만이 자신들이 마신 것이 체리 음료라고 생각했다. 기존에 알고 있던 지식과 실제로 경험한 것과 눈으로 보이는 것의 이질감에서 오는 충돌은 색상을 바꾸는 상품기획 방법에 여전히 새로운 가능성이 있음을 보여준다.

빙그레의 초대박 베스트셀러인 〈바나나우유〉(1974년 출시)에 대항하기 위해 매일유업에서 출시한 〈바나나는 원래 하얗다〉(2007년 출시)라는 우유는 그동안 인식되었던 바나나 우유는 노란색'이라는 공식을 흔들며 출시 후 40년간 스테디셀러였던 바나나 우유의 아성에 도전했던 그 어떤 제품보다 강력한 충격을 주며 시장에 안착했다. 이는 기존의 정보에 대한 의문성(바나나는 원래 노란색이 아니다)을 제시하여 바나나 우유의 색깔을 고관여 상태로 고객의 행동을 분리시킨 후, 새로운 사실(바나나는 원래 흰색이다)을 이용하여 새로운 맛과 색을 연관 지음으로써 전혀 새로운 자극반응(Stimulus–Response)*으로 조건형성(Conditioning)**을 만드는 방법을 색상을 통해 구사한 경우다.

---

* 특정자극에 대해서 학습자가 특정 반응을 함으로써 어떤 자극과 반응이 결합되는 학습. 고전적 조건 형성, 도구적 조건 형성 등이 자극–반응 학습의 대표적인 유형이며 가장 기초적인 학습임. 출처: 네이버 지식백과.
** 개념적 또는 물리적 수준에서, 행동을 통제하고 행동 변화의 자료들을 기술하는 하나의 방법. 출처: 네이버 지식백과.

조금 달라진 크기, 조금 달라진 모양을 분별하기는 어렵다. 하지만 조금 바뀐 색상은 곧 눈에 띈다. 색상은 같게 하거나 다르게 하거나, 어떤 루트를 이용하든 새로운 상품기획을 시도하게 하는 중요한 키워드를 제공함과 동시에 높은 성공 확률을 제시한다.

약간의 인삼 성분이나 비타민C, 타우린만을 넣어서 판매하던 맨송맨송한 음료업계에 형형색색의 무지개 비타민 음료가 화려하게 나타난 것은 2009년 7월.

'어깨가 처진 사람은 파란색, 하루 종일 하품하는 사람은 노란색, 유해산소가 쌓여 몸이 찌뿌듯할 때는 암자색, 간밤에 술이 좀 과했다면 파란색, 코피 터지는 신혼부부라면 빨간색, 헬스로 몸을 키운다면 녹색, 아침식사를 놓쳤다면 주황색 비타민워터…'

▲ 글라소 비타민워터 시리즈 (출처: http://glaceauvitaminwaterblog.kr)

형형색색의 병마다 특유의 활성 기능을 담은 비타민워터는 웰빙트렌드에 밀려 어린이와 청소년의 카페인 섭취에 주범으로 알려진 '탄산

음료' 세계 1위인 코카콜라사가 뉴욕, 런던, 파리를 거쳐 아시아에서는 최초로 서울에 런칭한 '글라소 비타민워터' 시리즈 음료다. 예쁜 캔디를 보는 것 같은 선홍과 형광의 제품 컬러와 독특한 병, 그리고 마치 약국에서나 볼 수 있을 법한 '흰 바탕에 검은색 글씨체'를 사용한 비타민워터는 나오자마자 기존에 음료 칸을 채우고 있던 많은 음료들 중에서 가장 시각적으로 달라보였다.

기존에 우리가 가지고 있던 비타민C에 대한 편견의 색상은 노랑. 하지만 코카콜라는 색깔을 바꿨다. 주황색은 비타민C+칼슘에 주력한 오렌지맛 '에센셜', 녹색은 근육질에 필요한 비타민(A, B, C, E)+칼슘+아연의 '멀티브이', 빨간색은 비타민C+타우린을 함유한 '파워씨', 파란색은 숙취해소를 위한 비타민B+칼륨으로 회복을 뜻하는 '리스토어', 노란색은 열대의 맛인 과라나(브라질 과일)에 비타민B를 넣은 열대의 '에너지', 암자색은 항산화물질 X가 3구조로 '트리플X' 등 똑같은 비타민C를 소재로 했다. 코카콜라는 하나뿐이었던 비타민음료에 색상도 바꿨고, 병마다 특별한 이름도 달았다. 병에는 주 성분명을 명시함으로써 소비자들로 하여금 '이 물을 먹으면 건강에 도움이 된다'는 느낌을 갖게 했다.

기능적으로 볼 때 비타민워터에는 얼마나 많은 비타민이 들어 있을까?

결론부터 말하면 이들 제품에 들어 있는 비타민 양(250ml당 비타민C의 양 37.5㎎)은 국내에 30년 전에 나온 탄산음료인 맥콜(250ml당 비타민

C의 함량 75㎎)에 들어 있는 비타민 함량의 절반에 불과하다.* 이름은 그럴싸하게 '비타민 음료'라고 했지만 이 상품의 기획목적은 고객들에게 비타민을 공급하기 위한 것이 아니라는 얘기다. 이 상품을 론칭한 코카콜라 관계자는 이 상품의 기획의도를 명확하게 말해준다.

"비타민워터는 의약품이 아닌 일상에서 쉽게 즐길 수 있는 음료다. 비타민 섭취가 정말 필요한 사람은 비타민제를 먹어야 한다."

이들은 비타민C라는 흔한 소재를 가지고 거기에 컬러를 더함으로써 새로운 상품기획을 했고 그것을 훌륭하게 마케팅함으로써 고객들로 하여금 기존의 상품과는 전혀 다른 상품으로 새롭게 인식하게 했다. 그 덕에 우리나라 20~30대 젊은이들은 왠지 건강할 것 같은 이름과 화려한 색상, 다양한 PPL에 끌려 기존의 제품들과는 뭔가 다른 음료일 것이라는 기대를 가지고 많게는 개당 2,000원씩을 주고 한동안 유행처럼 새로운 구매욕을 불살랐다. 2009년 출시 이후 비타민C음료로만 비공식적으로 2010년 매출 264억 원, 2011년 462억 원. 2012년 약 620억 원. 이후 생수와 탄산수의 흥행에 밀려 성장세는 꺾였지만 비타민워터는 '카카오프렌즈'와 손잡고 '글라소 비타민워터 카카오프렌즈 에디션' 패키지를 출시하는 등 컬러풀한 제품을 베이스로 개성을 살린 에너지 음료시장을 펼쳐가고 있다.

우리나라에는 소개되지 않았지만 엉뚱한 색으로 고객을 줄 세운 햄버거도 있다. 2012년 1월. 영화 〈스타워즈 에피소드1:보이지 않는 위험

* 출처: 파이낸셜뉴스, 2012.7.18.

〉〈Star Wars Episode I: The Phantom Menace〉 3D 재개봉을 기념해 프랑스에 있는 로컬 햄버거 프랜차이즈 업체인 퀵(Quick)사가 다크 베이더 버거(Dark Vador Buger)와 제다이 버거(Jedi Buger)를 출시한 일이 있었다. 단연 눈에 띄는 것은 블랙 카리스마가 느껴지는 다크 베이더(Dark Vador) 햄버거.

▲ 다크 베이더 햄버거와 제다이 버거 (출처: www.abcnews.go.com)

"Luke, I am your Father!"라며 금방이라도 칼칼한 그의 목소리가 들려올 것만 같은 다크 베이더 햄버거는 일반적으로 평범한 브라운(Brown) 색상의 햄버거와 달리 번(Bun)이 새까만 검은색 햄버거다. 한정판으로 소개되어 더욱 흥미를 더했던 이 버거는 테마도 좋지만 테마에 맞는 색깔의 변화를 활용해서 비주얼을 극대화했다. '염색(dyed)'기법을 통해 검정색으로 번을 바꾼 제다이 버거는 2012년 3월 1일까지만 한정으로 판매되어 스타워즈를 사랑하는 전 세계인들의 마음을 프랑스로 향하게 하기에 충분했다.

붉은색으로 색깔을 바꾼 햄버거는 일본에서 출시되었다. 2015년 여름 한정판으로 일본 버거킹에서 출시된 이 빨간버거는 '아카 사무라이(Aka Samurai)'라는 이름으로 치킨과 비프 두 종류가 출시되었으며 '앵그리'라는 이름의 빨간색 소스를 넣어 확실히 다른 비주얼을 만들어 냈다. 치즈와 빵에 토마토파우더를 섞어 빨간색을 낸 아카버거는 고기와 야채를 제외한 모든 내용물을 빨간색으로 구성하는 파격적인 시도를 했다. 일본 버거킹은 이미 2014년에도 번을 검정색으로 만든 '쿠로버거(Kuro burger)'를 통해 색깔 있는 햄버거의 차별성을 경험한 바 있었다. 그들은 쿠로버거의 까만 빵과 검은색 치즈를 대나무 숯을 이용해 만들고, 여기에 오징어 먹물로 만든 검은 소스와 검은 후추까지 곁들여 '간지(感じ)'가 흐르는 햄버거의 비주얼을 보여줬었다. 아카사무라이 버거와 함께 2015년 새롭게 출시된 쿠로버거의 업그레이드 버전은 '쿠로 쇼건(Kuro Shogun)'버거로 기존의 검정색 쿠로버거에 기름에 튀긴 가지가 추가된 상품이다.

▲ 아카 사무라이 버거 2종과 쿠로버거 (출처: 일본 버거킹)

우리나라에서도 겨울철이면 엄청난 판매고를 일으키는 호빵에서도 빵은 모두 흰색으로 만들면서 속의 내용물에 따라 앙금과 야채로만 구분되던 시장에 빵의 색깔을 바꾼 보라색 블루베리호빵이나 노란색 호박호빵 등의 출현은 색깔을 바꿔 새로운 상품을 기획한 예다.

색상을 다르게 해서 새로운 상품을 기획하는 방법은 패션성이 높은 상품, 저관여 상태의 상품, 저단가 상품, 기능보다는 이미지를 중요하게 여기는 상품에 더 효과적으로 적용되며 사용자 타깃이 여성일수록, 젊을수록, 고학력일수록, 해외(다양한)경험이 많을수록, 주거지가 도심일수록, 가처분 소득이 높을수록 더 효과적으로 적용할 수 있다. 색상의 변화를 통해 상품을 기획하는 방법은 인테리어 제품이나 가구, 벽지, 소품, 프린트, 가전, 스포츠 등 가장 광범위하게 쓰이는 방식이다.

색상 바꾸기의 한계

그럼 모든 것을 이런 식으로 색상을 바꾸면 성공하게 될까?

아래 사진은 2011년 기능성 쌀로 소개되어 판매되고 있는 '아라미(米)'라는 쌀과 2000년대 초반 유럽에서 개발되어 지금은 중국 칭타오(青島) 지역에서 생산되어 온라인으로만 판매되고 있는 레인보우(Rainbow)라는 컬러타이어(Color tire)다. 판매 기대치를 어디에 두느냐에 따라 판단하는 기준이 다를 수 있지만 일반적인 기준으로 생각할 때 두 제품은 대중화에 실패했다.

아라미는 제약회사의 코팅기술을 활용해서 하얀 쌀에 홍국, 연잎, 강황. 클로렐라 등의 천연색소를 입혀 5가지의 컬러풀한 기능성 쌀이다. 다른 상품들처럼 똑같이 기존의 밋밋한 흰 색상에서 컬러를 바꾼 것인데 속 시원하게 뜨지 못하는 있는 이유가 뭘까?

〈도표 12〉 컬러쌀과 컬러타이어

▲ (좌)아라미 (우)컬러타이어 (출처: www.foodreams.kr, www.doublestartyre.com)

상품기획의 기본은 사용자들의 문화와 사용자의 정서에 기반을 두어야 한다. 이는 문화(Culture)에 대한 인식이 상품성보다 강력하기 때문이고 어떤 정서를 가지고 있느냐에 따라 똑같은 제품도 극명한 판매의 차이를 보일 수 있기 때문이다. 한국적인 문화와 정서라는 측면에서 볼 때 '컬러쌀'은 지나치게 파격적이다.

우리나라는 예로부터 먹을 것, 특히 주식인 '쌀'에 대한 많은 애착을 가져왔다. 우리에게 쌀은 일종의 '근원'과 '생명'라는 전통문화적 의식이 지배적인 것이라서 함부로 하거나 가볍게 취급해서는 안 되는 것이다. 그래서 우리가 쌀을 대하는 마음은 외국인들이 '밀가루'를 대하는 것과는 의식적으로 다른 부분이 있다. 우리에게 '쌀'은 숭고한 것이고 땀이며 정성이고 순결이며 생명이다. 그래서 우리에게 '흰 쌀밥'은 가장 행복하고 부유한 상태를 표현하는 상징성마저 가지고 있다.

한국인의 밥상에 있어 주식이 아닌 부식(副食)에 첨가되는 색상은 허용할 뿐 아니라 오히려 즐기기까지 하는 요소다. 우리는 정말 색(色)을 좋아하는 민족이어서 색깔이 있는 떡도 먹고 색깔이 있는 면도 먹고 색깔이 있는 술도 즐기는 등 모든 음식에서 색의 조화를 특별히 신경 쓰기까지 한다. 하지만 부식까지다. 쌀은 아직 아니다.

주식(主食)인 쌀에 대해 아직까지 한국인들이 가지고 있는 생각은 '쌀은 흰색 그대로여야 한다'는 것이다. 아무리 건강에 좋다고 해도 현미조차 누리끼리하다고 해서 꺼리는 것은 물론, 오곡도 모자라 19잡곡을 넣은 상품이 출시되었다고 하지만 건강에 대한 의식으로 의식적인 사용이 있을 뿐 여전히 흰 쌀밥에 대한 수요가 절대적인 것은 우리의 문화와 정서가 가지고 있는 특별한 고집을 보여준다.

우리에게 쌀의 색을 바꾸는 것은 일종의 터부(Taboo)라고 할 수 있다. 이것은 마치 아무리 컬러를 좋아하는 사람도 무지개 색 가운을 입은 의사 선생님이나 파랗고 노란 웨딩드레스를 입은 신부, 색동옷을 입은 귀신을 생각할 수 없는 것과 같다. 색을 바꾸고 터부를 건드리는 것이 상품기획에 있어 검증된 좋은 방법이기는 하지만 그 이전에 문화를 배경으로 한 보편적 정서를 고려해야 한다.

색상을 바꿀 때는 시장성도 고려되어야 한다. 상품에 있어서의 차별성은 무조건 차별화가 아니라 기업의 지속경영이 가능한 수준의 수익성과 대중성, 생산성을 함께 감안한 것이어야 하는데 그런 의미에서 컬러타이어는 특이성은 충족될 수 있겠지만 타이어로서의 효용성과 시장성에 한계가 있다. 생산성도 문제다.

타이어의 '검은색'은 기능을 위한 필연적인 것으로 타이어의 강도와 직결된다. 타이어는 천연고무와 합성고무가 주원료지만 고무분자의 결점을 보완하기 위해 다양한 화학첨가물이 투입된다. 그 가운데 반드시 첨가해야 하는 물질이 석유정제 후의 찌꺼기를 연소시켜 생성되는 검정 분말인 카본블랙(Carbon black)인데, 이름처럼 매우 검은색인 카본블랙은 고무분자와 결합해 내열성, 내마모성, 강성, 내노화성을 증대시키는 역할을 하게 된다. 이 때문에 타이어의 내구성을 높이기 위해 카본블랙이 들어간 타이어의 색을 검정이 아닌 다른 색으로 바꾼다는 얘기는 카본블랙을 다른 것으로 대체하거나 혹은 색을 변형하기 위해 또 다른 첨가제가 추가되어야 함을 뜻한다.

이로 인해 컬러타이어는 비용의 증가와 더불어 '다양한 컬러'와 '다양한 타이어의 사이즈'라는 조합을 충족시키기 어려운 한계를 안고 있다. 이를 기업이 생산하고자 한다면 기업은 '다양한 컬러'와 '다양한 사이즈 재고 확보'라는 엄청난 선투자비용을 감당해야 할 것이다. 그리고 제조사의 이런 부담이 그대로 판매가에 적용된다면 타이어는 한 짝에 수백만 원을 호가하게 될지 모른다. 과연 얼마나 많은 고객이 색상이 다르다는 이유만으로 검은색보다 높은 금액을 주고 컬러타이어를 구매할까?

색상을 바꾸는 상품기획은 시장성이 감안되어야 한다.

다음은 컬러타이어를 만드는 회사를 보고 남긴 한 외국 블로거의 포스팅이다.

I never really thought of different colored tires on vehicles because the black is just fine. Imagine a red car with white wheels? I can see Lighting McQueen. In China, a tire company just rolled out different colored tires. Bright colored tires? Are we in a toy store?!

Believe it or not, there are colored tires about to roam the earth. The Chinese made them hoping to bring more color to your fancy cars.

Based in Qingdao, China, Double Star Tires have just applied for the Rainbow Tires' patents. I can't really say I like the idea but I'm sure the ladies would love this. Double Star Tires is offering the tires online only.

(출처 : http://www.techfever.net/2011/12/rainbow-tires-bring-more-color-to-your-beloved-car/)

02

크기 바꾸기

'크기'를 바꾸는 방법은 본연의 기능은 유지하면서 상품 자체의 사이즈를 줄이고 늘이는 것을 뜻한다. 나아가 상품 자체의 크기를 늘리거나 줄이는 방법 이외도 상품을 시각적으로 인지하는 과정에서 매개를 이용해 대상을 크거나 작게 인식하도록 하는 도구(Tool)의 기획도 크기를 바꾸는 방법이라고 할 수 있다. 예를 들면 볼록렌즈나 오목렌즈와 같은 것이다.

볼록렌즈와 오목렌즈는 그것 자체만으로도 의미 있는 상품이지만 상품기획의 다른 방법인 '더하기'와 만나면 더욱 다양한 상품으로 확장된다. 두 렌즈를 이용한 현미경이나 망원경, 안경 등은 이 같은 방법을 적용해서 세상에 출현한 상품들이다.

크기를 바꾸는 상품기획 방법은 기존에 있는 상품의 특징과 기능, 소재 등의 요소들은 그대로 유지하면서 오직 크기만을 변화시키는 것이다. 크기의 변화는 '특정한 효과를 발휘하기 위해서는 일정한 사이즈가 필요하다'는 보통 사람들의 생각에 반전을 일으킴으로써 새로운 구매 욕구를 만들어낸다. 기능은 유지하되 크기를 크게 혹은 작게 변화함으로써 전에는 없었던 매력을 발산하는 새로운 상품을 만드는 것이다.

똑같이 자동차를 돌리는 기능을 하는 엔진이지만 작은 사이즈로도 큰 힘을 발휘해서 한때 자동차 업계의 큰 이슈가 되었던 DOCH엔진이나 동급의 자동차라도 동일한 차체에 작게는 1,800cc부터 4,400cc까지 다양한 크기의 엔진을 탑재하여 작은 출력을 원하는 고객뿐 아니라 고출력을 기대하는 고객을 흡수하는 자동차, 작지만 오히려 더 밝은 불빛을 발산하는 LED전구, 조금만 써도 묵은 때를 확실하게 빼주는 고농축 세탁세제나, 우주인들이 먹는다는 한 끼 대용 알약뿐 아니라 한꺼번에 5,000명 이상의 고객을 수용할 수 있도록 어마어마한 크기로 운영을 하고 있는 중국 최대 식당인 서호루(西湖樓) 등은 상품과 서비스의 크기를 줄이고 늘이는 것이 상품기획에 있어 얼마나 매력적인 요소가 되는지를 보여준다.

▲ 한 번에 5,000명을 수용할 수 있는 세계에서 가장 큰 레스토랑으로 기네스에 등재된 서호루(西湖樓)
(출처: http://blog.naver.com/PostList.nhn.blogId=hanyoomi)

| 작은 것이 팔린다

상품에 따라 다르지만 일반적인 공산품의 경우 사람들의 기호는 작은 것에 있다. 사람들은 작은 것에서 큰 것으로 옮겨가는 것보다는 큰 것에서 작은 것으로 옮겨지는 것에 더 많은 호감도를 보인다. 일반적으로 사람들은 새로운 제품이 나오고 그것이 일반화되는 과정에서 초창기에는 인식하지 못했던 크기에 대한 불만을 가지게 되고, 이어 동일한 기능을 수행하는 작은 제품이 나오면 소비자들은 열광하는 경향을 띤다.

한때 세상에서 작은 상품은 상품을 가장 잘 만드는 나라는 일본이었다. 1980년대 초 소니는 '워크맨'이라는 혁명적인 초소형 제품을 만들어내면서 일약 세계적인 기업으로서의 기선을 잡았다. 당시는 지금처럼 전기·전자 업계가 전 세계적으로 일정 수준 이상의 디지털화를 이루지 못했던 시기로 디지털이 아닌 아날로그 타입의 환경을 가지고 그토록 작은 '포터블 음향기기'를 만들었다는 것은 그들이 가지고 있는 '작은 것'에 대한 집착과 뛰어난 기술응집력을 보여준다.

다만 아쉬운 것은 자국의 기술우상에 빠져 밖을 바라보지 못하고 자신들의 기술능력만을 과신했다는 것. 그래서 사람들의 가치기준이 물리적인 상품력이 아니라 감성을 자극하는 철학에 더 매료된다는 것을 인식하지 못했다는 것이다. 그러나 분명한 것은 작은 것이 가지는 높은 성공확률이다.

큰 것을 작게

사람들은 이왕이면 가볍고 작은 것을 선호한다. 각자에게 주어진 공간과 힘에 대한 한계를 알고 있던 사람들은 오래전부터 보관과 수납에 많은 관심이 있었고 '접기'와 '꺾기', '구부리기'와 '말기' 등의 동작을 통해 컸던 것을 작게 만드는 크기의 변화를 선호해왔다. 이러한 콘셉트에 따른 상품기획 결과물은 우리 주변에 아주 흔해서 과거 전축(電蓄)이라고 불렸던 오디오(Audio)와 레코드(Record) 시스템을 성인 남자 엄지손가락만 하게 축소한 MP3나 웬만한 책가방만 했던 전화기를 손바닥보다 더 작에 만들어낸 스마트폰, 긴 우산을 세 번이나 접을 수 있도록 관절을 둠으로서 3단 변신이 가능하게 한 3단접이 우산 같은 것들이 좋은 예다.

도시락가방인지 커피포트인지 구별이 안 되도록 만들어 놓은 1인용 전기밥솥이나 야외 혹은 가벼운 파티에서 와인 병이나 잔을 들고 다닐 것 없이 와인도 각 1병씩 들고 파티에만 집중할 수 있도록 출시한 187mℓ 용량의 와인 등은 기능은 동일하되 크기만을 줄임으로써 새로운 매출을 만들어낸 상품들이다.

큰 것이 작아지면 눈에 띄게 높아지는 것은 휴대성과 이동성이다. 또 대부분의 경우에는 크기가 작아지면 효율성이 높아져서 동일한 에너지원을 가지고도 더 오래 지속할 수 있을 뿐 아니라 보관성도 높아지기 때문에 특히 여성과 아이들 층으로의 고객의 확대가 자연스럽게 확대되는 경우가 많다.

▲ 애플 아이팟나노, 버버리 3단우산, 미키미니 1인용 밥솥, 심플리(Simply) 와인

컵라면 제조기술과 함께 1984년 짜파게티의 출시로 짜장비빔면의 노하우를 가지고 있던 농심도 상품의 크기를 줄인 상품을 출시했다.

초등학교 아이들이 유치원과 초등학교 생활을 하는 동안 한 번쯤은 밥처럼 먹는다는 짜장범벅, 카레범벅, 케첩범벅 3총사가 나온 것은 1988년. 농심이 일반적인 컵보다 작은 사이즈의 미니 컵라면을 생산하기로 결정한 것은 여성들과 아이들 때문이었다. 짧은 조리 시간과 작고 귀여운 포장, 이름까지 귀여운 범벅시리즈는 출시와 동시에 '비빔 타입의 컵면'이라는 독보적인 자리를 확보하며 초등학교 아이들 간식은 물론 중학교 학생들의 매점까지 석권하기에 이른다. 쉬는 시간이라는 제한된 시간 내에 맛있게 먹을 수 있는 간식으로 위용을 떨친 범벅시리즈는 이후에도 카레범벅, 레드범벅, 감자면범벅, 매콤범벅 등을 출시하며 현재까지도 컵라면조차 부담스러운 여성들과 아이들을 위해 크기

▲ 초기 농심 짜장범벅, 카레범벅, 케첩범벅과 리뉴얼 짜장범벅 (출처: 머니투데이)

기를 줄인 매력덩어리로 매출을 일으키고 있다.

크기가 작다고 가격이 비례하여 저렴한 것은 아니다. 농심은 검증된 상품에 사이즈를 줄여 새로운 상품을 출시하면서도 가격은 비례하여 내리지 않음으로써 전체적인 수익률의 개선과 함께 새로운 상품 라인업을 구축할 수 있었다.

크기를 줄여 성공한 것은 라면만이 아니다. 어른 손바닥 크기만 한 밀크초콜릿뿐이던 시절 여성들의 입에 한 번에 들어갈 수 있도록 디자인된 크라운제과의 미니쉘(1991년)이나 오리온의 마이쉘(2005년) 등은 모두 크기를 줄임으로써 초콜릿을 특별한 날 먹어야 하는 것이 아닌, 평상시에 직장에서도 언제든지 먹을 수 있는 것으로 포지셔닝(Positioning)시켜 우리나라 초콜릿의 판도를 바꾼 제품이 되었다.

사이즈를 줄인 미니 캔맥주도 있다. 캔맥주 시장은 전통적으로 355㎖ 제품과 500㎖ 제품이 대세였다. 그러나 2004년에는 1996년 출시되었다가 슬쩍 종적을 감추었던 250㎖ 용량의 캔맥주가 다시 출시되어 고물가 시대에 주머니가 가벼운 소비자들을 위한 절약형 상품으로 인기몰이를 하고 있다. 맥주회사들은 기존의 맥주 용량이 부담스러운 라이트유저(Light User)와 작은 사이즈를 선호하는 여성층을 미니 캔맥주의 주요 고객층으로 보고 이들이 자주 이용하는 동선인 편의점과 대형마트를 중심으로 판매를 강화하고 있다.

농담처럼 '담배로 망가진 몸, 홍삼으로 회복하자'라는 슬로건을 외치고 있다는 KT&G의 경우도 2013년 세계 최초의 초슬림 캡슐 담배인 '에쎄 체인지 1mg'은 출시하여 출시 4개월 만에 2억 6000만 개비 이상 판매고를 올렸다.

▲ KT&G 에쎄 체인지 1mg (출처: 이데일리)

이는 2010년 이후 3년간 국내에서 출시된 신제품 담배 중 최고의 실적으로 이 제품 역시 타르와 니코틴을 각각 1.0㎎, 0.1㎎씩 함유하고 있지만 '초슬림'이라는 문구가 마치 건강에 해를 덜 줄 것 같은 착각을 일으키며 인기몰이에 한 몫을 했다. 담배와 건강에 관한 유해사실의 보도들이 이어지면서 담배를 끊기는 해야겠는데 차마 끊지는 못하고 피우긴 피우되 건강을 염려하는 사람들이 두께가 얇은 초슬림 형태의 담배를 찾음에 따라 초슬림 사이즈를 기반으로 한 다양한 제품들이 새롭게 기획되는 계기를 제공했다.

식품과는 달리 기술집약적인 아이디어가 필요한 상품군에 있어서 '크기를 줄이는 것'은 대부분 기술과 관계된 경우가 많은데 이는 크기를 늘리는 것이 주로 디자인과 관계되어 있는 것과는 차이가 난다.

아마존의 창립자인 제프 베조스가 "혁명적인 제품이다"라고 극찬

한 제품, 스티브 잡스도 첫눈에 반해 "PC가 발명된 이후 가장 놀라운 제품"이라고 극찬을 했던 물건이 있었다. 바로 미국의 발명가인 딘 카멘(Dean Kamen)이 2001년 12월 공개한 1인용 이동수단(Personal Transporter)인 세그웨이(Segway)도 크기를 줄인 대표적인 상품이다. 개발자인 카멘은 데카(DEKA) 연구개발원 시절부터 이미 1970년대에 휴대용 인슐린 펌프와 서류가방 크기의 신장투석기, 계단을 자유롭게 오르내릴 수 있는 휠체어 아이봇(iBOT)을 만들었던 기획자이자 개발자였다. 바퀴 두 개가 달려 있는 킥보드 모양의 세그웨이는 발판 위에 올라선 뒤 중심을 잡고 원하는 방향으로 몸을 조금씩 기울이기만 하면 저절로 전진·후진·회전이 가능하다. 브레이크가 따로 없고 마치 고삐를 당기듯 손잡이를 당기기만 하면 제자리에 서는 기가 막힌 이동수단이다. 전기를 사용하며 첨단 마이크로프로세서가 자이로스코프와 동체 사이에서 제어와 명령 기능을 담당하여 최대 시속 19㎞(12마일)의 속도를 낼 수 있는, 자동차와 기능은 같지만 크기는 작은 '개인이

▲ 세그웨이 (출처: 세그웨이 홈페이지 www.segway.com)

동수단'인 것이다. 세계 최대 자동차 업체인 토요타(www.toyota.com)가 2008년부터 유사한 콘셉트의 개인 이동수단인 '윙렛(Winglet)'을 개발했지만 최대시속 면에서는 여전히 세그웨이를 따를 자가 없다.

비록 2015년 4월을 기점으로 중국의 샤오미가 투자한 나인봇(www.ninebot.com)에 매각이 되어 샤오미의 식구가 되었지만 세그웨이는 인수되기 전 무게와 성능, 목적에 따라 다양한 종류를 개발했던 개인이동수단의 선두였다. 한 번 충전으로 무려 24㎞까지 달릴 수 있는 세그웨이는 센서가 탑승자의 무게중심 이동을 100분의 1초 단위로 측정해 방향과 속도를 결정하며 4인승에 1,500Kg이 넘는 자동차가 해야 하는 '이동'의 기능을 크기를 줄여 매우 효율적으로 달성한 상품이었다.

▲ 윙렛 3종(S,M,L) (출처: www.techcrunch.com)

대중화에 가장 큰 걸림돌이었던 가격문제도 샤오미로 주인이 바뀌면서 극단적으로 해소되어 샤오미는 세그웨이를 인수한 이후 그해 10

월 1999위안(한화 36만 원)이라는 파격적인 가격에 세그웨이보다 사이즈와 무게를 50%이상 줄인 나인봇(12.8kg/나인봇미니)을 출시하며 인수합병을 통한 상품기획의 시너지를 극대화하기도 했다.

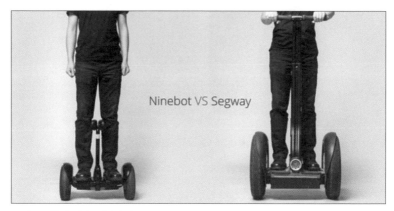

▲ 나인봇 (출처: 나인봇 홈페이지)

스마트폰 시장에서는 전 세계를 망라하며 고가 스마트폰 시장이 포화상태에 이르고 중국산 저가 스마트폰의 공세가 예상됨에 따라 기존에 시장 지배력을 가지고 있던 회사들이 기존의 이름은 그대로 살리면서 크기를 줄인 신상품을 출시하는 상품기획을 하고 있다. 이른바 미니(Mini) 상품들.

'합리화'라는 명목으로 약속이나 한 듯 크기를 줄여 출시하는 제품들의 이름에는 하나같이 '미니(Mini)'라는 텍(Tag)이 흔하다. 이들 제품의 특징은 크기는 줄었지만 기존 플래그십(Flagship) 모델의 이름과 핵심기능은 그대로 담고 있다는 것이다. 이들이 선보이는 '미니'들은 하나같이 기존에 별도로 출시하던 보급형 제품보다 사양과 기능을 대

▲ 삼성전자 〈갤럭시S7〉과 〈갤럭시S7 미니〉 (출처: Engadget)

폭 끌어올려 하이엔드(High-end)급 사용자 경험을 제공하고 있어 하이엔드 스마트폰이 제공했던 높은 수준의 사용자 경험과 브랜드력을 그대로 보급형 시장에 가져가려는 의도를 드러내고 있다.

삼성전자는 갤럭시S3부터 갤럭시S7까지 보급형 모델에 미니(Mini)라는 이름을 붙인 '갤럭시S 미니' 시리즈를 출시하고 있고, 애플 역시 역작인 아이폰6보다 화면을 4인치로 줄인 아이폰SE(iPhone SE)를 출시했다. HTC도 이미 'HTC 원 미니'를 출시한 바 있다. 모토로라와 소니도 각각 '드로이드 미니'와 '엑스페리아 호나미(Xperia Honami) 미니' 등을 출시했던 것은 고급형을 경험했던 고객들에게 고급형의 이미지는 그대로 가지게 하면서 부담을 줄이는 방식으로 새로운 환경에 있는 소비자들을 모은 상품기획이라고 할 수 있다.

두께도 크기다

스마트폰의 '두께경쟁'도 기능은 같되 크기 변화의 핵심인 '부피'를 줄임으로써 새로운 상품을 기획한 좋은 예다.

2007년 아이폰의 메가톤급 폭발적 수요에 기존의 모든 휴대폰 회사들이 정신을 잃고 그로부터 4년 후인 CES(The International Consumer Electronics) Show에서야 그나마 비로소 아이폰에 비길 만한 상품을 출시하기 시작한 이후 기존의 강자들이 우선적으로 시장에 선보인 것은 하드웨어 기술이었다. 삼성전자는 이 쇼에서 기존에 발표한 갤럭시S(9.9mm)보다 1mm 더 얇아진 인퓨즈 4G를 8.99mm에 출시했고 LG전자는 옵티머스 블랙을 9.2mm로, 소니에릭슨은 아크를 8.7mm의 두께로 출시했었다.

그리고 이 경쟁에 참여한 모든 업체들은 마치 스마트폰의 선택 조건이 하드웨어만으로도 충분한 것인 양 '두께는 더 얇게, 화면은 더 크게'

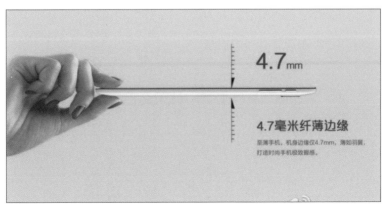

▲ 세계에서 가장 얇은 스마트폰 쿨패드 이비 K1 미니(2016년 12월 기준) (출처: 쿨패드)

라는 두 가지 이슈에 물량 광고를 시작했다. 소프트웨어 기술로는 당장 애플과 경쟁을 할 수 없었던 각 회사들은 하드웨어에 역량을 집중해서 아이폰보다 1g이라도 가볍고 0.1mm라도 얇게 만듦으로써 고객들에게 구매의 명분을 제시하며 더 이상 고객들이 이탈되지 않게 하는 데 역량을 몰입한 것이다. 스마트폰에 있어 '두께', 즉 부피의 축소는 하드웨어의 기술을 단적으로 설명하여 고객들로 하여금 새로운 상품에 대한 기대를 부풀리게 하는 강력한 요소가 되었다.

2015년 2월 미국 IT 매체인 GSM 아레나에 따르면, 세계에서 가장 얇은 스마트폰은 중국 쿨패드가 공개한 스마트폰 이비(Ivvi) KI 미니다. 두께는 고작 4.7mm. 이전에까지 가장 얇았던 제품인 중국 BBK 그룹의 초박형 스마트폰 '비보(Vivo) X5 맥스(4.75mm)는 물론 한때 세계에서 가장 얇다던 오포 R5보다는 0.15mm나 더 얇다.

아이폰이 너무 얇아 폰 전체가 휘어지더라는 이른바 '밴드게이트' 논란에도 불구하고 중국의 스마트폰 기업들은 두께를 줄이는 하드웨어 기술력과 저원가 전략을 바탕으로 향후 중저가 스마트폰의 강자로 세상의 유저들을 끌어 모으며 시장에 영향력을 점점 키워가고 있다.

'크기'의 변화에 대한 적용에 있어 상품기획자가 유연하게 생각해야 할 부분은 크기가 가로세로의 길이 이외에도 크기를 바꾼다는 것은 두께와 부피는 물론 무게까지도 포함하는 포괄적인 개념이라는 것이다. 상품기획자가 상품에 대한 관점(Perspective)을 다양하게 가질수록 새로운 상품기획에 대한 아이디어는 풍성하게 제시될 수 있다.

| 작은 것을 크게

애플이 아이폰으로 스마트폰 시장을 석권하기 시작했을 때, 가장 먼저 아이폰과 다른 전략으로 시장을 파고든 회사는 삼성전자(www.samsung.com)다. 삼성전자는 제왕적인 권위로 상품기획을 주도적으로 진두지휘하던 스티브 잡스가 고집한 '3.5인치'라는 스마트폰의 화면을 키우는 데 집중했다.

스티브 잡스는 '스마트폰'을 세상의 모든 사람들이 골격이 다른 인종과 상관없이 한 손만으로 완벽히 제어할 수 있어야 한다고 생각했다. 그래서 그는 일반 성인이 손바닥 위에 스마트폰을 올려놓고 엄지가 닿을 수 있는 유효한 사이즈는 3.5인치라고 믿었다고 한다. 그 역시 커다란 화면이 그만큼 많은 정보와 더 시원한 멀티미디어를 즐길 수 있게 해 주는 것을 잘 알고 있었을 것이다. 그러나 화면이 더 커지면 한 손으로 제어할 수 있는 범주를 벗어난다는 것과 무엇보다 배터리 기술이 보완되지 않은 상태에서 제기될 수밖에 없는 빠른 배터리 소모 문제를 야기하고 싶지 않았던 것 같다. 그는 디자인을 해칠 수 있다는 이유로 교체식 배터리의 사용조차 원하지 않았던 완벽주의자였기 때문이다.

하지만 삼성전자의 생각은 달랐다. 삼성전자는 미국과 유럽을 비롯해서 당시 PC가격과 맞먹는 고가의 스마트폰을 구매할 만한 여력이 있는 국가의 민족들은 대부분 골격이 큰 민족들로 이들에게 3.5인치의 디스플레이는 작을 수 있다는 것에 주목했다. 삼성전자는 애플에 빼앗긴 시장우위를 아이폰보다 크고 다양한 사이즈의 디스플레이로 극복하는 전략을 세우고 강화된 하드웨어와 교체식 배터리를 무기로 아이폰의 아성에 도전했다.

'도착 즉시 사망(Dead on Arrival)'할 것이라는 잡스의 독설에도 불구하고 삼성전자의 전략은 성공적이었다. 아이폰은 1년에 단 한 개만의 모델을 시장에 출시했지만 삼성전자는 하드웨어 제조회사라는 강점을 이용해 4인치부터 10인치를 넘나드는 다양한 사이즈의 제품을 1년에 4~5개씩 출시했다. 큰 화면을 경험한 소비자들은 아이폰의 디스플레이가 상대적으로 작다고 평가하기 시작했다. 삼성전자의 스마트폰에 매니아들이 생기기 시작한 것이다. 때로는 탭(Tab)이라는 이름으로, 때로는 노트(Note)라는 이름으로 삼성전자에 의해서 출시된 스마트폰들은 2012년이 지나면서 패블릿(Phablet)* 이라는 신조어까지 만들어냈다.

작은 디스플레이를 크게 확대하며 다양한 상품을 출시해온 삼성전자의 시장점유율은 지속적으로 확대되어 2011년부터는 애플을 따돌리고 2016년까지 전 세계 점유율에서 1위를 차지했다. 삼성전자의 상품기획은 비주얼 정보를 필요로 하는 기기에 있어 고객들은 이왕이면 큰 제품을 선호하고, 커진 제품은 새로운 고객을 창출할 수 있음을 보여주었다.**

---

* 폰(phone)과 태블릿(tablet)의 합성어로 태블릿 기능이 포함된 스마트폰을 일컫는 신조어. 스마트폰 사용자들이 문자, 전화와 같은 단순한 기능 이외에 데이터 서비스를 이용한 각종 서비스를 사용하게 됨에 따라 큰 화면을 선호하게 되면서 생겨남.
** 세계일보, 〈갤럭시 S3 출시에 선주문 쇄도…폭발적 관심〉, 2012.5.30.

Top Ten Smartphone Vendors Based on Market Share

	2014		2015		2016	
	Company	Market Share	Company	Market Share	Company	Market Share
1	Samsung	27.8%	Samsung	24.8%	Samsung	22.2%
2	Apple	16.4%	Apple	17.5%	Apple	16.8%
3	Lenovo+Motorola	7.9%	Huawei	8.4%	Huawei	9.3%
4	Huawei	6.2%	Xiaomi	5.6%	Lenovo	6.1%
5	LG	5.4%	Lenovo	5.4%	Xiaomi	5.8%
6	Xiaomi	5.2%	LG	5.3%	LG	5.0%
7	Coolpad	4.2%	TCL	4.0%	TCL	4.0%
8	Sony	3.9%	OPPO	3.8%	OPPO	3.9%
9	TCL	3.3%	BBK/VIVO	3.3%	BBK/VIVO	3.4%
10	ZTE	3.1%	ZTE	3.1%	ZTE	3.1%
	Others	16.6%	Others	18.8%	Others	20.3%
Shipment Total(Unit: M)	1,172.3		1,292.7		1,397.1	

▲ 2014~2016년간 업체별 스마트폰 시장점유율 현황 (출처: TrendForce, Jan., 2016)

스타벅스에 가면 벤티(Venti)라는 사이즈가 있다. 실제로 미국에서의 벤티 사이즈는 컵 용량 24온스(710ml)로, 한국에서 판매되는 사이즈(20온스-591ml)는 이보다 좀 작아서 손해를 보는 것 같기도 하지만 커피를 웬만큼 좋아하는 사람이 아니고서는 600ml에 가까운 커피는 여전히 부담스러운 사이즈다. 사이즈가 너무 크고 부담스러우니 사는 사람들이 없어야 할 것 같은데 결과는 그렇지 않다. 한국 스타벅스에서 하루 커피 전체 주문량의 15%는 벤티 사이즈가 차지하고 있다.

이것도 모자랐을까. 스타벅스 미국 본사에서는 2011년 1월부터 하와이를 비롯한 14개 주를 시작으로 31온스(918ml) 사이즈 '트렌타

▲ 스타벅스의 테렌타 사이즈와 톨사이즈 (출처: Starbucks 홈페이지)

(Trenta)'를 출시했다. 트렌타의 사이즈는 벤티보다 200ml 이상 커진 사이즈로 1리터에 육박하는 크기다. 주문할 수 있는 음료는 아이스커피와 아이스티, 아이스티 레모네이드에 한정되지만 가격은 벤티 사이즈보다 단돈 50센트만 추가하면 된다.

917ml에 이르는 거대한 사이즈의 트렌타는 2011년 5월 이후 미국 전역으로 확대되었다. 그만큼 많이 팔린다는 얘기다.

아무리 커피를 많이 마시는 미국사람들이라고 해도 필요 이상으로 너무 큰 것 같으니까 사는 사람이 없어야 할 것 같은데, 결과는 그렇지 않았다. 미국 사람들은 맥도날드 맥카페(McCafe)에서 이미 스타벅스의 여름 인기 음료인 프라페, 과일 스무디, 라떼 등 32온스(905ml)짜리 차 음료를 구입하고 있다.

한국에는 소심하게 들어왔지만 세븐일레븐에서 판매되고 있는 걸프(Gulps) 사이즈도 어마어마한 사이즈를 자랑한다. 미국에는 걸프사이즈도 모자라 빅걸프(32온스), 수퍼빅걸프(44온스)에 무려 1810ml에 이르는 더블걸프(64온스)까지 판매한다. 얘기만 들으면 감히 '사람이 도저히 먹을 수 있는 사이즈가 아니다'라는 생각에 판매가 저조할 것 같지만 결과는 역시 그렇지 않다. 정부가 나서서 규제를 할 만큼 판매량이 높다.

The Biggest of the Big Gulps
The most outrageous soda sizes ever sold, by franchise

Team Gulp
7-Eleven
128 oz

HuMUGous
Kum & Go
100 oz

The Best
ARCO
85 oz

Mega Jug
KFC
64 oz

King Size
Burger King
42 oz

Supersize
McDonald's
42 oz

Great Biggle
Wendy's
42 oz

Kid's size
McDonald's(2012)
12 oz

Original
fountain drink
McDonald's(1955)
7 oz

(출처: www.motherjones.com)

크기의 변화는 타깃의 변화를 끌어냄으로써 새로운 구매가능고객을 만들어낸다. 크기가 변하면 이전에는 고려상품군(Consideration set)에 넣을 생각도 하지 않았던 고객들이 새로운 고객으로 확대될 수 있다.

노인 인구가 증가함에 따라 유선으로 전화를 걸고 받는 기능에 충실하기 위해 버튼은 보통 버튼의 4배 이상 키운 빅버튼 전화기, 압력밥의 찰짐을 선호하는 고객들이 증가함에 따라 업소를 위한 39인용, 50인용 압력밥솥이 등장한 것은 크기의 변화를 통해 신규고객을 창출한 좋은 예다.

▲ 노인용 빅버튼 전화기, 39인용 압력밥솥

접이식 자전거나 접이식 우산과 같이 접거나 말아서 크기를 줄일 수 있는 제품들은 편의성과 이동성을 위해 큰 것보다는 작은 것의 인기가 더 높다. 공간의 활용도를 높일 수 있다는 것과 왠지 작거나 작아지는 것을 가지고 다니면 사람까지 스마트해지는 것 같은 사회적인 인식 때문이다.

▲ 코카콜라 디너 레스토랑 미니어처 (출처: http://blog.naver.com/PostView)

사람들이 일반적으로 가지고 있는 '작은 것'에 대한 선호 경향을 단적으로 보여주는 것은 '미니어처(Miniature)'다. 실물과 같은 모양으로 정교하게 만들어진 미니어처를 대하는 사람들의 마음은 호의적이며 따듯하다. 미니어처라면 괴물도 귀엽고 해골도 귀엽고 탱크도 귀엽고 공룡도 친근해 진다. 아무리 징그러운 것들도 크기가 작아지면 사람들은 그것을 가방에 달기도 하고 열쇠를 걸어 두기도 한다. 사이즈를 작게 만들면 사람들의 경계심은 곧 호기심으로 바뀐다. 미니어처를 활용한 상품기획에 뛰어난 감각을 보여주는 해외 브랜드들은 자신들의 상품과 서비스, 마크, 자동차, 유니폼 등을 작게 만들어 증정하거나 선물할 수 있게 함으로써 상품(Merchandise)으로 새로운 매출을 만들어내기도 한다.

기업의 입장에서 기업이 제공하는 상품이나 서비스와 상관없이 미니어처는 고객들에게 회사에 대한 호감도를 증대시키고 인지도를 높일 뿐 아니라 매출로도 이어지게 만드는 중요한 역할을 한다.

▲ 에어아시아(Air Asia)의 이미지를 활용한 미니어처와 크리스피 크림 도넛의 배달차량 미니카 (출처: 구글)

기술 개발을 통한 서비스 분야에 있어서도 크기의 변화는 새로운 고객 창출은 물론 패러다임을 바꾸기도 한다. 지금은 흔하지만 홈쇼핑과 휴대전화가 발달하면서 1990년대 후반부터 2000년대 초반까지 유통업계에 티커머스(T-Commerce)와 엠커머스(M-Commerce)라는 말이 잠깐 유행한 때가 있었다. 하지만 양방향TV라 불리는 IPTV(Internet Protocol Television)에 기반한 디지털방송은 막대한 비용의 시스템 변환과 그에 맞는 콘텐츠의 개발이라는 부분에서, 모바일커머스는 3인치도 안 되는 화면의 제약으로 인해 발전의 한계에 봉착하고 말았었다. 특히 이동성이 강화된 모바일(Mobile)의 경우에는 TV보다 고객 접근성은 좋지만 상품이 제대로 보이지도 않는 작은 화면은 구매결정을 유도하기에 역부족이었다. 그러던 2007년 1월. 전 세계의 커머스(Commerce)에 확실한 지각변동을 일으킨 기술이 나타났다. 바로 스티브 잡스에 의해서 특허가 등록된 '핀치투줌'(Pinch to Zoom/7844915번)이라는 기술이다.

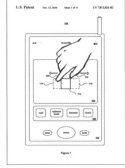

▲ 핀치(Pinch)를 시연하고 있는 스티브 잡스와 핀치투줌(Pinch to zoom) 특허

핀치투줌의 기술적 명칭은 '화면 움직임을 위한 애플리케이션 프로그래밍 인터페이스(API-Application Programming Interface)'으로 사용자가 터치스크린 기기를 조작할 때 '한 손가락으로 화면을 상하로 이동하거나 두 손가락으로 확대·축소하는 기능'을 말한다. 스티브 잡스에게 특허권이 주어지기는 했었지만 이 특허의 원천이 되는 '스크린을 터치해서 원하는 입력을 하는 방식'은 새 것이 아니었다. 이 때문에 2013년 미국 특허청(USPTO)은 세계적인 관심사가 되었던 삼성

과 애플의 특허 소송에서 해당하는 특허의 무효를 최종적으로 확정하기도 했다. 스크린터치 입력 방식은 지금은 없어진 팜(Palm)의 PDA(Personal Digital Assistant)나 노키아의 심비안(Symbian)도 활용했던 기술이다. 하지만 이들의 기존의 방식과 스티브 잡스의 특허가 달랐던 것은 이전 방식은 단순히 손가락 하나만을 인지하는 싱글터치 방식이었기 때문에 마우스의 왼쪽 버튼의 대용에 불과했지만 아이폰에 탑재된 핀치투줌 방식은 최대 5개까지의 멀티터치를 지원했기 때문이다. 뿐만 아니라 스티브 잡스의 방식은 결정적으로 화면 확대를 위한 제스처를 지원했다. 즉 인지된 두 개의 터치를 점으로 인식해서 그 점이 서로 멀어지면 '화면을 확대하라'는 명령어로 인식했다는 것이다.

핀치투줌 방식이 커머스에서 가지는 중요한 의미는 3인치 미만에 갇혀 있던 상품의 비주얼과 텍스트가 5인치, 10인치로 확대되었다는 점이다. 이 특허로 소비자들은 원하는 상품을 원하는 사이즈로 확대해서 볼 수 있었고 더 이상 작은 화면을 상품구매의 장애로 여기지 않게 되었다. 상품 본연의 크기에는 변화가 없지만 이를 볼 수 있는 툴(Tool)의 개선을 통해 시야의 크기를 바꿈으로써 상품이 커지는 효과를 만들어낸 이 기술적 고안은 애플이 아이폰 출시 이후 세계 스마트폰 시장에 있어 강력한 주도권을 쥘 수 있도록 하는 데 핵심적인 역할을 했다.

크게 보고 싶어 하는 사람들의 욕망은 '소설'의 옷을 입고 이야기라는 상품으로 나오기도 했다.

1667년 영국 아이랜드 드블린에서 태어난 조나단 스위프트*가 성직자인 목사와 신문 편집장을 오가며 활동하던 1726년에 쓴 소설 『걸리버 여행기(Gulliver's travels)』. 우리나라에서는 아동소설로 분류되어 전체 내용 중 〈소인국〉과 〈거인국〉 편만 소개되었지만 원작은 〈소인국〉과 〈거인국〉 편 외에도 〈하늘을 나는 섬나라〉, 〈말의 나라〉 등이 포함된 전 4부작 성인용 소설로 사람들의 욕구를 잘 건드린 소설이다. 책에서 작가는 걸리버를 통해 소인국과 거인국을 오가며 여러 가지 흥미진진한 에피소드를 통해 때로는 커진 모습으로 작은 인간을, 때로는 작은 인간으로서 큰 인간을 관찰하는 모습을 보여준다. 독자들은 걸리버를 통해 줌인(Zoom-in)과 줌아웃(Zoom-out)을 마음껏 경험하며 새로운 시야를 경험하고 그것으로 인한 대리만족을 느꼈다.

1987년도 상영된 조 단테가 감독을 하고 데니스 쿼이드, 마틴 숏, 그리고 당시 최고로 귀여웠던 맥 라이언이 주연했던 영화 〈이너 스페이스〉(Innerspace)나 2013년 상영된 브라이언 싱어 감독의 〈잭 더 자이언트 킬러〉(Jack the Giant Slayer)도 같은 맥락에서 기획된 영화 상품이라고 할 수 있다.

사람을 상품이라고 말하기는 좀 억지스러운 부분이 있지만 특별한 목표를 가지고 철저한 시장 분석과 수요 고객의 니즈를 파악해서 전략적으로 기획된 '엔터테이너'라는 측면에서 바라보면 대중문화 상품에서도

---

* Jonathan Swift(1667~1745). 영국 풍자작가 겸 성직자. 정치평론가. 수도원의 비서로서 산 생활이 후년의 풍자작가 스위프트의 성격 형성에 크게 영향을 미침. 정계와 문단의 배후 실력자로 존재하기도 함. 주요 작품으로 『걸리버 여행기』가 있음.

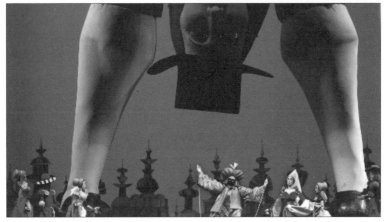

▲ 동화 걸리버 여행기(좌상), 영화 걸리버 여행기(우상), 인형극 걸리버 여행기(아래)

크기의 변화는 매우 효과적이다.

　YG와 JYP와 더불어 우리나라 엔터테인먼트 산업을 이끌고 있는 SM엔터테인먼트의 이수만 회장. 1985년 미국 유학을 마치고 돌아온 그는 1995년 H.O.T라는 신예 남성그룹과 S.E.S라는 여성 아이돌 그룹을 화려하게 데뷔시킨다. 귀엽고 세련되고 잘생긴데다가 춤까지 잘 추는 5명의 털장갑을 낀 남자아이들과 이제는 라율이의 엄마가 되어 본인이 아닌 아이들 중심의 프로그램에 나오는 슈, 유진, 바다라고 불리는 미국과 일본, 한국에서 자란 3명의 예쁜 여자아이들은 출격 즉시 한국 아이돌 문화에 새로운 지평을 열었다.

한국 아이돌의 세계진출가능성과 함께 단순한 '캐스팅'이 아닌 '전략적 선택과 훈련을 통해 만드는 스타에 대한 가능성을 본 이수만 회장은 당시 한국 나이로는 15세(만13세)였던 권보아라는 어린이(?)를 캐스팅하게 된다. 예명을 보아(브랜딩)로 바꾼 이 어린이는 초등학교 5학년의 신분으로 SM에 연습생으로 들어갔고 연습생 시기 1년 동안 춤과 노래는 배우지 않고 일본어를 학습하기에 이른다. 아시아에서 가장 큰 음반시장인 일본 시장으로의 진출을 위해서였다.

이수만 회장은 1998년부터 보아에게 노래와 춤을 가르쳤고(상품화 작업) 중2가 된 2000년 보아를 한국에 데뷔시킨다. 한국에서 성공적인 데뷔(마켓 테스트)를 마친 보아는 계획했었던 대로 2002년 전격적으로 일본시장에 데뷔(런칭)한다. 전략적인 일본데뷔를 마친 보아는 데뷔 앨범인 〈리슨 투 마이 하트-Listen to my Heart〉를 통해 당시 보아 2집에 실렸던 〈No.1〉과 연이어 후속으로 발매된 2003년 〈발렌티-VALENTI〉를 비롯해 일본 정규 3집인 〈러브&어니스티-LOVE&HONESTY〉까지, 3집까지의 모든 앨범을 일본 오리콘 차트 1위에 올리는 기염을 토하며 아시아 최고의 '스타로 자리 잡게 된다.

지금도 그렇지만 당시 일본 대중음악계에도 한 가수의 음반이 발표할 때마다 연이어 1위에 오르는 것은 쉽지 않았던 일이었다. 어른들도 하지 못했던 엄청난 일을 15살에 대중음악을 시작한 스물 갓 넘은 어린이가 해낸 것이다. 싸이(PSY)가 강남스타일(2012년)을 부르기 전까지 보아는 아시아와 미국을 넘나들며 한국을 대표하는 팝 뮤직 최고의 '작은 거인'이었다.

▲ 보아 1집 자켓(좌), 데뷔 당시 보아의 여권 사진(중), 〈케이팝스타〉(KPOP STAR) 심사 중인 보아(우)

그 동안 한국가요계에서 보는 일본시장 진출은 일본의 엔카(演歌)시장에 적당히 묻어가는 트로트 가수들이나 가능한 것이었고 한국에서 수십 년을 갈고 닦은 중견 이상의 가수들이나 하는 일이었다. 그러나 산을 오르며 노래연습을 했다는 작고 깜찍하고 예쁜 여자아이가 파워풀한 안무와 함께 유창한 자국어로 인터뷰까지 해내는 모습에 일본은 즉시 보아의 차지가 되었다. 일본시장에 한국 대중음악에 대한 새로운 수요가 폭발한 것이다.

만약 이수만 사장이 보아를 만났을 때 그녀의 나이가 15세가 아닌 45세였다면 이런 시도를 계획할 생각을 했을까? 만약 보아가 일본에 진출할 때 데뷔 10년 차의 농익은 가수였더라도 과연 일본 대중음악계가 그녀에게 매료될 수 있었을까?

보아는 작고 어렸기 때문에 상품성이 있었고 그랬기 때문에 이 모든 것들이 가능할 수 있었다.

불황이 지속되고 개인들마다 가처분 소득이 증가되지 않으면서 이른바 '가성비'*에 대한 요구들이 커지는 식품업계는 상품의 시장성과 상품성을 위해 기존 제품의 크기의 변화를 작게 하는 쪽보다는 크게 하는 방향으로 주도를 잡고 있다. 식품분야에서도 크기의 변화는 새로운 상품기획을 가능하게 하는 중요한 방법이다. 방울토마토, 베이비캐럿, 미니양배추나 미니파프리카는 대표적인 크기의 '축소'라는 콘셉트가 만들어낸 상품이다.

서울 신촌에 위치한 버거베이의 수제 햄버거는 보통 시중에서 판매되는 햄버거보다 4배 이상 큰 거대한 햄버거다. 레귤러 사이즈는 성인 남자 두세 사람이 먹을 수 있고 라지 사이즈의 경우 성인 서너 명이 먹을 수 있는 어마하게 큰 햄버거는 평범한 햄버거를 먹기 싫어하는 사람들을 신촌까지 불러들이고 있다. 사람들이 굳이 신촌까지 가는 이유는 이 집의 햄버거가 '아주' 크기 때문이다.

서울 서초동에서 인기가 있는 묵은 김치찌개 전문점인 장○○식당에는 '물란말이'라는 요리가 있다. 8,000원 짜리 정식메뉴로 메뉴판에는 '계란말이'라는 이름이 있음에도 불구하고 이 요리에 별명이 붙은 이유는 '계란 7~8개가 들어간다는 말이 믿기지 않게 30초 만에 만들어지는 큰 시이즈의 묽은 계란 레시피' 때문이다. 이 메뉴는 한 유튜버가 영상을 업로드 하면서 유명세를 탔다. 비교적 높은 열로 가열된 불판에 눈으로만 봐도 1m가 족히 넘어 보이는 노란색 계란물을 한번에 '쓰읔' 뿌린 상태가 이전에 알고 있던 것과 확연히 다르다. 이 때문에 다른 유튜버를 비롯한 일부 고객들은 "계란물에는 라면의 후레이크를 넣었는지 야채가 얼마 없다", "계란보다 물이 많다" 등의 댓글들이 있다. 이 집의 네이버 평점은 4.38(2022년 1월 20일 기준)로 코로나로 거리두기가 유지되던 때도 점심시간에는 줄을 서야 입장이 가능할 정도로 인기가 높다. 논란에도 불구라고 멀리에서까지 찾아온 사람들이 줄을 서서 이 대왕 계란말이를 시키는 이유는 이렇게 큰 사이즈의 계란말이 상품이 다른 곳에는 없기 때문이다.

크기를 축소하는 방법은 아이디어뿐 아니라 적정한 기술까지 지원이 되어야 하는 일이어서 색상을 바꾸는 것처럼 쉽게 상품기획 현장에

▲ 1분도 안 걸리는 초스피드 계란말이 서초동 맛집 출처 : 유튜브 1분 계란말이

적용할 수 있는 방법이 아니라고 생각할 수 있다. 그러나 이미 익숙한 제품에 별다른 브랜딩 없이 크기를 변화시키는 것만으로 새로운 고객을 창출할 수 있다는 것은 매우 강력한 장점이기 때문에 상품기획자는 충분히 고려해볼 만한 방법이다. 또 익숙하지만 한편 낯선 상품이기 때문에 새로운 제품에 비해 제품의 인지와 콘셉트의 전달이 쉽고 입소문을 기대할 수 있다는 장점과 가격저항을 적게 할 수 있다는 장점이 있는 상품기획의 방법 중에 하나다.

사람의 뇌에는 마치 한약방에 있는 약재함처럼 많은 분류함(기억방)이 있다고 한다. 이 분류함이 있는 이유는 특정한 것들에 대한 분류의 편의성 때문이다. 사람은 정보가 입력되면 이전의 경험과 자신의 지식에 의한 판단에 따라 비슷한 것들을 묶어 끼리끼리 각각 저장하려는 심리가 있는데, 이를 심리학에서는 '유목화(類目化·categorization) 성향'이라고 부른다.

〈도표 13〉 버거베이 수제버거의 유목화(Categorization) 과정

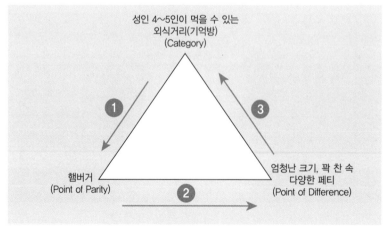

한양대학교 홍성태 명예교수에 따르면,* 사람에게서 유목화 현상이 일어나는 이유는 인간의 본성이기도 하지만 어려서부터 끊임없이 블록과 퍼즐, 자동차와 동식물을 분류하는 등의 다양한 놀이와 교육을 통해 관련된 학습을 받았기 때문이라고 한다. 유목화 성향이 기업에게 중요한 이유는 새로운 정보, 즉 기업이 새로운 상품을 출시했을 때 그것이 사람들의 두뇌 속에 자리 잡는 과정이기 때문이다.

사람들은 신상품을 접하기 이전에 머릿속에 사전정보가 분류함에 제대로 분류되어 있지 않으면 새로운 상품에 대한 정보가 입력되었을 때 아무 분류함에나 넣는 것이 아니라 아예 뇌에서 퇴출시킨다. 아울러 새로운 분류함이 사람들의 머릿속에 만들어지기 위해서는 같은 자극이 여러 경로를 통해서 다양하게 노출되어야 한다. 뿐만 아니라 기억이 가능하도록 인상 깊게 노출이 되어야 하는데, 이 과정은 많은 시간과 비용을 감수해야 하기 때문에 신상품을 출시할 때는 이미 만들어져 있는 사람들의 분류함을 이용하는 것이 훨씬 유리하다.

이때 필요한 것이 바로 유사성(Point of Parity)이라는 것이다. 굳이 새로운 분류의 방을 만들기 위해 노력하거나 어디에 넣어야 할지 고민하게 만드는 낯선 제품이 아니라 단지 크기만 변했기 때문에 사람들은 이미 가지고 있던 기억의 분류함에 넣기만 하면 되는 것이다. 하지만 이전에 그 분류함에 있었던 것에 비하면 크기의 변화가 있어 눈에 띄게 작거나 크기 때문에 사람들은 일단 분류는 했지만 어색함을 감출 수 없다.

* 매 경이코노미. 2013.3.25.

아는 것 같은데 제대로 알지 못하는 것 같은 부조화에 대해서 불편함을 가지게 된 사람들이 다시 한 번 관심을 집중할 때, 이때 설명해 주는 것이 바로 차이점(Point of Difference)이다.

크기의 변화에 따른 버거베이의 유목화 과정은 성인 남자 4~5인이 먹을 수 있는 외식거리(Category)인데 모양이 햄버거(POP)처럼 생겨서 처음엔 햄버거인 줄로 알았는데 막상 가서 보니 엄청난 사이즈와 다양한 페티와 꽉 찬 신선한 야채들로 처음 먹어보는(POD) 맛이라는 것을 내세움으로써 소비자들에게 쉽게 파고든 좋은 예다.

| 크기 바꾸기의 한계

기존에 있는 상품의 크기 변화를 통해 새로운 상품을 기획할 때에도 여전히 변하지 말아야 하는 상품으로서의 가치는 안전성, 변별성, 효율성, 기능성이다. 특히 상품의 크기를 축소하여 새로운 상품기획을 함에 있어 상품기획자가 인식해야 하는 것은 디테일과 기능의 보장이다. 아무리 새로워졌다고 해도 기존의 제품이 가지고 있던 핵심기능이 보장되지 않은 축소나 확대는 고객입장에서 새로운 가치가 창출되었다고 보기 어렵기 때문이다. 이 때문에 크기의 변화를 통해 새로운 상품을 기획할 때는 반드시 기능이 구현될 수 있는 '기술 집약'이 전제되어야 한다.

크기를 축소하는 경우 기능성 이외에도 너무 작아서 '작은 것' 이상의 차별성이 떨어지는 부분도 고려해야 한다. 작은 것은 작기 때문에 가지는 새로운 가치를 만들어낼 수 있어야 하고 그것은 구별되는 가치 (Value)여야 한다. 작아진 것은 좋지만 작아졌기 때문에 무뎌지거나 생략되었거나 판독할 수 없거나 표시할 수 없다면 이는 크기의 축소를 통한 성공한 상품기획이라고 하기 어렵다.

크기를 확대하는 경우 한계를 인식해야 하는 것은 이동성과 보관성이다. 새로운 상품기획을 하는 방법 중에 하나가 '이동성'임을 감안하면 크기를 확대한다는 것은 이동성과 배치되는 것이기 때문에 크기의 확대는 최대한 이동성을 보장하는 상태에서 진행되어야 한다. 아무리 큰 상품이 매력적이라고 해도 마음대로 이동할 수 없거나 부자연스럽거나 불편하다면 사람들의 구매력은 쉽게 발휘되지 않을 것이기 때문이다.

이미 1인가구는 대한민국을 대표하는 대표적인 가구 형태로 자리 잡았다. 그러니 집은 커질 필요가 없다. 이전처럼 소유의 가치를 두지 않는 세대들이 늘어나면서 이제 무엇이든 큰 것은 '짐'이 되기 십상이다.

〈도표 14〉 가구 유형별 비중 변화와 가구 연령별 1인 가구 추이

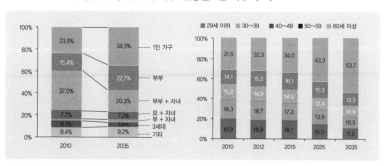

(출처: 통계청, 우리금융경영연구소)

그래서 '크기'에 따른 보관성은 상품의 구매결정에 있어 더욱 중요한

요소가 되어가고 있다. 이동이 간편해지고 대중교통이 활발해지면서 아무리 좋아도 크고 부피가 있는 물건은 점차 매력을 잃을 수밖에 없다.

새롭게 기획하는 상품의 크기가 크다면 기능에 저해를 주지 않는 선에서 분해와 조립, 꺾임과 접음과 같은 기술적 고안을 통해 상품의 크기와 부피가 작아질 수 있도록 추가적인 조치를 해야 한다.

모양 바꾸기

모양이 다르면 가격이 다르다

기록과 득실로 순위가 갈리는 프로선수의 몸값은 무엇으로 결정되고 어떤 요소에 가장 많은 영향을 받을까? 이런 물음에 뜻밖의 결론을 말해주는 기사가 얼마 전에 소개되었다.

골프다이제스트가 발표한 프로골퍼의 몸값이 결정되는 각각의 구성요소를 나열한 글에서 단연 눈에 띄는 것은 1위를 차지한 외모(35%)다. 외모는 프로선수의 생명인 기록(30%)보다 오히려 몸값에 더 큰 영향을 준다고 조사되었다. 해당하는 카테고리가 골프라는 특수성을 감안하더라도 기록보다 몸값에 더욱 영향을 주는 것이 외모라는 것은 의외일 수밖에 없다. 하지만 그게 현실이다. 외모, 즉 모양은 많은 경우 내실보다 더 많은 영향을 미친다. 특히 단기간의 평가에 있어서는 더욱 그

외모 35%	• 기업의 이미지와 잘 매치가 되나 • 예쁘고 매력적인 얼굴인가 • 운동선수로 몸매는 괜찮은가 • 세련된 패션감각을 갖고 있나 • 밝고 긍정적인 이미지인가
기록 30%	• 계약 시점의 성적 • 전년도 상금랭킹 • 전년도 '톱 10', '톱 5' 피니시율 • 평균타수
능력 20%	• 국가대표나 상비군 출신인가 • 아시안게임, 세계선수권대회 성적 • 언론 노출도 • 롱게임 능력 • 2부, 3부 투어 성적
성격 10%	• 인간성은 좋은가 • 회사에 감사하는 마음 갖는가 • 승부근성이 있는가
기타 5%	• 부모의 관여가 심한가 • 비슷한 선수의 계약금

(출처: 골프다이제스트)

렇다. 내실이 중요하지 않다는 것이 아니라 모양도 중요하다. 색상과 크기가 같아도 모양을 바꾸면 상품은 다른 것이 된다.

옛 어른들은 여자가 임신을 하면 산모에게는 임신 기간 중에 눈으로 보는 것은 물론이고 먹는 것 하나에도 같은 과일을 먹을 때라도 못생기거나 이상한 과일은 먹이지 않았고 예쁘고 잘생긴 것만 챙겨주었다. 바꿔 얘기하면 많은 것 중에 그런 것만 골라서 먹었다는 얘기고 그런 것만 구매했다는 얘기다. 그럼 그런 필요를 가지고 있는 사람에게 상품기획자는 어떻게 상품을 구분하여 판매했어야 했을까? 잘생긴 것과 못생긴 것을 같은 가격에 판매했어야 했을까? 만약 그랬다면 그는 실력 있는 상품기획자라고 말할 수 없을 것이다.

'모양'을 바꾸는 처방은 크기와 상관없이 형태의 변화를 이르는 방법이다. 모양의 변화는 시각의 인지를 통한 차별화 방법 중에 색상의 변화 다음으로 인지하기 쉬운 것으로 크기와 상관없이 기존에 있는 상태에서의 달라지는 형태(Figure)의 변화를 의미한다.

| 원형과 사각

"계란프라이를 만들 때 쓰는 작고 조악한 프라이팬을 받아다가 부산 지역에서 판매하는 일을 했는데 10년이 넘도록 주부들에게 인기가 꾸준하더라고요. 제대로 된 제품을 만들면 성공할 수 있으리란 것을 직감했죠."

1989년 부산의 좌판 이곳저곳에서 팔리던 한 개에 1만 원 하는 네모난 프라이팬. 여러 고만고만한 상품들 중에서 유독 예쁜 계란프라이를 만들 수 있다는 이유로 나름 지역의 스테디셀러였던 상품을 주목해서 본 사람은 2015년 1320여억 원의 매출과 2016년 7월 사모펀드에 1800억 원의 딜을 성사시킨 해피콜의 이현삼 대표였다. 그는 작고 네모난 프라이팬에서 계란프라이뿐 아니라 다양한 요리를 만들 수 있는 '네모난 프라이팬의 미래'를 보았다.

"둥근 프라이팬은 길쭉한 생선을 구울 때 버려지는 공간이 많아 몇 마리 굽지 못해요. 식빵 굽기에도 마땅치 않고요. 주부들이라면 누구나 느끼는 불편함이지만 아무도 프라이팬을 네모나게 만들 생각은 하지 못했던 거죠."

1999년 이 사장은 해피콜을 설립하고 세계 최초로 네모난 프라이팬 개발에 들어갔다. 그가 한 것은 '후라이팬은 둥근 모양'이라는 고정관념을 깨트린 것. 거기에 그만의 아이디어와 기술을 더했다. 그는 전문 디자인업체와 대학, 연구기관과 끊임없는 연구개발로 2014년에만 지식재산권 100건을 출원해서 이미 특허 65건과 실용실안 65건, 디자인 121건, 상표 117건을 보유하고 있다.

▲ 해피콜 양면팬 (출처: www.happycallmall.co.kr)

2001년 10월 뚜껑이 달린 양면 프라이팬과 쌍둥이팬 두 가지로 구성된 해피콜 쿠킹 세트가 첫 방송을 탄 이후 고객들은 스스로도 몰랐던 불편함을 깨닫기 시작했다.

'맞아, 생선을 구울 때 냄새가 많이 났었지'

'부침개 한번 하려면 찢어지고 터지고 뒤지개로 한번 뒤집으려면 생쇼를 했었는데…'

모양을 바꾼 이 상품은 홈쇼핑 채널을 중심으로 온오프라인으로 큰 인기를 얻으며 글로벌 시장으로 확대되어 특히 생선을 많이 먹는 아시아지역의 주부들에게는 필수품이 될 만큼 공전의 히트를 쳤다.

데스크톱 컴퓨터에 이동성을 더한 사각형의 반듯한 노트북만으로도 많은 사람들이 열광하고 있던 1999년. 막 애플로 복귀한 스티브 잡스는 아이북(iBook)을 발표했다. 일명 "조개북"이라는 이름으로 불린 이 제품은 당시의 모든 회사들이 흔한 베이지색이나 혹은 진한 회색의 네모난 노트북을 만들 때 조개처럼 둥글면서 속이 보이는 노트북으로 출시되었다. 1998년 발표된 아이맥(iMac)과 같이 초기 블루베리, 탠저린 색깔로 출시된 아이북은 화면 부분을 고정하는 걸쇠가 없고 외형이 조개와 비슷한 모양으로 업그레이드를 거치면서 그라파이트, 인디고, 키라임 색깔 모델이 추가되어 5개의 화려한 색으로 무장한 발랄한 (?) 노트북이었다.

출시되자마자 사람들은 아이맥의 디자인과 색상에 빠져들었다. 더군다나 힌지 부분에 접을 수 있는 손잡이를 달아 마치 가방처럼 들고 다닐 수 있었던 획기적인 모양의 아이북은 애플의 에어포트(AirPort) 무선 인터넷 확장 기능을 추가할 수 있는 첫 번째 매킨토시(Macintosh) 였다. 아이북은 곧 네트워킹에 혁명을 가져왔다. 아이북은 세계 최초로 내장형 무선 네트워킹이 지원되는 노트북이었고 와이파이(Wifi)의 편리함은 곧 맥의 세계를 넘어 크게 인기를 끌면서 오늘날 와이파이를 노트북의 필수옵션으로 만들었기 때문이다.

'노트북의 모양은 당연히 네모지!'라고 생각했던 그때, 네모를 원형을 바꾼 아이북은 모양을 바꾼 상품기획으로 큰 성공을 거뒀다.

아이맥과 더불어 혁명적인 디자인과 충격적인 색상을 보여준 아이북은 25년 가까이 소개된 90여 종의 애플이 제작한 노트북 중에서 노트북에 대한 철학을 바꾼 제품으로 10개의 노트북*에 당당히 거론될

* 2009.9.25. Benj Edwards, 「애플 노트북 20주년, 휴대성 돋보이는 제품 10선」, 『맥월드』(Macworld).

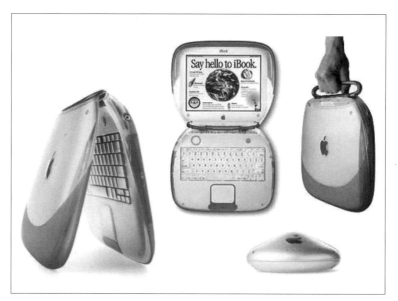

▲ 애플의 아이북G3 (출처: Apple, Inc.)

만큼 놀라운 실적을 보여주었다. 아이북은 아이맥과 함께 오랜 기간 동안 적자에 머물던 애플을 흑자로 전환시키는 공을 세웠다. 획기적인 디자인의 이 제품은 지금도 소장을 위해 찾는 사람들이 있을 만큼 빼어난 모양을 자랑하고 있다.

인간은 심미적(審美的)인 존재다. 그래서 아름다움의 가치를 크게 생각할 뿐 아니라 항상 새로운 것과 차별화된 것을 찾기 때문에 모양의 변화는 상품기획에 있어 중요한 처방이 된다. 심미적인 부분에 대한 추구성향은 남성보다는 여성이 더 민감해서 모양을 바꾸는 상품기획 방법은 여성지향성 상품에 좀 더 효과적이라고 할 수 있다. 이 방법은 주방용품은 물론 생활가전, 식기, 가구, 패션잡화, 각종 용기, 이미용품, 화장품, 식품 등에 유용하게 적용할 수 있으며 특히 유아와 아동에 관련된 제품에 있어 모양(Figure)은 결정적인 구매요소가 되기 때문에 반드시 다양하게 경험을 해야 하는 방법이다.

'디자인(Design)'이라는 이름과 함께 쓰이는 '모양'을 바꾸는 일은 색상의 변화와 함께 상품기획에 있어 매우 강력한 작용을 해왔다. 지금껏 세계적인 히트를 친 대부분의 상품들은 기술적인 진보로서의 탁월함뿐 아니라 세기를 넘어 많은 사람이 공감할 수 있는 아름다운 모양을 가지고 있는 것들이었다.

손으로 보는 디자인

'어두운 방 안에서도 손으로 잡으면 알 수 있는' 컨투어(Contour)라고 불리는 코카콜라의 오리지널 병은 1915년 미국 인디애나 주의 루트글라스 컴퍼니(Root Glass Company)의 알렉산더 사무엘슨(Alexander Samuelson)과 얼 R. 딘(Earl R. Dean)에 의해 고안됐다.

1960년 입체상표가 지적재산권(Intellectual property rights)의 영역으로 도입되면서 병 모양이 상표로 등록되어 코카콜라사가 독점적으로 사용할 수 있게 된 이 병도 처음에는 곡선 잡힌 모양이 아니었다. 밋밋한 원통형의 용기를 사용했던 코카콜라는 새로운 병을 원했고 사무엘슨과 딘은 당시 직선위주였던 다른 음료 용기와는 구별되는 모양인 흐르는 듯한 세로선이 돋보이는 코코넛 열매의 일러스트에 영감을 얻어 그 안에 조지아그린(Georgia Green)이라는 녹색을 가미하는 작업을 통해 용도는 같지만 모양은 전혀 다른 섹시한 '컨테이너'를 완성했다.

▲ 시대별 코카콜라의 컨투어 병의 변천 (출처: www.tiformen.co.kr)

'(여자)몸의 곡선'이라는 의미도 포함되어 있는 컨투어병(Contour bottle)은 개발 당시 유행이었던 밑이 좁은 주름치마 '허블 스커트'를 닮았다고 하여 '허블 스커트 병'으로도 불렸다. 이 병은 콜라의 대중적인 맛과 손으로 잡았을 때의 감각적인 느낌, 병 모양이 주는 특별한 모양의 상징성으로 순식간에 사회적 인지도를 만들어 100년이 훌쩍 지난 지금까지도 코카콜라를 상징하는 심볼로 코카콜라가 세계 최고의 브랜드*로 자리 잡는 데 일조하고 있다.

우리는 비닐봉지에 담긴 콜라를 생각할 수 없고 붉은색과 흰색의

* 출처: 2013 글로벌브랜드 순위(www.interbrand.com).

로고를 떼어낸 코카콜라를 생각할 수 없다. 코카콜라는 검은 빛깔의 '톡' 쏘는 화려한 탄산수와 더불어 최고의 병 모양을 만들어냄으로써 역사적인 상품기획을 한 것이다. 용기의 모양을 바꾸는 것만으로도 상품기획은 충분히 성공할 수 있다.

2012년 12월. 우리나라 라면 1위 회사인 농심의 컵라면 월매출이 출고 기준으로 사상 최고인 410억 원을 달성한 일이 있었다.* 이후 우리나라 라면시장의 전체적인 분위기는 전체 매출은 보합상태를 유지하면서 끓인 라면보다는 컵라면의 소비가 매년 증가하는 추세를 보이고 있다. 컵라면이 전체 라면시장에서 차지하는 비중은 약 30%. 알고보면 컵라면도 기존에 출시되었던 봉지라면의 포장용기를 모양을 바꾼 것으로 1972년 3월 출시(삼양라면) 이후로 꾸준히 영역을 넓히고 있는 상품이다. 다만 아쉬운 것은 신경 써서 뜯지 않으면 쉽게 찢어지는 종이뚜껑과 입 주변이라도 닦으려면 항상 휴지를 가지고 다녀야 한다는 것, 그리고 반찬이라도 하나 놓고 먹으려면 어떻게 먹어야 할지 마땅치 않다는 점이다. 종이뚜껑을 잘 뜯어서 깔때기 모양으로 접어 사용하면 좀 낫다는 정도.

이런 시장에 지난 2012년 10월, 새로운 모양의 컵라면이 TV프로그램을 통해 소개된 일이 있었다. 일명 '돌려 뜯는 컵라면'.

이전에도 새로운 모양의 컵라면이 없었던 것은 아니다. 1973년에 소개된 동그란 형태의 컵라면에 이은 도시락 모양의 사각용기면(1984년)도 분명 새로운 모양이었다. 2011년에는 냅킨이 내장된 컵라면 용기(등

* 한국경제신문, 2013.1.14

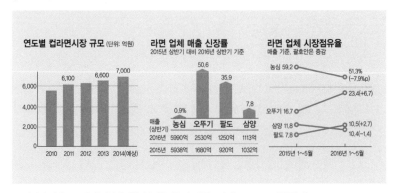

연도별 컵라면시장 규모 (단위: 억원)				
2010	2011	2012	2013	2014(예상)
	6,100		6,600	7,000

라면 업체 매출 신장률
2015년 상반기 대비 2016년 상반기 기준

매출 (상반기)	농심	오뚜기	팔도	삼양
2016년	5990억	2530억	1250억	1113억
2015년	5938억	1680억	920억	1032억
	0.9%	50.6	35.9	7.8

라면 업체 시장점유율
매출 기준. 괄호안은 증감

농심 59.2 → 51.3% (-7.9%p)
오뚜기 16.7 → 23.4(+6.7)
삼양 11.8 → 10.5(+2.7)
팔도 7.8 → 10.4(-1.4)
2015년 1~5월   2016년 1~5월

▲ 컵라면 시장 규모와 라면업체 매출 신장율 (출처: 헤럴드경제 2014.2.3., 나무위키)

록번호: 10-0768955)가 개발된 일도 있었다. 이 용기는 컵라면을 먹
다 보면 냅킨 한 장이 아쉬울 때가 있는 것에 착안해 컵라면 용기 밑
부분에 냅킨을 내장하도록 하부의 모양을 바꾼 상품이었다. 그러나 사
람들은 그 정도 모양이 달라진 것에 별 반응을 보이지 않았다.

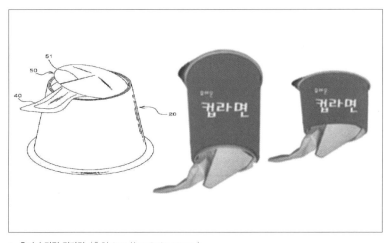

▲ 휴지가 달린 컵라면 (출처: http://caprio.tistory.com)

하지만 이번에는 좀 달라보였다. 새로운 모양의 컵라면을 들고 나온 인물은 뜻밖에도 어린 티가 묻어나는 중학생 남자아이였다.

▲ SBS 〈스타킹〉 프로그램의 방송 캡처 화면과 돌려 뜯는 컵라면 도안 (출처: http://blog.naver.com/impix)

시중에 나와 있는 보통 컵라면은 한 겹 종이 뚜껑을 열고 난 후

▲ 뚜껑 디자인을 바꿔 2013년 7월 출시이후 10%의 매출이 상승한 '팔도왕뚜껑' (출처: 상휘맘일상 다이어리 http://photolog.blog.naver.com)

뜨거운 물을 붓고 종이 뚜껑을 덮은 채 3분 정도의 시간을 기다렸다가 먹는 방식이다. 대부분은 뚜껑을 그냥 버리거나 뚜껑의 소재가 플라스

틱이 경우에는 뚜껑에 홈을 내어 활용하도록 하는 정도다.

그런데 당시 14세였던 양지석 군은 이런 보통의 컵라면과는 달리 용기의 상단을 돌려 따는 방식으로 뚜껑을 만들어 상단을 덮을 수 있는 컵라면의 모양을 바꾼 것이다. 기존의 컵라면의 뚜껑은 열다 보면 종이로 된 재질이 찢어지거나 혹은 잘 안 떨어지는 경우가 있는데 돌려 뜯는 컵라면은 한 번에 쉽고 깔끔하게 상단을 분리시켜 용기 뚜껑을 만들 수 있도록 모양을 바꿨다. 손상 없이 뚜껑을 깔끔하게 뜯을 수 있고, 뜨거운 물을 붓고 젓가락으로 눌러 놓지 않아도 뜨거운 열이 새나가지 않으니 빨리 익을 뿐 아니라 뚜껑을 앞 접시도로 사용할 수 있으니 무려 일거삼득(一擧三得)인 용기를 개발한 것이다. 스틱형 껌의 포장에서 아이디어를 얻었다는 이 소년은 기존의 틀을 뛰어넘는 좋은 통찰력(Insight)으로 돋보이는 상품기획을 보여주었다.

음료가 캔이나 플라스틱에 담기지 않고 봉지에 담긴다면 어떨까? 웅진은 2012년 7월 국내 최초로 투명파우치에 화려한 칵테일 음료의 색감을 눈으로 보며 마실 수 있게 만든 무알콜 칵테일 음료 '봉다리(BONGDARY)'를 출시했다. 이 제품은 이미 필리핀과 태국 등 더운 나라에서 길거리에서 콜라를 비롯한 야자수 등을 봉지에 담아 팔던 것을 흉내 낸 것이다.

이 제품의 개발배경은 젊은이들 가운데 해외여행이 잦아지면서 평소 같았으면 비위생적이라고 고개를 돌리던 것이 유행으로 자리 잡으면서 홍대와 건대 등 대학가 주변의 노점에서 무지 지퍼백 용기에 담아주는 '봉지 칵테일'이 히트를 치게 되었기 때문이다. 웅진은 '오리지널 모히또'와 '피치 크러쉬'라는 두 가지 칵테일 음료를 유통업체인 이마트와 공동으로 개발하여 바(BAR)가 아니라도 편의점과 마트를 통해 언제 어디서나 간편하고 부담 없이 칵테일을 즐길 수 있게 했다. 그리고 그해 겨울, 데워 먹는 콘셉트로 출시된 것이 바로 '핫(HOT) 봉다리' 시리즈다.

'핫봉다리'는 기존의 온장음료의 형태를 벗어나 국내에서는 처음으로 선보인 '뜨거운' 파우치 음료로 전자레인지에 데워서 마시는 음료다. 파우치째로 전자레인지에 넣어 30초간 데운 후, 파우치를 개봉해 컵에 따라 마시면 되는 이 제품은 전자레인지에 데우면 봉지가 따뜻해지는 특성상 '손난로 주스'라고도 불리며 새로운 형태의 재미있는 상품으로 고객몰이를 하고 있다. 익숙하던 상품의 형태가 바뀌면 고객들은 새로운 구매욕을 자극받는다.

▲ 웅진의 '봉다리 오리지널 모히또'와 '피치 크러쉬, '핫봉다리 뱅쇼'와 '봉다리 자몽' (출처: 아시아경제)

원래는 일자(一字)였지만 중간에 관절을 넣어서 각도에 맞게 구부릴 수 있도록 모양을 바꾼 빨대나 처음에는 둥근 롤로 말려있던 휴지를 곱게 접어 네모난 박스 안에 담은 사각티슈, 미국과 유럽을 비롯해서 일본과 한국까지 모든 나라에 걸쳐 생산되고 있는 동물모양의 과자, 스스로 뭔가를 잡고 먹기를 좋아하는 유아들을 위해 정형화된 컵에 양쪽으로 손잡이를 단 컵 등은 모두가 모양을 바꿔서 새로운 상품을 만들어낸 경우다.

2015년 대원제약이 출시한 '콜대원'도 모양을 바꿔 음용방식을 바꾼 제품이다. 기존에 출시된 대부분 감기약은 알약처럼 고형제이거나 액상이었기 때문에 복용 시 물이 필요한 불편함이 있었다. 또 액상 감기약은 대부분 깨지기 쉬운 유리병에 들어 있어 먹을 때마다 적당한 용량을 덜어 먹어야 했기 때문에 '휴대의 불편'과 '즉시섭취'라는 점에서 불편함이 있었던 상품이었다. 그러나 콜대원은 감기약 용기의 모양을 바꿔 일정량을 파우치에 미리 담아 필요한 때에 즉시 짜먹을 수 있도록 함으로써 휴대의 편리성과 적당량의 음용을 가능하게 하여 액상 감기약 시장에 확실한 존재감을 드러냈다.

2016년 5월에 출시된 숙취 해소 아이스크림인 '견뎌바'도 액상의 숙취해소 음료를 아이스바(Ice Bar)로 모양을 바꿔 출시한 제품이다. 헛개나무 열매 농축액 0.7%를 함유해 숙취 해소에 도움을 주는 견뎌바는 과음한 다음날 시원한 아이스크림으로 해장을 하는 사람들이 많다는 것을 감안해서 그동안 음료수뿐이던 숙취 해소 상품 시장에 모양을 바꿔 출시한 상품이다. 견뎌바는 출시된 지 1개월 반 만에 10만 개 이상 팔리며 히트상품 반열에 올랐다.

▲ 각 티슈(좌상), 짜 먹는 감기약(우상), 꺾인 빨대(좌하), 견뎌바(우하)

이외에도 문구업계에서 다양하게 소개되고 있는 팬시제품류의 대부분은 말 그대로 팬시(Fancy)하게 제품의 모양만을 바꾼 제품들로써, 기능은 기존의 제품과 같지만 학생들과 젊은 여성들의 폭발적인 지지를 이끌어 내고 있으며 새로운 구매를 일으키고 있다.

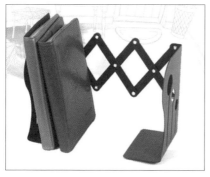

▲ 철재 책꽂이와 생선필통 (출처: www.gmarket.com)

2013년 11,500여 편의 출품작이 경쟁을 치른 '대한민국 그래미어 워드 청소년발명(과학) 아이디어 경진대회'에서 중등부 장려상을 수상한 '전장(사각) 김을 위한 친환경 밀봉트레이(고안자 : 최서림)'도 모양을 바꿔 새로운 상품을 제시한 경우다. 전 국민의 밥반찬으로 인기를 차지하고 있는 김은 포장 방법에 따라 전장 김과 도시락용 김으로 나뉜다. 전장 김은 가격이 저렴하고 맛과 향이 풍부하지만 식사 때마나 일일이 잘라서 먹거나 혹은 한 번에 잘라 별도의 밀폐용기에 담아 놓고 먹다보니 그때마다 번거로움이 있었다. 소비자들의 식생활이 변화함에 따라 매장에서는 도시락용 김이 전장김보다 더 많은 판매를 이루고 있지만 도시락용 김은 김을 일정한 수량만큼 별도로 포장을 하기 때문에 과다한 포장비용과 그로 인한 자원의 낭비, 쓰레기의 증가, 환경오염 등의 문제점을 발생시킬 수밖에 없었다. 밀봉트레이는 이러한 문제점을 해소하기 위해 고안된 것으로 기존의 제약포장방법에서 아이디어를 얻은 것이다.

 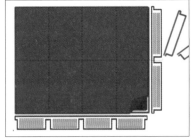

▲ PTP방식이 사용된 알약과 전장 김을 위한 밀봉트레이(발명자: 최서림)

　　고안에 따르면 이 아이디어는 PTP(Press Through Package)방식을 사용하여 하나씩 별도로 포장된 각각의 구별된 공간에 칼선을 넣어 하나를 떼어 내도 다른 하나의 제품 상태에 영향을 미치지 않는 방식을 김포장에 사용함으로써 도시락 김처럼 개별포장을 할 때보다 쓰레기의 양을 1/5정도로 줄일 수 있도록 했다.

또 전장(조미) 김을 그대로 잘라 트레이에 담기 때문에 김 특유의 고소함은 살리면서도 개별포장의 장점을 이용한 방법으로써 알약이 있어야 할 자리에 김이 들어 있는 모양이 된 것이다.

| 제형의 변화

모양을 바꾸는 것은 여성 화장품 분야에서는 흔한 일이다. 화장품을 포함한 이미용 카테고리에서 유사한 물성을 제형이나 용기만 바꿔서 신상품으로 출시한 경우는 쉽게 발견할 수 있다.

일반적인 클렌징 제품들은 로숀(Lotion) 타입과 거품(Form) 타입과 종이(Tissue) 타입으로 존재했다. 그러나 새롭게 출시된 미라클로즈클렌징스틱은 클렌징을 마치 딱풀처럼 만들었다. 콘셉트는 '클렌징을 바르다.'

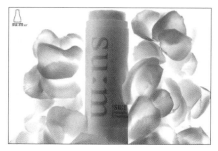

▲ '클렌징을 바르다'. 미라클로즈클렌징스틱, 숨. (출처: www.su-m37.com)

피부에 전혀 부담이 없고 물에도 잘 녹으며 첨가된 장미향이 기분까지 좋게 만들어 준다는 클렌징 스틱은 새로운 모양이다. 이 제품은 용기와 제형의 특성상 일반 폼과 달리 꼼꼼하고 깊숙이 닦여지는 느낌을 제공하고 있으며 무엇보다도 세안 후 피부 당김이 없이 촉촉함을 유지시켜 준다는 상품평에 힘입어 입소문을 타며 일상적인 클렌징 시장에 차별화된 상품기획의 면모를 보여주고 있다. 특히 이 제품은 크기를 소형화함으로써 캠핑을 비롯한 외부활동과 여행 시에 휴대하기 편하도록 했으며 피부 타입에 상관없이 사용할 수 있는 범용성을 제시하며 새로운 매출을 만들어내고 있다.

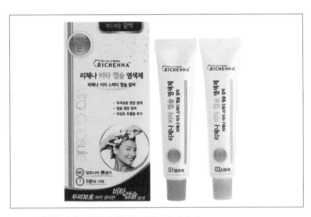

▲ 2016년형 뉴리체나 염색제 (출처: 리체나 홈페이지)

식물성 추출물인 헤나를 주성분으로 샴푸 타입의 염색제인 '리체나'의 '이지스피디'는 머리 염색 과정의 불편함을 파격적으로 줄인 대표 염색제다. 리체나가 출시되기 전 한국의 염색제 시장은 화장품 업체가 아닌 제약업체에서 독과점을 하고 있었다. 당시만 해도 염색은 50대를 넘어선 사람들이나 하는 것이었고 색깔은 무조건 검은색이어야 했으며 제형은 크림 타입으로 1제인 염모제와 2제인 산화제를 잘 비벼서 머리에 대충 바르고 빗을 사용해서 보이지 않는 뒷머리까지 발라야 하는 수고스러운 작업이었다. 그래서 어른들은 염색을 한 번 하려면 날을 잡아 누군가의 도움을 반드시 필요로 했다.

고객의 요구도 없고 공급자의 개발의지도 없던 고리타분한 시장에 변화가 감지된 것은 2003년. 호주에서 천연염색제인 헤나를 소재로 혼자서도 쉽게 염색을 할 수 있는 신타(CINTA)라는 브랜드의 헤어샵이 국내에 상륙하면서 시작되었다. 신타는 인체에 자극이 없고 모발 건강에도 좋으며 간편하게 사용할 수 있다는 최대의 장점과 함께 기존의 염색약들이 공공연하게 사용해 왔던 독성과 사용상의 불편함을 줄인 제품이었다. 그러나 유통경로의 문제로 일반인들은 출시된 사실조차 몰랐고 일부 사람들이 누리는 특별한 제품으로만 시장에 존재했었다.

▲ 헤나 분말가루와 헤나 식물 (출처: 위키피디아)

신타의 론칭과 당시 크게 유행하기 시작했던 남성용 저가 셀프미용실이었던 '블루클럽'의 폭발적인 성공을 보며 '염색도 셀프스타일로 쉽고 빠르고 저렴하게 할 수 있게 하면 가능성이 있음'을 인지하고 '제형의 변화'라는 새로운 상품기획의 프레임을 적용한 사람은 CJ오쇼핑(구 39쇼핑)의 방송본부장이었던 리우앤컴의 윤성용 대표였다. 그는 후배 MD가 지나가듯 보여준 단 두 줄의 일본 시장에 대한 리포트에서 해결의 실마리를 찾았다.

'일본에서는 최근 냄새가 없고 모발에 손상을 줄인 편의성을 강조한 거품 타입의 염색제가 큰 인기를 끌고 있다.'

윤성용 대표는 자신이 직감한 변화할 한국소비자와 검증된 일본 시장에서의 간접 경험을 바탕으로 당시 제약사와 염색약 제조사의 중간 쯤에 있던 세화피앤씨(www.sewha.co.kr)와 의기투합하여 새로운 모양(제형)의 염색제를 개발하게 되었다.

상품기획을 맡은 윤 대표가 세화피앤씨 연구원들에게 제형의 개발에 관해서 주문한 것은 세 가지. 첫째는 사용 후 5분 이내 염색의 효과가 나타나도록 할 것, 둘째는 빗이 아닌 손과 손가락을 이용해서 스스로 염색을 할 수 있도록 할 것, 셋째는 시각적으로 색다르게 보일 수 있는 요소를 넣어달라는 것이었다. 연구원들은 세 가지 요건을 수용하는 대신 5분이라는 시간으로는 새치 커버만 가능하다는 한계를 말했고 윤 대표는 이를 수긍하며 타깃을 수정했다.

그는 기존의 염색제를 사용하는 사람들이 아닌 새롭게 염색을 하고자 하는 사람들과 새치만 염색하기를 원하는 사람으로 사용 대상을 규정하고 단기간 내에 새로운 제형의 제품을 알릴 수 있는 유통망으로 홈쇼핑 채널을 선택했다. 새치머리가 나타나기 시작하는 30대 이후의 남성과 여성, 그리고 기존 염색약의 독성으로 인해 염색을 하고 싶어도 막연한 두려움이 있어서 주저했던 사람들이 그의 잠재고객이 되었다.

리체나 이지스피디 헤어 컬러는 1제·2제를 도포성이 좋은 겔 제형으로 만들어 손으로 샴푸하듯이 바르면 혼자서도 빠르고 간편하게 염색이 가능한 샴푸형 염색제로 출시되었다. 이 제품은 '염색은 혼자 하기 어렵다', '염색을 하면 시간이 오래 걸린다'라는 편견을 깨며 단번에 히트상품으로 떠올랐다. 겔 제형으로 투명한 1,2제를 섞어 손바닥으로 문지르면 잔거품과 함께 색깔이 변하면서 거품이 일어나는 쇼(Show)적인 요소까지 겸비한 리체나는 모발에 밀착성이 좋아 염색 도중에도 용액이 흘러내리지 않고 적은 양으로도 쉽게 모발에 발라져서 경제적인 사용이 가능했다.

모양의 변화가 소비자 인식에 깊은 인상을 주는 이유는 다른 모양은 소비자들로 하여금 시각적으로 확연하게 상품을 'A와 B'로 구분하여 인식하게 하기 때문이다. A형만 존재하던 세상에 기능은 같지만 모양이 다른 B형이 출현하면 고객들은 자연스럽게 기존의 A형보다는 새로운 B형을 참신한 것으로 인지하게 된다. 이 때문에 비록 브랜드가 A형만큼 높지는 못하더라도 B형의 첫 번째 시도는 퍼스트무버(First mover)로서 이점(Advantage)을 가지게 된다. 국내시장에는 동성제약과 동아제약을 비롯해서 아모레퍼시픽과 엘지생활건강 등 온갖 내로라하는 대형업체들에서 염색제가 출시되고 있지만 리체나를 따라 잡기 어려운 것은 이들이 가장 먼저 모양을 바꾼 상품기획을 했기 때문이다.

새롭게 등장한 '반중력 요가'. '플라잉 요가'라고도 하고 '스카이(Sky) 요가'라고 불리는 이 요가는 우리가 흔히 생각하는 지상에서 하는 요가와는 그 모양이 판이하게 다르다. 모양이 전혀 다른 이 요가는 미국에서 시작되어 서커스에서 인기 있는 공중댄스(Aerial Dance)와 요가가 접목된 새로운 형태의 종합 피트니스 요가로 미국의 AFAA(Aerobic and Fitness Association of America)의 공식 승인을 받은 요가다. 흔한 매트 없이도 천장에 매달린 '해먹(Hammock)'이라는 장치를 사용하여 공중에서 자신의 몸무게와 중력을 충분히 이용함으로써 더 많이, 더 깊게 온몸을 스트레칭 할 수 있도록 도와주는 신개념 요가인 것이다. 기존의 요가에서는 전혀 볼 수 없었던 동작과 표현이 요가의 모양을 바꾸자 가능해졌다.

출발 자체가 땅과 공중이라는 차이점이 있어 확연히 차이가 나지만 일반 대중들이 느끼는 플라잉 요가가 다른 요가의 동작과 가장 큰 차별성을 가지게 된 것 가운데 하나는 거꾸로 매달리는 '인버전(Inversion)'이라는 동작이다. 이 동작은 반중력 요가에서만 가능한 동작으로 해먹으로 골반 주변을 감싸는 것으로 시작한다. 이 동작은 골반 주변의 근골격에 밸런스를 유지해줌과 동시에 머리와 몸의 무게를 통해 척추를 위아래로 늘여주는, 일명 '잃어버렸던 키'를 찾아주는 효과를 자랑하며 '플라잉 요가'의 대표적인 동작으로 자리 잡았다.

'거꾸로 매달려서 하는 요가'라는 모양을 바꾼 콘셉트가 이들이 말한 대로 만성적 통증과 함께 숨어 있는 1cm의 키를 늘이는 효과까지 있는지는 모르겠지만 확실한 비주얼의 차이는 다른 많은 요가로부터

'스카이 요가'를 확실하게 구별시키는 요소다.

▲ 플라잉 요가와 인버전 동작 (출처: www.livingly.com, MBC 마이리틀텔레비전_신수지 편)

　　같은 목적의 상품이라도 모양이 달라지면 고객도 달라진다.

　　아래 사진의 맨 왼쪽 컵은 평범한 컵이다. 다른 컵들 역시 컵으로써의 기능은 동일하다. 그러나 조금씩 모양이 달라진 다른 세 개의 컵은 전혀 다른 고객을 위해 만들어진 것이다. 평범한 컵에 노란색을 넣고 팬톤(PANTONE)이라는 글씨를 새겨 넣자 이 컵은 마치 디자이너들을 위한 컵이 되었다.

▲ 평범한 컵, 계량컵, 유아용 컵, 디자이너를 위한 컵 (출처: www.google.com)

　　평범한 컵의 재질을 투명한 재질로 바꾸고 컵의 측면에 눈금표시를 넣고 상단의 한쪽을 조금 길게 뽑아 모양을 바꾸었더니 이 컵은 요리사를 위한 컵이 되었고, 눈금을 지우고 주둥이를 밀고 양쪽에 손잡이를 단 후 중앙에 캐릭터를 넣었더니 아이를 위한 컵이 되었다. 이처럼 모양의 변화는 그것만으로도 충분히 또는 소재와 함께 어우러져 더욱 확실하게 타깃고객을 변화시킬 수 있다.

이외에도 컵 상단에 작은 홈을 내서 티백(Tea bag) 차를 마시는 사람들이 쉽게 사용할 수 있도록 고리의 역할을 하게 만든 컵이나 매번 잔을 잡을 때마다 손잡이를 돌려 잡는 것을 귀찮게 생각하는 사람을 위해 8개의 손잡이를 단 컵, 호신용 너클(Knuckle) 마니아를 위한 컵 등은 간단히 컵의 모양을 바꿈으로써 얼마나 다양한 고객에게 어필할 수 있는지를 보여준다.

▲ 다양한 모양의 컵 (출처: www.google.com)

| 서비스의 모양 바꾸기

이미 잘 알려져 있는 것, 굳이 다른 설명이 필요 없는 것에 모양만을 바꾸는 상품기획 방법은 서비스 상품에도 유효하다.

19년 전통을 이어받아 지난 2009년 신사점을 시작으로 사업을 시작한 국대떡볶이가 회자된 것은 맛도 맛이지만, 처음 가맹점들을 오픈할 때 주 메뉴인 떡볶이의 주요 고객이 여성인 것을 감안해서 아르바이트 학생들을 키가 훤칠하고 체격 좋고 잘생긴 20대 훈남들을 위주로 채용하는 방식을 고수했다는 것은 널리 알려진 사실이다.

▲ 국대떡볶이의 20대 훈남 직원들 (출처: 매일경제 www.mk.co.kr)

이들은 상품 자체로의 '떡볶이'는 크게 다를 것이 없지만 외식으로서 메뉴와 함께 제공되는 서비스 상품의 경우 상품의 일부인 서비스 제공자(People)의 모양(Visual)을 차별화함으로써 자신들의 메뉴를 소비자들에게 다른 상품으로 인식시킴으로 새로운 구매 욕구를 일으켰다.

남성이 아닌 여성의 비주얼을 차별화함으로써 새로운 구매를 일으킨 미국의 후터스(Hooters). 한국에서는 제대로 성공을 하지 못했지만 미국에서의 후터스는 한 때 그야말로 '핫 플레이스'였다. 이들이 주로 판매하는 메뉴는 치킨 윙(Chicken wing)과 맥주. 그러나 사람들이 후터스를 찾는 이유는 메뉴 때문이 아니었다. 미국 사람들에게 대중적인 다이닝 펍(Dinning Pup)에서의 '치킨 윙(Chicken wing)과 맥주'는 전혀 새로운 메뉴가 아니지만 후터스에는 후터스걸(Hooters girl)들이 제공하는 서빙과 퍼포먼스가 있었기 때문이다.

미국에서 '후터스 걸(Hooter's girl)'은 근처 대학교에서 제일 잘 나가고 예쁜 '치어리더나 퀸카(Queen card)'을 뜻하는 것으로 미국 젊은이들 사이에서는 여자친구가 후터스 걸이라고 하면 모두가 부러운 눈으로 쳐다볼 만큼 '섹시함의 대명사'가 되어 있었다. 1980년대에 플로리다에서 첫 매장을 오픈한 이후 2007년에는 성지(聖地) 이스라엘까지 진출했던 후터스는 세상 어디에나 있는 '닭날개 튀김'이라는 평범한 메뉴와 맥주, 스포츠 중계를 볼 수 있는 대형스크린 이외에 남성 고객들의 눈을

▲ 후터스 치킨 윙과 섹시한 후터스 걸 (출처: www.hooters.com)

사로잡는 서비스 제공자의 모양을 바꿈으로써, 서비스 상품에도 모양의 차별화가 새로운 매출을 일으킬 수 있는 적절한 상품기획의 방법이라는 것을 보여주었다.

의도하지 않던 엉뚱한 모양의 변화 때문에 새로운 상품기획의 기회가 얻어 걸린 경우도 있다. 국내 외식업계 최다 브랜드 보유자로 조리사 자격증 하나 없이 밥장사 하나로 17억 원 빚더미에서 20년 만에 연매출 1239억 원(2015년 기준)을 달성하며 25여 개에 이르는 브랜드와 1200개의 프랜차이즈 매장을 확보(2016년)하고 있는 더본코리아의 '백주부'

▲ 대패삼겹살과 대패삼겹살의 개발자 더본코리아 백종원 대표 (출처: SBS)

백종원 대표. 본래 식탐이 많아 '군대 가면 제대로 못 먹는다'는 얘기에 군대 가는 것 자체를 고민했었다는 백종원 대표는 처음 사업을 했을 당시 뜻하지 않은 기회에 대패삼겹살을 개발하게 되었다. 원가절감과 신선도 유지를 위해 고기를 써는 기계를 직접 구입하기로 한 그는 기계에 대해 잘 몰랐던 나머지 '햄 써는 기계'를 '고기 써는 기계'로 잘못 알고 구입을 했다. 햄을 써는 기계로 냉동고기를 썰자 기계는 삼겹살을 마치 대패처럼 얇게 말아놨고 고기를 들고 나간 백종원 대표는 고객에게 '무슨 고기를 대팻밥처럼 잘라왔냐'는 핀잔을 듣게 되었다.

　손님이 많지 않을 때는 일일이 말린 고기를 다시 손으로 펴서 식탁에 낼 수 있었지만 손님들이 몰릴 때는 어쩔 수 없이 그냥 돌돌 말린 채로 상을 내야 하는 상황이 되었다. 그 와중에도 그는 고객들의 반응을 놓치지 않았다. 그는 고객들이 직관적으로 지어준 '대패삼겹살'이라는 새로운 상품에 매력을 느끼게 되었고 개발초기 대패삼겹살을 주문하면 밥을 볶아주는 서비스를 추가함으로써 새로운 모양의 삼겹살인 대패삼겹살을 신메뉴로 안착시켰다. 백종원 대표는 1996년 '대패삼겹살'을 상표로 출원했고 1998년 특허청에 정식으로 상표등록 (4004051020000)을 마쳤다.

| 모양 바꾸기의 한계

그럼 모든 것의 모양을 차별화하면 좋은 상품기획이 될까? 때로는 지나치게 모양의 차별화에 집중한 나머지 무엇을 위해, 왜 모양의 차별화를 했는지 방향을 잃은 경우들도 있다. '사각형 수박과 피라미드 수박'은 방향성을 잃은 모양 바꾸기의 좋은 예를 보여준다.

　일본 산케이신문에 따르면 이 독특한 사각형 모양의 수박은 2013년 7월 일본 가가와 현(縣)에서 출하를 시작했다. 이 수박은 30년 전 한 농부가 개발해 특허를 딴 젠츠지 시(市)의 특산품이었다. 이 수박을 만드는 법은 수박이 어릴 때 강화 플라스틱 용기에 넣어 가둬 놓고 재배를 하는 것으로 일본 현지 판매가격은 1만5천앤. 환율을 고려하면 이

▲ 일본 시부야에서 판매되고 있는 피라미드 수박과 사각수박 (출처: www.jpnews.kr)

수박의 소매가격은 18만 원에 이른다.

이 상품의 기획의도가 무엇이었는지는 정확하지 않다. 그래서 그런지 특허를 취득한 지 30년 만인 2013년에도 총 6개의 농가에서 재배해서 출하한 수량은 380여 개. 이 상품은 비싼 가격 덕분에 관상용으로만 판매되고 있어 실제로 수박은 채 익기도 전에 따야 한다. 그리고 너무 일찍 따서 심지어 먹을 수도 없는 이 수박은 "이국적인 물건을 좋아하는 사람들이 재미삼아 구매하고 있다"고 언급될 정도로 수박이 가지는 본연의 목적과는 다르게 판매되고 있다. 새로운 상품은 기존의 상품과 다르게 만들어야 하지만 다르게 만들어야 한다는 강박관념은 때로 상품의 본질을 흐트러트리기도 한다.

모양을 바꾸는 방법을 적용할 때 주의해야 할 것은 범용성이다. 모양은 이전보다 쉽고 간단하고 편하게 바꿔야 한다. 특이한 모양으로 이슈를 만들 수는 있다. 하지만 일정한 규모의 경제를 만들지 못하면 모양의 변화는 새로운 재고만 만들기 때문에 모양의 변화는 신중하게 적용되어야 한다. 상품이 흔하지 않고 업체 간의 기술차이가 컸던 이전에는 디자인과 모양이 예쁘지 않으면 덜 팔렸지만 지금은 아예 팔리지 않는 시대다. 아직도 많은 사람들이 특허가 있으니 죽이기는 싫고 판매가격을 올리자니 마땅히 매력적인 새로움은 없고 새롭게 무엇을 개발하자니 자신은 없고 이슈꺼리가 없으니 시선집중을 위해서라도 해괴하게 모양을 바꾸는 상품기획을 하는 경우가 있다. 그러나 이 같은 모양 바꾸기는 제대로 사용하지 않으면 오히려 의도를 벗어나 부담만 초래할 뿐이다.

'모양 바꾸기'는 좋은 상품기획 방법 가운데 하나로서 기존 제품에 모양을 변경하는 것이다. 스토리텔링이라 불리는 개발배경이나 명확한 목표고객에 대한 설정, 또는 납득할 만한 맥락이 없이 단순히 모양을 바꾸는 것만으로는 한계가 있다. 고객들이 인정할 수 있는 차별점의 필요성을 인식하고 불편을 해소함으로써 상품을 속성을 바꾸는 고객 편에서의 R&D가 동반되어야 모양을 바꾸는 상품기획의 한계를 넘을 수 있다.

04

소재 바꾸기

| 기업에 유리한 소재 바꾸기

1996년 어느 날. 서울 마포구 연남동에 있던 좋은사람들 디자인실에 작은 소란이 일어났다. 우리나라 연예인으로서는 최고의 사업수완을 발휘했던 주병진 대표가 기존의 언더웨어 업계에 없던 새로운 상품의 샘플링을 디자인실에 요청했기 때문이다. 당시 좋은사람들은 회사의 대표브랜드였던 〈제임스딘〉이 상표권 분쟁으로 확대가 용이하지 않아 새로운 상품과 브랜드가 필요했던 상황이었다. 공모 끝에 새 브랜드는 유통채널에 따라 보디가드(Bodyguard)와 돈앤돈스(Don&Dons)로 정했지만 여전히 새로운 상품에 대한 필요는 간절한 상황이었다.

새로운 상품에 대한 아이디어를 낸 것은 주병진 대표였다. 주 대표는 섹시함의 절정인 '망사'를 소재로 속옷을 만들어 출시할 것을 제안했고 그에 따른 샘플링을 요청했다. 하지만 당시 디자인실은 주 대표의 요청에 응하기가 곤란했다. 천이나 원단이 속옷이 되려면 커팅과 봉제와 트리밍(Cutting, Making, Trimming) 라는 과정이 필요한데 그때까지만 해도 망사라는 소재는 뻣뻣하고 조직이 성기거나 신축성이 없어서 속옷을 만들 수 있는 물성을 가진 것이 없었기 때문이다.

그러나 본격적인 패션언더웨어 업체로 변모할 수 있는 기회를 주병진 대표가 포기할 리 없었다. 그가 아니고서는 도저히 생각할 수도, 실물로는 구경할 수 없었던 우리나라 최초의 망사팬티는 그의 집요함으로 수십 차례에 걸친 소재 개발과 샘플링을 통해 개발되었다. 난생 처음 보는 구멍이 숭숭 뚫린 망사팬티!

망사팬티는 획기적인 소재 덕분에 날개 돋친 듯이 팔려나가 야광팬티와 함께 좋은사람들을 대표하는 상품으로 자리 잡았고 지금 대부분의 브랜드에서 출시할 만큼 가용에 대한 의심이 없는 소재가 되었다.

▲ 보디가드 망사팬티 (출처: www.ebodyguard.co.kr)

소재 바꾸기는 기존의 제품이 가지는 모양과 크기는 물론 동일한 기능을 수행하면서도 특정한 목적에 있어서 성능(효과)을 더 증대할 수 있을 때 사용되는 방법이다. 이는 기업 입장에서 비주얼의 차별화와 동시에 아직 가격 형성이 안 된 새로운 소재를 사용함으로써 원가절감 또는 고수익을 꾀할 수 있는 방법이다.

보통의 경우에는 소재를 바꾸면 가격이 달라지고 가격이 달라지면 자연스럽게 구매대상도 달라진다. 만약 소재를 바꾸었는데도 가격이 같고 구매대상이 같다면 소재의 변경은 기업의 원가구조 개선에 역할을 했을 것이다.

소재의 변경은 특성상 시각과 촉각에 새로운 정보를 전달하며 경우에 따라 후각을 통해 상품 변경에 대한 정보를 전달하는 체계를 가진다. 이 때문에 하나의 경로로 인지되는 다른 방법들과 달리 소재 변경이 주는 변화는 좀 더 다이내믹(Dynamic)하고 입체적이라는 특징이 있다.

패션 분야의 소재 바꾸기

상품기획에서 있어 소재를 변경하는 것은 가장 오래되었지만 매우 만족감이 높은 상품기획 방법이다. 이 방법은 오래전 세상을 만든 조물주가 처음 사람인 아담을 위해 처방해 주셨던 방법이기도 하다.

구약성경 창세기 3장에는 뱀의 속임으로 선악과를 먹어 눈이 밝아진 아담과 하와가 자신들의 벗은 몸을 보고 무화과나무 잎을 엮어 치마를 만들어 입는 장면이 나온다. 죄를 범한 후 그들은 하나님의 눈을 피해 자신들의 '벗었음'을 숨기고자 했지만 그들의 부끄러움을 가린 무화과나무 잎은 곧 말라버리고 말았다. 약속을 저버린 아담과 하와에게 하나님은 큰 실망을 하셨다. 그러나 하나님은 이 사건으로 인해 이들이 앞으로 남자와 여자로서 평생 져야 할 일들과 여자의 후손에 대한 말씀을 선언하신 후 약속대로 에덴동산에서 쫓겨나는 그들을 위해 손수 가죽옷을 만들어 입히시는 장면이 나온다. 사람이 만든 것은 나뭇잎이었지만 하나님이 만든 것은 가죽이었다.

하나님은 인간들을 위해 시간이 지나면 말라비틀어지는 나뭇잎에서 시간이 지나도 헤지거나 부서지지 않는 가죽으로 벗은 몸을 가릴 수 있도록 소재를 변경하심으로써 벗었음으로 두려워하는 아담과 하와의 부끄러움을 한 번에 없애주셨다. 소재를 바꾼 최초의 상품기획이었던 것이다.

▲ 미켈란젤로 작, 시스티나 예배당 천장화(Ceiling Fresco), 〈인간의 원죄(Original sin)〉 (출처: 구글)

창세기부터 시작된 소재를 바꾸는 상품기획은 특히 패션업계를 중심으로 흔하고 자유롭게 적용되었다. 그래서 소재 변경은 색상 변경만큼 익숙한 방법 가운데 하나다.

세계 패션의 레전드(Legend)로서 최고의 엘레강스(Elegance)로 대표되는 디자이너 가브리엘 샤넬(Gabrielle Chanel)이 세계 여성 패션계에 이룩한 업적은 수를 헤아릴 수 없지만 그중 빼놓을 수 없는 것은 그녀가 저지(Jersey)라는 소재를 활용했다는 점이다. 샤넬이 등장하기 전까지 유럽 여성의 몸은 코르셋(Corset)이라는 딱딱하고 빳빳한 천에 구속되어 있었다. 허리를 잘록하게 보이기 위해 복부를 조이는 코르셋은 여성의 자유를 구속하는 육체의 감옥과도 같은 것이었다.

그러나 샤넬은 당시 주로 남성의 속옷용으로 쓰여 보잘것없는 소재로 취급되던 편물의 일종인 저지를 이용해 스웨터나 세일러 블라우스(sailor blouse)와 같은 편안한 의상을 디자인하기 시작했다. 사람들은 크게 반응했고 샤넬이 운영하던 저지하우스는 그녀의 옷을 사기 위해 날마다 북새통을 이뤘다. 샤넬은 스포츠웨어를 중심으로 편물을 포함한 활동하기 편안한 소재를 활용해 단순하고 기능적인 의상디자인을 전개했고 그녀의 의상은 사교계 여성들에게 고가에 판매되었다.

미국 〈보그(vogue)〉와 〈하퍼스 바자(Harper's Bazaar)〉에 따르면, 저지라는 소재를 이용한 여성 의상 디자인은 샤넬 이전에 다른 디자이너들에 의해서도 이미 시도되었었다. 하지만 샤넬이 저지 소재 여성복의 일반화 주역으로 자리매김 할 수 있었던 것은 단순하고 실용적인 디자인에서 우아함을 창출할 수 있었던 샤넬만의 탁월한 기획력과 디자인

감각 때문이다.

샤넬은 역시 전혀 새로운 상품을 기획하지 않았다. 그녀는 이미 존재하던 디자인에 소재만 바꿨다. 그녀가 유행시킨 여성용 스웨터 역시 당시 남성들이 스포츠웨어로 이미 착용하고 있었던 것이고 세일러 블라우스도 당시 남성 어부들이 입던 작업복을 변형하여 여성복으로 재탄생시킨 결과물이었다. 여성의 손을 자유롭게 한 샤넬 의상의 패치 포켓(patch pocket)도 남성 노동자들의 옷에는 이미 있었던 것이다. 샤넬이 보여준 상품기획의 방향은 무에서 유를 창조하는 것(無有創造)이 아닌 있는 것을 통한 '새로운 적용'에 있었다고 할 수 있다.

"패션은 단순히 옷의 문제가 아니다.
패션은 바람에 깃들어 공기 중에 존재한다.
사람들은 그것(패션)을 느끼고 또 들이마신다.
그것은 하늘에도, 길거리에도 존재한다.
그것은 모든 곳에 존재한다.
그것은 생각, 격식, 사건에서 비롯된다."

– Cabrielle "Coco" Chanel

▲ 1909년 무렵의 샤넬. (출처: 네이버, 제공: 샤넬)

160여 년이 넘도록 세계 1위 청바지의 대명사로 자리 잡은 '리바이스(Levi's)'도 원래 광부들이 입던 잘 헤지는 면 소재의 바지를 포장마차 덮개와 텐트용 천으로 사용했던 광목(Canvas)으로 소재를 바꾼 옷이다. '골드러시(Gold Rush)'가 한창이었던 1850년대, 미국에서의 성공을 꿈꾸는 다른 이민 청년들과 함께 독일계 청년인 리바이(Levi)가 들고 온 사업밑천은 포장마차 덮개용 천과 텐트용 천이었다.

그가 알고 있는 미국의 서부는 밤낮을 가리지 않고 금을 캐기 위한 포장마차와 텐트의 무리가 이어지는 신천지였기 때문에 그는 당연히 그 지역이라면 천막을 위한 덮개 수요가 많을 것이라고 예상했다. 그러나 막상 현지에 도착한 후 리바이는 전혀 색다른 사람들의 요구를 발견하게 되었다. 광부들이 현장에서 캔 금이 박힌 돌을 바지주머니에 넣기 위해 튼튼하고 질긴 바지를 원한다는 사실이었다. 스트라우스는 그들의 바지 소재를 바꾸기로 마음먹었다.

'텐트용 천이라고 해서 반드시 텐트만 만들라는 법은 없지 않은가?'

1853년, 리바이가 텐트 천으로 작업복을 만들어 광부들에게 선보이자 첫 눈에 그것이 무엇인지를 알아본 광부들은 묻지도 않고 바지를 구매했다. 당시만 해도 달리 제품명이 없었던 이 바지는 '리바이의 바지(Levi's pants)'라는 이름으로 사람들에게 알려졌고 이로부터 '리바이스'라는 브랜드가 자연스럽게 탄생했다. 기존에 있던 바지의 실루엣은 그대로 두고 소재만 바꾼 상품, 상품기획은 무(無)에서 나오는 것이 아니라 유(有)서 나오는 경우가 더 많음을 그대로 보여주는 예다.

1960년대 처음 등장한 '빨간 내복.' 각종 패러디와 개그의 소재로 쓰인 탓에 촌스러움의 대명사로 남아 있는 겨울철 의류다. 빨간 내복은 1980년대 몽고메리로 대변되는 2중 겹의 보온메리 내복을 거쳐 2000년대에는 스스로 열을 발산하는 소재의 변경을 통해 발열내복까지 나오면서 현재는 나이든 고객은 물론 젊은 고객들에게까지 겨울철 패션 아이템의 하나로 포지셔닝하고 있다.

2010년 이후로 캠핑 등의 야외활동이 많아지고 에너지 절약에 대한 인식과 기상변화로 인해 겨울이 길어지고 추워지면서 내복은 겨울을 이기기 위한 필수 아이템으로 자리 잡았다. 2007년 일본 유니클로(www.uniqlo.com)사와 도레이사가 공동 개발한 신소재 섬유로 만든 '히트텍'은 인체에서 발생하는 수증기를 열에너지로 바꿔 발열시키는 원리가 적용된 새로운 소재의 내복으로 전 세계적으로는 출시 이후 3억 장 이상이 판매된 글로벌 초히트상품이다.

이들은 '일상복처럼 입는 내복'이라는 콘셉트로 기존의 투박한 내의의 소재를 일순간에 바꿨다. 뒤지긴 했지만 우리나라에서도 효성이 폴리에스터 보온소재 '에어로웜(Aerowarm)'을, 코오롱글로텍이 '히텍스(HeaTex)'를, 휴비스가 스포츠 의류용 섬유 '엑센(XN)'을 개발하여 웜

▲ 히트텍 (출처: www.uniqlo.kr)

(Warm)기능성 섬유시장을 공략하는 것을 보면 소재의 변경이 새로운

상품기획에 얼마나 절대적인 영향을 미치는 것인지를 잘 알 수 있다.

소재가 달라진 내복은 어쩌다 보이면 창피했던 내의(Foundation)가 이제는 오히려 보여주는 이너웨어(Inner wear)로 착용이 가능하게 되면서 아예 바깥으로 보이게 입는 경향까지 나타나기 시작했다.

패션액세서리의 상품기획도 유사하다. 직물로부터 시작되었던 가방이 가죽으로 소재를 바꾸면서 상대적으로 가죽은 '비싼 것'이라는 논리를 가지고 있었다. 그러나 기술이 발달하고 기업들의 마케팅(Marketing)의 4P믹스 전략이 펼쳐지면서 지금은 오히려 씬테틱(Synthetic)이라고 불리는 합성피혁이 가죽보다 훨씬 고가에 판매가 되고 있다. 액세서리도 마찬가지로 소재가 달라지면 디자인과 스타일뿐 아니라 가격이 달라지기 때문에 기획자 입장에서 다양한 소재를 사용할 수 있다는 것은 현재 존재하는 상품을 기반으로 다양한 상품기획을 시도할 수 있는 조건이 된다.

스마트폰사용이 일상화 된 요즘 하루 종일 실외에 있으면 스마트폰 배터리가 걱정되는 불편함을 해소하기 위해 미국에서는 2013년 백팩의 덮개 부분의 소재를 태양전지판으로 변경한 백팩이 출시되었다. 에너플렉스팩(EnerPlex Packr) 이라는 이름의 이 백백은 가방 뒷면에 탑재된 태양광 전지판으로 3W(와트)의 전기를 발생시킨 후 5V(볼트)의 표준 USB포트를 통해 어느 스마트기기든 충전할 수 있도록 제작되었다. 가격은 99.99달러.

별다른 기능 없이 그저 브랜드와 광고로만 그 이상의 값을 하는 수많은 백팩들 사이에서 과연 이 제품이 제 몫을 할 수 있는지는 두고 볼 일이지만 확실한 것은 이 백팩은 그동안 사람들이 주로 사용해왔던 전기와 석유, 가스 등의 에너지원이 아닌 태양광으로 소스를 바꾼 에너지와 이것을 활용할 수 있는 태양광 전지판이 가방의 로고와 캐릭터를 대신한다는 사실이다.

▲ 태양열 충전 가방 (출처: 에너플렉스팩)

| 생활에서의 소재 바꾸기

인테리어 분야에도 소재를 바꾼 상품기획은 아주 흔하다. 많은 사람들이 평상시 사용하는 의자만 해도 사람이 앉을 수 있도록 하는 목적은 충분히 만족시키면서 소재는 나무를 비롯해서 플라스틱, 철, 알루미늄, 돌, 나무의 뿌리에 이어 심지어 유리까지 다양하게 활용되고 있다. 의자와 떼려야 뗄 수 없는 탁자도 마찬가지고 커튼도 면, 폴리에스테르, 나무, 스틸 등의 형태로 다양한 소재 차별화를 통한 상품기획이 이루어져 있다.

쉽고 흔하게 사용하는 생활용품만 봐도 최근에는 친환경에 대한 관심이 높아지면서 같은 기능을 하면서도 환경 친화적인 소재를 사용한 제품들로 달라지고 있는 생활용품들을 쉽게 찾을 수 있다. 도자기부터 유리, 플라스틱은 물론 알루미늄과 목재까지 생활용품 분야에 있어 소재 변화는 무궁한 잠재시장이라고 할 수 있다.

지금은 철이 아닌 다른 소재로 차를 만드는 것이 그리 이상한 소식이 아니지만 20여 년 전만 해도 사람의 목숨과 직결이 되는 자동차의 차체를 '플라스틱'으로 만든다는 것은 상상할 수 없는 일이었다.

1996년부터 국내에 출시된 스포츠카 엘란(Elan)은 출시 당시 대중들의 주목을 한 몸에 받았던 우리나라 최초의 오픈카라고 불리는 로드스터였다. 1999년까지 당시 기아자동차에서 생산된 엘란(Elan)은 본래 영국의 로터스(Lotus)가 개발한 차로 차체를 설계할 때부터 지붕을 고려하지 않는 차량으로서 그만큼 차체의 기본적인 강성이 높아야 하는 차종이다. 그래서 엘란의 차체에는 마치 차의 등뼈와 같은 역할을 하는 백본 프레임(Backbone frame)이라는 것이 있었고 소재를 철에서 플라스틱으로 바꾼 합성수지 패널은 백본 프레임 위를 감싸는 구조를 가지고 있었다. 주행은 물론 사고 시 인명을 안전하게 보호할 수 있을 만큼의 강력한 합성수지가 강판을 대신했던 것이다.

▲ 기아(www.kia.co.kr) 엘란 (출처: www.navercast.naver.com)

전 세계는 갈수록 심각해지는 대기 오염과 화석연료의 한계성이 대두되면서 특히 자동차 업계는 연료의 고효율을 실현하기 위한 각고의 노력들을 기울이고 있다. 그 노력의 일환으로 추진한 것이 바로 차체의 경량화다. 차량의 중량을 줄이는 가장 효과적인 방법은 현재 사용하는 철판의 사용범위를 줄이거나 두께를 줄이는 것이다. 그러나 이것은 자동차의 안전성에 치명적일 수 있기 때문에 시장에서 요구하는 획기적인 중량 감소에는 한계가 있다. 이 때문에 자동차업계에서는 자동차 차체용 금속과 동등한 기계적 강도를 위해 플라스틱 복합 소재 기술에 집중해 왔으며 경량화뿐 아니라, 강도, 성형성, 재료비와 가공비, 수급의 안정성, 폐기처리와 재순환성 등의 종합적인 검토를 해왔다. 그러던 중에 나타난 것이 바로 탄소섬유(Carbon Fiber)다.

탄소섬유를 이용한 플라스틱복합재료(Carbon Fiber Reinforced Plastic)인 탄소섬유강화플라스틱은 금속 재료보다 강도가 약 30% 이상

우수하고 20~50% 정도의 경량화가 가능하나 비싼 가격 때문에 부분적으로 사용되어 왔지만 현재는 자동차, 항공기 및 우주비행체의 구조물에 널리 이용되고 있다. 이미 독일계 완성차 업체에서는 고급사양의 차량부터 바디의 상당 부분을 CFRP로 만들어 상용화하기 시작했다. 학자들은 머지않아 배터리로 움직이는 플라스틱으로 만든 자동차나 플라스틱으로 만든 엔진을 장착한 자동차를 타게 될 날을 예견하고 있다.

〈도표 17〉 탄소섬유강화 플라스틱(CFRP) 사용 예

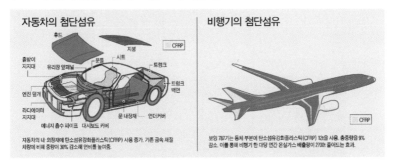

(출처: 조선비즈)

고기를 구울 때 꼭 직화(直火)가 필요할까?

불이 아닌 광선(적외선)에 고기를 굽는 '자이글'은 고기를 구울 때 반드시 있어야 했던 숯이나 연탄이라는 소재를 버리고 '적외선'이라는 광선을 소재로 하여 고기가 타지 않으면서 몸에도 좋고 맛도 있도록 만들어진 제품이다. 흔히 '불맛'이라는 표현을 쓰며 그을린 맛을 선호하는 사람들도 있지만 사용자의 건강을 위해 직화방식을 버리고 새로운 열소재를 적용하여 복사열까지 활용한 이 제품은 무엇보다 열소재의 변경으로 인해 고기가 타는 경우를 제거했음은 물론이고 냄새와 연기까지 제거함으로써 실내에서 고기를 굽는 요리가 가능하도록 사용자의 편의를 확대했다. 이로 인해 집이나 옷에 냄새가 밸 염려도 극소화했다.

소재를 바꾼 이들의 기획은 시장에서도 좋은 평가로 이어져 국내 제품 인증과 품질 보증 마크(Q마크) 인정은 물론 국내 홈쇼핑 업계 후발주자인 홈앤쇼핑에서의 폭발적인 성공에 힘입어 각 회사들이 영입에 나서는 히트상품이 되었다. 이미 미국, 캐나다, 유럽 등지의 안전 인증을 획득한 이 제품은 국내 출시 전인 2012년, 일본 홈쇼핑(재팬엔다까다)에서 분당 8500만 원이라는 엄청난 매출을 기록했고 이어 후지TV와 아사히TV에까지 소개되면서 100만 달러의 제품을 수출하기도 했다.

▲ 자이글 심플 (출처: www.zaigle.com)

소재를 바꾸는 상품기획 방법은 식품분야에 적용해도 큰 효과를 볼 수 있다.

바쁜 직장인들과 학생들에게 인기가 높은 편의점의 대표음식인 '삼각김밥'은 어떤 속재료를 사용했느냐에 따라서 달라지는데 20여 가지의 상품이 수많은 경쟁률을 뚫고 현재 편의점을 중심으로 판매되고 있다. 이 가운데 가장 많이 판매가 되는 것은 참치마요네즈류와 전주비빔밥류 그리고 소고기 고추장류 등이다. 앞으로는 어떤 종류의 삼각김밥이 나올 수 있을까? 이미 80여 가지의 신상품들이 나왔다가 사라진 카테고리지만 앞으로도 삼각김밥은 소재를 바꾸면 새롭고 다양한 상품이 출시될 수 있을 것이다. 삼각김밥은 어떻게 소재를 바꾸는 상품기획 방법을 적용하여 새로운 상품을 기획할 수 있을까?

소재를 바꾸는 방법으로 새로운 삼각김밥을 기획하려면 상품기획자는 먼저 소비자들이 삼각김밥을 구매할 때 각각 어떤 요소들에 의해 의사결정을 하게 되는지 속성을 분류해내야 한다. 상품(Product)으로서 삼각김밥을 구성하는 요소는 〈도표 18〉과 같이 크게 밥과 내용물, 그리고 정체성을 나타내는 김으로 구분할 수 있다. 즉 소비자들은

〈도표 18〉 삼각김밥의 구매결정 요소

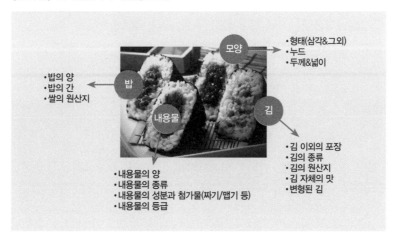

삼각김밥의 속성에 관한 요소인 이것이 달라지면 삼각김밥의 속성을 결정하는 4가지 요소를 바꿔 만들어진 것을 새로운 삼각김밥으로 인지한다는 것이다.

삼각김밥은 '밥'이라는 소재만을 바꿈으로 새로운 상품을 만들 수 있다. 밥의 양을 조절하여 곱빼기로 만들 수도 있고 쌀의 품질에 변화를 줄 수도 있다. 쌀을 프리미엄급으로 바꿈으로써 크기는 작지만 더 건강함을 지향하는 콘셉트로 한입에 들어가는 '한입삼각김밥' 같은 상품도 만들 수 있을 것이다. 밥의 양을 조절하는 것 이외에도 밥에 간(양념)을 달리해서 기존의 맨밥과 달리 현재 판매 중인 고추장김밥처럼 카레밥이나 된장밥, 곤드레나물밥 등을 만드는 것도 가능하다. 한국을 비롯해서 쌀을 주식으로 삼고 있는 아시아의 국가들은 주식인 밥에 다양한 반찬을 먹는 식습관을 가지고 있기 때문에 먹을 수 있는 모든 종류의 반찬을 하나씩, 또는 조합을 통해 밥 안에 넣기만 하면 얼마든지 다양한 새로운 삼각김밥을 만들 수 있다. 이외에도 쌀의 원산지를 구분하여 이천쌀밥, 김포쌀, 광주쌀, 경상도 쌀처럼 각각 산지를 달리하여 새로운 상품을 기획할 수도 있다. 베트남쌀, 중국쌀 등 원산지가 달라지는 경우는 말할 것도 없다. 고려할 것은 그 많은 다양함 중에 고객이 가치를 느낄 수 있을 만한 변화 요소가 무엇인지를 찾아내는 것이다.

식품 분야에서는 소재를 바꾸면 아예 새로운 비즈니스 모델이 되는 경우도 많다. 식당만 봐도 주로 취급하는 소재에 따라 고기집과 생선집이 나눠지는 것은 기본이고 고기집들도 그중에 소고기집, 돼지고기집, 닭고기집으로 나누는 것은 모두 그들이 전문적으로 취급하는 소재가

▲ 서울 은평구 맛집의 연한살과 하얀살 구이

다르기 때문이다. 반드시 익히 알려진 소나 돼지, 닭이 아니어도 된다. 서울 은평구 신사동에 있는 돼지고기 특수 부위 전문점은 그나마 사람들이 조금이라도 취급하는 곱창, 막창, 대창, 양, 간, 혀, 뒷덜미살, 목항정살은 아예 거들떠보지도 않는다. 이 집이 취급하는 것은 이름을 듣고도 어느 부위인지 가늠이 되지 않는 뽈살, 목안살은 물론 이름조차 하얀살, 연한살이라고 명명된 특별한 부위다. 이름도 낯선 이 집은 특수 부위를 먹을 수 있는 곳으로 입소문이 나면서 이제는 맛을 보기 위해 줄까지 서야 하는 곳이 되었다.

소재를 바꾸는 것은 기존의 분위기에 반전을 줄 수 있는 상품기획 방법이다. 지금 보는 것, 지금 먹는 것, 지금 만지고 있는 것의 소재를 바꾸면 새로운 상품기획은 언제든 가능하다.

2015년 3월. '정(情)' 하나로 무려 42년을 이어온 오리온 초코파이의 자매품이 출시됐다. 새로운 제품은 기존의 제품에 바나나플레이크 (Flake)를 첨가한 '초코파이 바나나.' 오리온이라는 회사가 생긴 지 무려

60년 만의 일이다.

생각해보면 새로울 것도, 특별할 것도 없는 바바나 조각이 첨가된 이 제품은 출시되자마자 품귀현상을 빚을 정도로 인기를 끌어 출시 2개월 누적 매출액이 90억 원에 근접했다. 판매량는 무려 3천만 개에 이른다. 소재를 바꾼 상품기획이 제대로 발휘된 것이다.

▲ 오리온 바나나 초코파이와 말차라떼 초코파이

소재를 바꾸는 상품기획의 연장에서 생각해보면 바나나 초코파이에 이은 그다음 상품도 추측해 볼 수 있다. 2016년 녹색을 띤 말차라떼가 이어 출시되었으니 상황이나 트렌드에 따라 딸기를 넣은 분홍색 초코파이나 아사히베리나 블루베리를 넣은 보라색 초코파이, 호박이나 고구마를 넣은 노랑색 초코파이 등은 언제든지 출시할 수 있는 소재를 바꾼 상품기획의 가능성을 보여준다.

바나나가 인기를 끌자 연이어 다른 과자류는 물론 주스, 캬라멜, 감자칩, 소주 등과 막걸리에 이르기까지 런칭된 것을 보면 소재를 바꾸는 상품기획은 이미 검증된 방법이다. 더군다나 식품 분야는 소재를 바꾸면 대부분의 경우 색깔까지 바뀌는 것이 보통이기 때문에 소재를 바꾸는 상품기획은 동시에 색깔까지 함께 바꿈으로써 이중효과를 노릴 수 있어 더 효과적이다.

▲ 바나나를 활용한 다양한 제품들 (출처: 매일일보)

보통사람들은 '프랜차이즈 사업'이라고 하면 프랜차이즈 사업을 주도하는 본사에 대단한 노하우(Knowhow)가 있을 것이라고 생각한다. 그 때문에 '아딸(www.addal.co.kr)'이 나오기 전까지 5천만의 간식인 '떡볶기와 튀김'이 '프랜차이징'이라는 시스템을 적용할 만한 비즈니스가 될 것이라는 생각한 사람들은 별로 없었다. 그러나 아딸은 프랜차이즈의 소재를 바꿨다.

▲ 아딸 로고와 떡볶기 (출처: 아딸 홈페이지)

전 국민이 다 아는 레시피로, 오히려 익숙할 뿐 아니라 가격까지 저렴해서 아무도 생각하지 않았던 사업소재를 '국민간식'으로 런칭한 아딸은 출시 이후 유사한 떡볶이 전문점들을 출현시키는 유행을 만들어냈을 뿐 아니라 순식간에 전국에 1000여 개의 프랜차이즈를 유지하며 이 분야 1위로 성장했다. 기존의 프랜차이징 아이템이 비밀스러운 것이었다면 아딸의 선전은 평범한 아이템의 승리라고 말할 수 있다.

우리나라 사람들이 연간 76봉(2015년 기준)이나 먹는다는 라면이 처음 개발된 곳은 1958년 일본. 우리나라 라면은 일본의 기술을 전수받아 5년 뒤인 1963년 9월 15일 오늘날 삼양식품의 창업주인 전중윤 명예회장이 식량난을 해소하기 위해 만든 것으로 알려져 있다. 성분을 살펴보면 라면의 주재료인 밀가루의 70%는 탄수화물이고 단백질이 8~12%, 그 외에는 소량의 지방이 들어 있다.

〈도표 19〉 국민 1인당 라면 소비 개수와 소비 면 종류별 비중

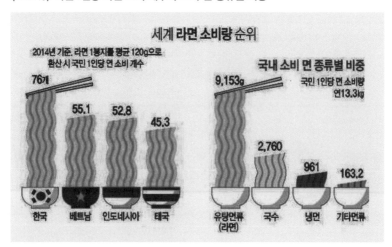

▲ 세계 라면 소비량 순위 (출처: 매일경제)

문제는 70%나 차지하고 있는 탄수화물. 탄수화물은 기본적으로 열량이 높기 때문에 먹고 제대로 움직이지 않으면 비만의 주범이 된다.

라면이 출시되고 50여 년이 지나는 동안 소비자들의 요구는 다양화되었다. 소비자들은 라면에 대한 선호와 특히 컵라면의 간편성은 포기하지 않으면서 먹어도 칼로리에 대한 부담이 적은 라면을 필요로 했다. 마음껏 먹고도 살은 덜 찌는 라면을 필요로 했던 것이다. 이런 여성들의 요구를 접수한 곳은 오뚜기였다.

▲ 컵누들 5종 (출처: 오뚜기)

오뚜기는 2004년 출시한 '컵누들'의 면을 당면(唐麵)으로 바꿨다. 당면은 녹두·감자·고구마 등의 녹말을 원료로 만든 마른국수로 우리나라에서는 1912년 중국의 당면 기술을 배운 한 일본인이 평양에 당면공장을 열면서부터 시작되어 탕, 전골, 잡채요리 등에 두루 쓰여 왔는데 높은 영양과 낮은 칼로리를 자랑한다.

이후에도 오뚜기는 컵누들의 콘셉트를 철저하게 다이어트, 저칼로리에 맞추고 매운찜닭, 계한탕, 우동맛, 새우탕맛 등으로 라인을 확대하는 한편 소면을 활용한 잔치국수 등을 출시하며 면의 소재를 바꿈으로써 보통 컵라면의 절반 이하 수준이 120Kcal의 낮은 열량을 주무기로 여성 소비자들에게 어필하며 다이어트 컵라면 부분의 1위를 고수하고 있다. 라면 업계의 성장이 더딘 상황에서 오뚜기가 꾸준히 성장하는 배경에는 이러한 지속적인 상품기획과 개발이 뒷받침되기 때문이다.

소재 바꾸기에 필요한 것

소재를 바꾸는 상품기획은 기업에게나 고객에게나 매우 현실적이다. 하지만 많은 소재와 재료, 부품들의 조합으로 완성되는 소비재의 특성상 개별 소재와 부품은 실제 생산라인에서는 중간재와 산업재 성격을 띠기 때문에 고객들은 소재의 변경에 대한 정보를 쉽게 인지하기 어려운 것이 사실이다. 따라서 기업은 달라진 소재에 대한 정보를 고객에게 정확하게 제공함으로써 고객들로 하여금 상품에 대한 새로운 인식을 가지게 하는 것이 중요하다. 특히 최근처럼 온라인을 통한 1인 미디어가 발달하고 투명경영에 대한 사회적 요구가 강화되고 있는 상황이라면 기업이 먼저 적극적으로 변화를 알리고 개선을 알리는 것이 회사에 대한 이미지재고에도 좋은 영향을 미치기 때문이다.

기업에서는 소재를 바꾸는 상품기획이 일어나면 마케팅 활동을 통해 이를 소비자들과 커뮤니케이션해야 한다. 이때 가장 도움을 얻을 수 있는 방법 중의 하나가 최근 사회 전반에서 언급되고 있는 스토리텔링(Story telling)이다.

"신발 한 켤레 구매할 때마다 제3세계 어린이에게 신발 한 켤레를 전달한다."는 독특한 스토리로 전혀 새로운 'One for One'의 기부방식을 채택하여 고객들로 하여금 기꺼이 2개의 신발값을 지불하도록 한 탐스슈즈(TOMS shoes)의 창업자 블레이크 마이코스키(Blake Mycoskie).

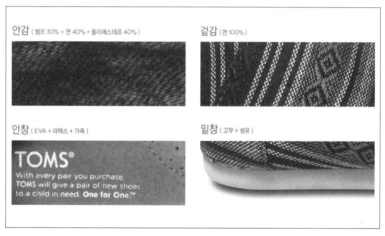

▲ TOMS 슈즈 제품 상세 화면 (출처: www.tomsshoes.co.kr)

만약 우리에게 누군가가 다가와서 '지금 눈앞에 있는 신발 한 켤레를 사면 똑같은 한 켤레를 제3세계의 이름 모를 아이에게 기부할 테니 두 켤레 가격을 지불하고 한 켤레만 사라'고 한다면 어떻게 반응할까? 지금도 어색한 이 발상에 힘을 실은 것은 그와 탐스슈즈에 대한 스토리였다.

2006년 6월 CBS의 리얼리티 쇼 〈어메이징 레이스〉(The Amazing Race)에도 참가한 후 휴식을 위해 아르헨티나로 여행을 떠난 블레이크 마이코스키는 아르헨티나에서 가난으로 인해 신발조차 신을 수 없어 맨발로 돌아다녀야 했던 어린이들을 만나게 된다. 그가 만난 아이들은 신발이 없어 포장되지 않아 거칠고 오염된 땅을 그대로 밟을 수밖에 없었고 오염된 토양의 기생충에 감염되거나 길을 걸으며 생기는 상처로 인해 상피병(Elephantiasis-코끼리피부병)을 비롯한 여러 가지 질병에 쉽게 노출되어 있었다. 게다가 그가 여행했던 지역은 신발이 학교에 입학하기 위한 유니폼의 구성 중에 하나였기 때문에 신발이 없는 어린이들은 학교에 다닐 수조차 없어 교육의 기회마저 박탈된 곳이었다.

아이들의 문제에 관심을 갖게 된 마이코스키는 그런 아이들을 위한 일회성이 아닌 지속적인 도움을 주고 싶어 했다. 그는 현지에서 친분을 쌓은 알레호 니티(Alejo Nitti)와 의기를 투합하여 미국에서 '내일을 위한 신발(Shoes for Tomorrow)'이라는 슬로건을 가진 탐스슈즈를 설립했다. 그는 아르헨티나의 전통 신발인 '알파르가타'에서 영감을 얻어 좋게 말하면 가볍고 편한 디자인의 신발을, 솔직히 말하면 투박하고 고리타분하며 세련되지 않은 신발을 전통기법과 디자인에 저렴한 면폴리 혼방 직물과 EVA라는 흔한 스폰지와 고무를 가지고 최대한 저렴하게 만들었다. 그리고는 그 신발에 가죽신발에 호가하는 가격을 붙여 구매자들에게 하나를 구매하면 동일한 하나를 신발이 없는 아이들에게 보내준다는 '1 for 1'이라는 스토리를 담아 출시했다.

스토리가 없었다면 모두 엉뚱하게 여겼을 이 신발을 사람들은 스토리에 공감하여 구매했고 이 브랜드의 스토리는 인터넷을 타고 전 세계로 확산되었다. 그 결과 탐스슈즈는 창립 3년 만에 50억 달러 매출 규모로 성장했고 지금까지 5000만 켤레가 넘는 신발을 기부했다. 이처럼 스토리가 담긴 상품기획은 놀라운 구매력과 구매동기를 자극시킨다.

소재를 바꾼 상품기획에 마케팅의 역할이 필요한 이유는 기획자나 개발자들이 볼 때에는 소재의 차이로 인해 현격하게 달라진 신상품도 고객들은 설명해 주지 않으면 대부분의 경우 무엇이 어떻게 달라졌는지 알 수 없기 때문이다. 특히 소재의 변화는 상품에 따라 시각뿐 아니라 촉각과 미각의 인지가 함께 필요한 부분이기 때문에 설명 없이 그대로 두면 색상이나 모양을 바꾼 상품기획 방법보다 주목성을 끌지 못할 우려가 매우 높다. 모르는 상품에 대해서 고객들은 구매할 욕구를 발생시키지 않는다.

STEP 2

기술이 있다면
최고의 방법

더하기

| 더하면 된다

2007년부터 시작해서 개그맨 유재석을 필두로 2020년 4월까지 시즌4를 거듭하며 인기를 끌었던 TV프로그램 〈해피투게더〉(KBS2)에는 2012년 6월부터 20152015년 9월까지 출연하는 게스트들이 일반화되지 않은 각자의 초간단 레시피를 만들어 공유하는 방송코너가 있었다. 이름하여 '야간매점'.

사람들에게 세상에 없는 새로운 메뉴를 독특한 이름과 함께 소개하는 야간매점은 〈해피투게더〉의 시즌3를 대표하는 코너로 방송 때마다 독특한 메뉴가 소개되는 날이면 어김없이 그 다음날까지도 실시간 검색어의 상위를 차지하는 관심 많은 코너였다. 야간매점은 왜 인기가 있었고 야간매점에 소개되는 야식들은 어떤 특징을 가지고 있었을까?

인간은 누구나, 언제나 새로운 것을 원하고 독특한 것을 소유하고 싶어 한다. 하지만 잘 모르기 때문에 도전은 언제나 두렵다. 그래서 창의력과 소심함 사이에서 고민한다. 하지만 야간매점의 재료들은 시중에서 전문가들에 의해 레시피가 만들어져서 판매되고 있는 것으로 각각의 맛은 이미 검증된 것들이다. 그래서 이것저것을 더함으로써 좋아질 가능성은 높은 반면 어떻게 한다고 해서 크게 망가지지는 않는다. 자신만의 것을 과시(Swag)하고 싶기는 하지만 실패가 두려운 사람들에게 아무리 실패해도 기본은 하는, 즉 '실패하지 않는 도전'은 야간매점의 큰 매력이다. 어차피 새로운 조리법이기 때문에 정답은 없다. 다양성과 의외성이 있을 뿐이다.

집밥이 트렌드의 중심으로 자리 잡아 먹방만 40여 개의 프로그램이 돌아가고 셰프테이너(Cheftainer)라는 말이 어색하지 않은 요즘, 이미 대중들이 '나만의 레시피 요리'를 하나의 트렌드로 인식하고 있다.

시장조사 전문기관 엠브레인 트렌드모니터(trendmonitor.co.kr)가 발표한 자료에 따르면,* 전체 조사대상의 49.3%는 나만의 레시피 요리가 하나의 트렌드라고 인식하고 있고 전체 응답자의 70.6%는 향후에도 나만의 레시피를 활용한 창의적인 요리가 더 많아질 것이라고 전망하고 있음을 알 수 있다. 사람들은 비록 자신이 만든 음식이 기존의 것이나 혹은 다른 사람이 만든 것보다 맛이 없어도 자신이 만들었기 때문에 더 가치가 있다고 생각한다. 이 때문에 누가 시키지 않아도 SNS를 통해 활발히 공유하며 자신의 존재감을 보여주는 도구

---

* 조사기간–2013.8.16~2013.8.21; 조사대상–나만의 레시피 요리를 만들어본 경험이 있는 전국 만 19세 이상 성인 남녀 1,000명.

(Tool)로 사용하고 있다.

그러니까 '야간매점'은 기존 제품을 자신의 취향대로 재창조해 즐기는 소비자를 뜻하는 '모디슈머(Modisumer)*의 연예인 버전이었던 셈이다. 야간매점의 상품들은 짧은 시간에 적은 비용으로 맛있게 먹을 수 있는 공개되지 않은 새로운 레시피를 제공하는 것이 포인트다. 다양한 레시피들 중에 투표를 통해 가장 많은 인기가 있었던 7가지 메뉴를 살폈더니 동일한 연관성이 파악되었다. 그것은 하나같이 기존에 있는 제품에 새로운 것을 '더해서' 만들어낸 것이었다. 더했더니 새로운 메뉴가 되었다.

▲ 야간메뉴 1위를 차지한 데프콘의 닭갈비만두 (출처: KBS2 해피투게더)

야간메뉴 1위를 차지한 데프콘의 '닭갈비만두'의 핵심은 냉동만두에 채소와 닭갈비소스를 더한 것이다.

* '수정하다(modify)'와 '소비자(consumer)'의 합성어.

준비물: 냉동만두, 채소, 닭갈비양념, 깨

1. 냉동만두를 녹인다.
2. 채소를 썰어 준비한다.
3. 썰어 놓은 채소와 만두를 넓은 그릇에 담는다.
4. 채소와 만두가 담긴 그릇에 닭갈비양념을 넣고 같이 버무려 준다.
5. 버무려진 채소와 만두를 기름을 살짝 두른 프라이팬에 볶는다.
6. 다 익은 채소와 만두를 꺼내 담고 깨를 뿌린다.

2위를 차지한 '골빔면'은 시중에서 판매하는 비빔면에서 면만을 먼저 익힌 후 골뱅이에 비빔면 소스를 더해서 담아 낸 것이고, 3위인 '비빙수'는 냉장고에서 얼린 우유에 팥으로 만든 비비빅이라는 얼음과자를 쪼개 넣은 것이다. 4위인 '짜치계'는 짜장라면에 치즈와 계란을 더한 것이고, 5위인 '배드걸피자'는 또띠아에 땅콩버터를 깔고 그 위에 생바바나를 슬라이스 쳐서 고르게 올려 초콜릿 시럽을 뿌리고 치즈를 얹은 후 토핑으로 견과류를 더한 것이다. 6위를 차지한 '김버라'도 김치버터라면의 줄임말로 일반 라면에 스프를 반만 넣고 김치, 버터를 더해 끓이거나 볶아서 만든 야식이다. 공통점은 모두 기존에 있는 것에 특정한 것을 '더하기'한 콘셉트라는 것이다.

그렇다고 무작정 더한 것은 아니다. 새로운 메뉴들은 핵심을 무엇에 둘지를 정하고 추가될 수 있는 각각의 요소들의 장점을 조율해서 최종적으로 시너지(Synergy)가 날 수 있는 최고의 조합을 찾은 결과물이다. 이미 잘 알려진 상품에 새로운 상품을 더하거나 기존의 기능에 새로운 기능을 추가하거나 다소 약한 한 가지에 다른 것들을 더함으로써 상품력을 강화하는 이 방식은, 사람들에게 새로운 제품에 대한 부담을 최소화하면서 보통의 경우 '간편함과 편리함'이라는 매우 강력한 욕구를 만들어내기 때문에 아주 유력한 상품기획 방법이다.

3가지 방법의 더하기

발명가들 사이에서는 잘 알려진 발명하는 방법 중의 하나도 더하기다. 더하기에는 세 가지 유형이 있다.

첫 번째는 'A+A=AA' 방식. 이는 동일한 두 가지를 하나로 묶어내는 방법이다. 남성들의 필수품인 면도기 중에 2중 날로 되어 있는 면도기와 선풍기의 3중 프로펠러는 날과 날, 날개와 날개, 즉 'A+A'방법의 전형이다. 2중 날 면도기는 점점 진화해서 지금은 7중 날까지 나와 있고 선풍기의 프로펠러는 5중 날도 나와 있으니 'A+A=AA' 방식은 지금도 활용도가 높은 방법이라고 할 수 있다. 이 방식은 주로 한 가지 기능의 효과를 증대시키기 위해 많이 사용된다.

▲ 7중 날 면도기, 이중튜브 (출처: 구글)

두 번째는 'A+B=AB' 방식으로 서로 다른 두 가지를 더하는 방법이다. 고전적으로는 연필에 지우개를 붙이거나 치마에 상의를 더하거나 그릇에 손잡이를 더하는 것과 같은 방식에서 현대적으로는 면도기에 윤활밴드를 붙이거나 팩스기에 복사기와 스캐너를 더하거나 냉장고에 TV를 더하는 방식으로 진화했다. 이 방법은 주로 사용의 연관성이 깊거나 사용에 편리성을 위해 두 가지 완성된 상품을 더함으로써 사용의 편의성을 증대시키기 위해 많이 사용된다.

중소기업의 해외진출, 기술로얄티 수출, 제조업체의 외자유치가 쉽지 않은 2016년 5월, 중국 내 한·중 합작법인 준공과 함께 연 300만 달러의 이상의 수출 협약과 중국 쑹쯔 시와 우호 교류를 약속받은 SMC중공업은 2005년 설립 뒤 '엔진식 지게차', '전동식 지게차' 등을 만들어 온 건설장비 회사다. 이들은 2008년 앞면은 트럭이고 뒷면은 지게차인 융합(더하기) 신제품인 '다기능 트럭지게차'를 만들어 2009년 국내와 국제특허등록을 완료했다. 하지만 새로운 상품이다 보니 국내에는 이러한 혁신 제품에 대한 법적기준이 마련되지 않아 즉시 판매를 할 수가 없었다. 2년이 지난 2011년 산업융합촉진법이 통과되면서 내수판매의 길이 열렸다. 2012년부터는 국방부(육군본부) 납품이 시작되면서 내수는 물론 해외수출까지 물꼬가 터졌다. 다기능 트럭지게차는 포크레인, 레카 기능 등 다양한 옵션을 더할 수 있는 지게차에 속도를 더한 '빠른 지게차'다.

세 번째는 'A+B=C' 방식으로 A와 B를 넣어 새로운 C를 만들어 내는 방법이다. 더하기 방법 중에 가장 어렵고 기술이 필요한 방법으로써

▲ 자이글 심플 (출처: www.zaigle.com)

제품에 따라 'A'와 'B'를 더한 후 'C'를 만들기 위해 조작, 반응, 처리, 조리와 같은 과정을 거치게 된다. 이 과정에서 의도된 열과 압력, 충돌과 발효 등이 가해짐으로써 '작용'을 통해 새로운 'C'를 만들어내는 방법이다. 전통적으로는 메주나 버터, 와인이나 김치 같은 다양한 발효 제품들이 있으며 현대적으로는 새로운 합금이나 물질, MSG와 같은 합성조미료나 감미료, 비누나 샴푸와 같은 목욕용품, 각종 폴리(Poly) 계열의 다양한 소재들이 만들어지는 방법은 모두 'A+B=C'방식을 취하는 것들이다.

가장 오래된 방법

전라북도 군산에 있는 잡탕떡볶이집은 군산 바닥에서 이름이 자자한 명소다. 이 집의 대표상품은 '잡탕떡볶이라면'이다. 사장님조차 '이름이 왜 잡탕 떡볶이냐'는 질문에 '누가 지은 것이 아니라 그냥 여러 가지가 들어가서 잡탕'이라는 말을 할 만큼 이집의 잡탕떡볶이라면에는 온갖 것들이 다 들어간다. 라면을 끓여주는 작은 가게로 시작을 해서 19년 동안 질리도록 라면을 먹으면서 새로운 상품을 만들어낸 사장님의 내공이 담긴 잡탕떡볶이라면은 라면을 베이스로 떡볶이떡, 가래떡, 수제비, 만두, 어묵을 넣고 끓인 후 비법인 스프를 넣어 끓이는데 이 스프 역시 매우 잡탕스러워서 마늘, 설탕, 고춧가루, 들깨가루, 천일염 등 7가지 재료로 만든 것이다. 그 맛이 얼마나 차별화되어 있는지 TV에 소개될 만큼 자자하다. 이유는 평범한 라면에 엄청난 것들을 적절하게 더했기 때문이다.

더하기는 새로운 것을 만들기 좋아하는 인간의 특성상 가장 오래되고 익숙한 상품기획 방법이다. 그래서 사람들이 가장 쉽게 적용해 왔던 곳도 인간생활의 핵심인 식품업계다. 그냥 라면만 끓여내면 '라면'이지만 만두를 넣으면 만두라면, 떡을 넣으면 떡라면, 어묵을 넣으면 어묵라면, 해물을 넣으면 해물라면이 되는 식이다.

믹스커피는 말할 것도 없고 집안에서 흔하게 쓰는 소고기 분말을 넣었다는 조미료나 MSG(L−글루탄산나트륨)가 첨가된 다양한 HMR* 제품들, 제품을 더 맛있게 보이고 풍미를 올리기 위해서 넣는다는 식용색소와 카라멜향 소스, 각종 착색료와 첨가물들의 존재는 이미 우리가 얼마나 자연스럽게 더하기의 방법을 상품기획에 사용하고 있는지를 보여준다. 모두 뭔가를 더함으로써 새로운 향의 제품, 새로운 맛과 기

* Home Meal Replacement; 가정식 대체식품

능의 제품, 새로운 용도의 제품을 개발하고 있는 것이다.

〈도표 20〉 주요 첨가물의 종류와 특징

구분	특징	용도
보존료	부패 방지	치즈 초콜릿 음료 간장 빵 등
감미료	단맛을 냄	청량음료 간장 과자 빙과류 등
화학조미료	감칠맛을 냄	과자 통조림 음료 다시다 등
착색재	색을 내는 화학물질	아이스크림 과자류 캔디 푸딩 등
발색재	색을 선명하게 함	소시지 어류제품 등
팽창재	빵 등을 부풀림	빵 비스킷 초콜릿 등
산화방지재	지방성 식품 변색 방지	크래커 수프 등
표백재	색깔을 희게 함	과자 빵 빙과류 등
살균재	어육제품 살균	두부 어육제품 등
향신료	향 추가	빙과류 음료 등

(출처: 조인스 건강)

더하기의 첫 번째 단계는 만들어진 제품을 기반으로 거기에 뭔가를 추가해서 완성도를 높이는 것이다. 김치찌개를 끓일 때 두툼한 돼지목살을 담뿍 넣음으로써 '돼지고기김치찌개'를 만드는 식이다. 그냥 잘 익은 김치를 넣은 순수한 김치찌개도 맛이 있지만 뭔가를 더하는 방식의 상품기획은 참치김치찌개, 꽃게김치찌개, 두부김치찌개, 버섯김치찌개 등으로 확장이 가능하다. 취향에 따라 라면을 더할 수도 있고 수제비를 더할 수도 있다. 완성된 제품을 기반으로 하기 때문에 '첨가'라는 과정을 통해 가격은 더 높아지고 부가가치는 더 발생한다. 당연히 가격은 더 비싸게 청구할 수 있다.

인천시 중구 용유동에 가면 언제가도 20~30분은 기본적으로 줄을 서야 하는 해물칼국수 집이 있다. 말 그대로 흔한 칼국수에 흔한 해물을 넣어 판매를 하는 집이다. 이 집이 특별한 것은 이들이 칼국수에 넣는 엄청난 양의 해물과 그 종류 때문이다. 말이 해물이지 실제로 대부분을 차지하는 것은 다양한 조개류. 동죽과 홍합, 바지락을 비롯해서 새우와 황태, 가리비가 시각을 사로잡는다. 시원하고 칼칼한 국물과 함께 '원 없이 해물을 먹었다'는 포만감이 들게 하는 해물칼국수 집은 서울에만도 수백 곳이 있는 동일한 메뉴에 거대한 양의 각종 해물을 '더함'으로 새로운 상품을 개발해 냈다.

하루가 멀다 하고 TV를 통해 서너 곳씩 소개되는 맛집의 공통된 특징은 자신들만의 독특한 뭔가를 비법이라는 이름으로 대부분 소스나 양념을 '더하는 것'으로 종결된다. 어떤 집은 한약재를 넣기도 하고 어떤 집은 말린 버섯을 갈아 넣기도 하고 어떤 집은 뼈나 내장을 넣기도 한다. 대부분의 경우에 있어 기존에 있는 상품에 무엇인가를 더하면 어떤 임계점에 오르기 전까지 상품의 부가가치는 점점 높아지고 그에 따라 호감도도 상승한다. 이처럼 더하는 처방은 쉽게 상품을 차별

▲ 황해해물칼국수

화하고 새로운 상품으로 인지하게 함으로써 새로운 매출을 일으키게 하는 좋은 상품기획 방법이다.

밥투정하는 아이들이 좋아하는 김자반은 그냥 김자반 그대로 판매가 되기도 하지만 김자반에 마늘을 비롯한 야채를 더한 제품, 그 위에 멸치를 더한 제품, 거기에 다시 고춧가루를 더한 제품들 모두 각각 다른 상품으로 다른 가격으로 판매되고 있다. 일본 스타일의 간편식으로 많은 사랑을 받고 있는 가정간편식의 대표 격인 덮밥류도 김자반과 같은 방식이다.

밥 위에 무엇을 더하느냐에 따라 덮밥은 버섯덮밥, 오징어덮밥, 회덮밥, 제육덮밥, 카레덮밥 등이 있다. 이외에도 오삼(오징어+삼겹살)덮밥, 참치야채덮밥, 꽁치덮밥, 잡채덮밥… 나누는 것이 의미가 없을 정도로 '더하는' 처방은 새로운 상품을 확장하는 아주 좋은 방법이다.

마트에 가보면 곤돌라를 가득 채우고 있는 DHA 함유 우유, 딸기맛 우유, 바나나맛 우유, 까페라떼, 훈제연어, 초코칩 등과 주방 코너에 있는 포크숟가락, 뚜껑 있는 투명 밀폐용기, 고리가 달려 탕 속으로 빠지지 않도록 만든 국자, 타이머가 부착된 온도계와 스위스아미(Swiss Army) 칼(Knife) 등과 가전 코너의 제습 기능이 추가된 에어컨이나 냉난방기에 올인원 PC까지… 더하는 방법은 카테고리를 초월한다.

이미 만들어져 있는 것에 뭔가를 더하는 방법이 위의 것이라면 만들어지는 과정에서 뭔가를 더함으로써 새로운 가치가 담긴 상품을 만들어내는 경우도 있다.

전남 여수해양수산청 고흥 해양수산사무소가 전남대학교, 그리고 군내 양식업자 등과 함께 유자를 먹이로 한 기능성 광어인 '유자 먹은 광어'를 출시한 때는 2007년이다. 2년이 넘는 연구 기간을 통해 출시된 유자 광어는 전라남도 고흥 지역의 오랜 특산품인 유자를 양식광어의 먹이에 첨가하여 유자의 고유 성분과 효능을 배가(倍加)시킨 상품으로 생선 특유의 비린내 때문에 생선을 꺼리는 사람들도 거부감 없이 먹을 수 있는 상품이다. '유자 먹은 광어'의 특이한 점은 배의 색이 좀 더 노랗고 생선 비린내가 잘 나지 않는다는 것. 당연히 가격은 기존의

유자향 나는 생선 밥상에 오를 듯

▲ 유자 먹은 광어 (출처: SBS)

양식광어보다 비싸다. 발표에 따르면 유자 먹은 광어는 비타민C를 대용할 수 있고 육질도 좋을 뿐 아니라 식욕을 돋우는 자연스러운 향까지 난다고 한다.

유자 먹은 광어는 기존의 사료에 유자를 더하는 것만으로 기존 양식 광어에 비해 성장 속도도 빠르고 폐사량도 적게 함으로써 구매자는

물론 양식업자 모두에게 만족을 줄 수 있는 새로운 제품이 되었다. 유자먹은광어는 '한약 먹인 한방닭'이나 '마늘 먹인 오리', '녹차 먹인 돼지'와 같이 더하기 방법을 적용해서 같은 방식으로 기획된 상품이다.

| 서비스 더하기

새로운 상품을 기획할 때 물질이 아닌 서비스를 더하는 경우도 있다. 겨우 성인 남자 엄지손가락 한 마디만 한 삶은 메추리알을 까는 것은 좀처럼 쉬운 일이 아니다. 한입에 쏙 들어가니 먹기 편하고 입에도 묻지 않아 좋기는 한데 크기도 작고 껍질도 얇아서 조금만 힘 조절을 잘못하면 껍질과 함께 살이 모두 떨어져 버리기 때문에 여간 신경이 많이 쓰이는 게 아니다. 그러나 마트에 가보면 '삶은 메추리알에 껍질을 벗긴 서비스를 더한 상품'이 나와 있다. 단, 깐 메추리알은 안 깐 메추리알보다 약 2.5~3배 이상의 가격을 더 지불해야 한다. 이 상품들에는 대단한 기술이 담겨져

▲ 삶아서 깐 메추리알(풀무원)과 깐마늘, 다진마늘 (출처: 풀무원웹사이트, 롯데슈퍼)

있지 않다. 단지 시간을 투자해서 삶고 껍질만 벗겨 충전수에 담았을 뿐이다. 그러나 깐 메추리알은 날 메추리알과는 다른 상품이 되었고 소비자들은 그것이 주는 편의성에 반하여 명절 때면 폭발적으로 적극적인 구매의사를 표하고 있다. 깐 메추리알은 기존 메추리알 시장에서 당당한 신상품이다.

비슷한 예는 마늘에서도 나타난다. 같은 중량의 안 깐 마늘과 깐 마늘은 역시 3배 가까운 가격 차이를 내며 마트 한편에 자리를 잡고 있다. 언뜻 보기에는 경제 상황도 안 좋고 반찬값도 넉넉지 않으니 주부들이 흙 묻은 안 깐 마늘을 살 것 같다. 하지만 시간을 두고 매대를 보고 있으면 많은 사람이 가격이 3배나 비싼 깐 마늘을 구매하는 것을 쉽게 볼 수 있다. 심지어 어떤 고객들은 깐 정도의 서비스에도 만족하지 못하고 더 많은 돈을 지불하며 아예 다져진 마늘을 카트에 넣기도 한다. 가격은 원물에 비해 8배~10배 이상 비싸지만 서비스는 가격을 커버한다.

조금 고도화된 기술이 더해서 '원물에 특별하고 수준 높은 서비스

▲ 아워홈과 피코크의 가정간편식(HMR) 시리즈 (출처: 파이낸셜뉴스, 밥상머리뉴스)

더하기'가 가능하다면 새로운 상품을 기획해서 신상품으로 멋지게 런 칭할 수 있는 가능성은 훨씬 더 높아진다.

1인 가구가 전체 가정의 27%(2015년)를 넘어 2020년이면 30%를 넘 어설 것이라는 상황과 맞벌이 등 소가족 고객이 증가하면서 이들을 겨 냥해서 출시되고 있는 HMR은 혼자서는 먹기 어려운 한국인의 전형 적인 식단을 자동화된 시스템과 그들만의 검증된 레시피를 통해 바로 데우면 믹을 수 있는 초간단한 형태의 제품들로 득화된 기술이 더해 진 좋은 예이다. 이렇게 기획된 제품은 최근 점심 한 끼 가격이 6,000 원~7,000원인 것을 감안하면 60% 가까이 저렴한 가격으로 구매할 수 있으니 고객들의 입장에서는 구매하기 좋은 콘셉트의 상품이 된다. 제 조사 입장에서도 한국적이고 대중적인 요리를 규모의 경제(Economy of scale)를 통해 판매할 수 있기 때문에 새로운 매출을 위한 좋은 상품이 된다.

〈도표 21〉 가정간편식(HMR) 시장의 국내 시장규모와 간편식 시장에 나타난 3대 트렌드

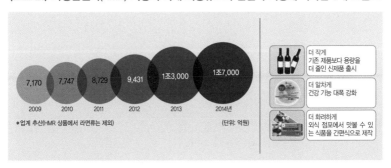

(출처: 헤럴드경제)

각 유통사와 제조사들은 1인 가구의 증가와 소가족의 증가, 근린쇼핑의 트렌드에 힘입어 한식은 물론 서양식과 아시안푸드(Asian Food)를 넘어 북유럽 음식까지 출시하고 있으며 HMR도 레디투쿡(Ready To Cook), 레디투잇(Ready To Eat), 레디투힛(Ready To Heat) 등으로 구분하여 기획과 개발을 강화하고 있다.

아이디어 더하기

서비스나 재료 차원이 아닌 완전한 상품에 완전한 상품을 더하여 새로운 상품을 기획하는 방법도 있다.

오랜 기간 동안 중국 음식을 먹어왔지만 늘 중국 음식을 먹을 때면 대부분의 사람들이 한 번쯤 고민을 하는 짜장면과 짬뽕의 갈림길을 멋지게 해결해준 것은 짜장면과 짬뽕을 함께 먹을 수 있도록 기획된 '짬짜면.' 짬짜면의 등장으로 사람들은 더 이상 짜장과 짬뽕을 한 그릇씩 시킨 후 중간에 나눠 먹는 번거로움에서 벗어날 수 있었다.

그릇 한 가운데 칸막이를 넣어 짜장면과 짬뽕을 함께 담을 수 있도

□ 거절 [2] 칸막이 그릇

디자인분류: C5210C	출원인: 김정환
출원번호: 3020000026710	출원일자: 2000. 10. 19
등록번호:	등록일자:
공개번호: 3020010000300	공개일자: 2001. 03. 15
창작자: 김정환	대리인:

▲ (출처: www.kipris.go.kr)

록 한 짬짜면 그릇이 처음 등장한 건 1999년. 개발자인 김정환 님은 이듬해인 2000년 디자인출원을 통해 더하기 기법의 정수인 짬짜면의 시작을 알리게 된다. 하지만 결과는 거절. 비록 디자인은 독점적이며 배타적인 것으로 인정받지 못했지만 이후 짬짜면 그릇은 일본, 미국, 호주, 캐나다에까지 수출되며 음식에 있어서의 더하기 기법을 알리는 데 큰 역할을 했다.

'그릇을 절반으로 나누어 두 가지 한꺼번에 먹을 수 있도록 한다'라는 발상은 이후 짬볶밥(짬뽕+볶음밥), 탕짜면(탕수육+짜장면), 물비냉(물냉면+비빔냉면) 등으로 확대되었으며 2015년 아메리카노와 카페라떼를 동시에 먹을 수 있는 아메라떼까지 확대되었다. 상품기획 측면에서 짬짜면의 성공은 먹고 싶은 서로 다른 두 개의 제품을 동시에 먹게 함으로써 한 가지만 먹을 때 찾아오는 한계효용체감*을 느낄 새도 없이 바로 새로운 음식을 등장하게 함으로써 한계효용체감의 출발점을 초기의 상태로 다시 돌려서 소비자로 하여금 높은 만족감을 누릴 수 있도록 했다는 데 큰 의미가 있다. 이처럼 '더하기' 처방은 식품업계에 있어서 쉽고 다양하게 적용할 수 있는 상품기획 방법이다.

기술을 기반으로 한 IT 업계와 가전 업계에 있어서도 '더하기'는 오래된 상품기획 방법이다. IT를 기반으로 한 디지털기기의 상품기획에 있어서 '더하기'는 고객가치의 핵심인 (1)비용을 절약하게 하거나 (2)시간을 절약하도록 하기에 충분하다. IT는 아이디어와 기술이 연결되는 접

---

* 한계효용 체감의 법칙: 소비하는 재화의 마지막 단위가 가지는 효용. 빵을 하나 먹으면 빵 하나의 효용이 한계효용이고 빵을 두 개 먹으면 두 번째의 빵이 한계효용이 되는 것. 소비의 단위가 커지면 재화로부터 얻게 되는 만족이 점점 감소하게 되는 것을 뜻함. 출처: 네이버 지식백과.

점에서 보다 효과적으로 상품기획에 기여할 것이고 앞으로도 더욱 소비자의 욕구와 필요가 집중되는 분야이기 때문에 더하는 방법으로 얻을 수 있는 상품기획의 기회와 파급효과는 매우 크다고 할 수 있다.

국내 보일러 전문기업인 경동나비엔이 세계에서 네 번째, 아시아에서 최초로 출시한 가정용 전기발전 보일러 '스털링엔진 m-CHP'는 난방과 온수 용도로 사용하는 보일러를 이용해 전기까지 생산할 수 있는 새로운 개념의 가스보일러다.

〈도표 22〉 가정용 스털링 엔진 열병합발전 시스템 개념도

(출처: 구글)

스털링엔진* 발전기와 콘덴싱보일러**를 하나로 통합한 이 제품은 보일러의 폐열을 활용해 스털링엔진을 가동시켜 전기를 생산하는 방

* 스코틀랜드 출신 로버트 스털링(1790~1878)이 개발한 증기기관들의 폭발 위험을 제거한 안전한 열기(熱氣)기관. 외부 열원을 필요로 하며 엔진은 실린더 내 가스의 가열과 냉각으로 가동됨. 폭발에 의존하지 않기 때문에 조용하게 작동됨. 효율성을 급격하게 높여주는 절약장치가 장착되어 있었으며 1850년에는 사디 카르노가 엔진의 열역학을 분석하여 스털링의 엔진이 이론적으로 거의 완벽에 가깝다는 사실을 증명함. 오늘날에는 잠수함에서 가장 많이 사용됨.
** 응축형 보일러. 가스연료를 연소하여 1차 열교환기의 물을 데운 후 나오는 폐가스의 열로 2차 열교환기를 한번 더 데우는 방식. 2차 열교환기를 통해 연도로 버려질 수 있는 폐가스의 열(약150도)을 회수하여 물을 재가열하기 때문에 기존 일반 보일러에 비해서 가스비 절감률이 20~35%에 이름.

식으로서 1816년 영국의 목사 로버트 스털링(Robert Sterling)이 고안한 것이다. 그동안 이 엔진은 높은 열효율과 낮은 소음과 진동이라는 큰 장점에도 불구하고 내연기관에 가려 빛을 보지 못했었다. 그러나 녹색에너지의 중요성이 부각되면서 장점을 인정받아 현재 우리나라에서는 전력대란의 대안으로까지 거론되고 있는 발전기다. 하나의 제품이 완전히 보일러도 되면서 발전기도 되는 제품, 게다가 전원만 연결하면 보일러의 작동과 함께 생산된 전기가 각 가전제품에 공급될 뿐아니라 집에 공급한 전기가 가정의 사용량보다 많을 경우에는 전력계를 거꾸로 돌려 전기요금을 차감시키는 똑똑한 엔진이 바로 스털링 엔진이다.

▲ 립라커(토니모리 키스러버 립마스터) (출처: 토니모리)

립라커(Lip Lacquer)는 케이블 채널인 온스타일을 통해서 방송되는 겟잇뷰티(Get it Beauty)라는 프로그램에서 립제품 분야에서 당당히 1위를 한 제품으로 젊은 여성들을 중심으로 립스틱, 립틴트, 립글로스, 립에센스, 립밤의 장점을 더해 하나로 만든 상품이다. 립라커는 발림

성과 지속력이 뛰어나며 바르는 방법에 따라 청순가련 입술, 치명적인 입술, 섹시 충전 입술 등 다양한 립 메이크업 연출이 가능하다. 입술에 어떤 색을 바르느냐에 따라 여성의 이미지가 달라지는 것을 감안하면 립글로스와 틴트, 립스틱을 번거롭게 발라야 하는 여성들에게 이 모든 것을 한 번에 해결해주는 올인원 립스틱 제품은 '3 in 1'의 콘셉트로 기획된 입술 포인트 메이크업제품인 것이다.

그동안 여성들이 사용해왔던 립스틱(Lipstick)은 다양한 컬러와 뛰어난 발색력이 장점이었지만 고체형이기 때문에 컬러가 부자연스러워 보이고 광택이 부족한 단점이 있었다. 반면에 틴트(Lip tint)는 액상형태로 입술에 컬러를 착색시키는 제품으로 자연스럽고 지속력은 길지만 입술이 쉽게 건조해지는 단점이 있었다. 또한 립글로즈(Lip gloss)는 입술에 컬러와 윤기를 줘 도톰한 입술을 연출할 수 있고 생기 있게 보이게 하는 장점은 있지만 지속력과 발색력은 떨어지는 단점이 있었다. 겨울철에 판매율이 증가하는 립밤은 립글로스와 입술보호제가 합쳐진 제품으로 입술에 약한 컬러를 줄 수는 있지만 목적이 '입술보호(Care)'인 제품이었다. 그런데 립라커는 틴트의 지속력과 립스틱의 발색, 립밤의 수분감을 하나의 제품에 합쳐진 고차원의 더하기 방법이 기술적으로 적용된 제품으로 선명한 발색력과 끈적이지 않는 사용감 때문에 높은 인기를 끈 것으로 알려지고 있다.

전 국민의 필수품으로 자리 잡아 4620만 대(2016년 기준)를 넘기는 가입자 수를 자랑하는 스마트폰의 필수 액세서리인 케이스 역시 더하는 상품기획 방법이 매우 효과적인 분야다. 스마트폰 케이스는 스마트폰이 처음 출시되었을 때만 해도 스마트폰을 보호하는 것이 목적이었다. 그러나 시간이 지나면서 하드케이스, 범퍼케이스, 다이어리케이스, 플립케이스, 뷰어커버케이스, 젤리케이스 등으로 형태와 소재로 나뉘더니 스마트폰의 화면이 점점 대형화되면서 이미 케이스는 파손으로부터의 보호는 기본이며 다양한 부가기능들을 추가하면서 급격히 다양해지는 양상을 보이고 있다.

대표적으로는 강화필름이나 두랄루민(Duralumin) 같은 강화소재들이 사용된 보호기능이 탁월한 제품들이 출시되었고 보조 배터리가 부착되어 통화시간을 늘여주는 기능이 더해진 케이스들이 출시되었다. 카드수납기능과 거울기능 등이 더해진 제품들도 잇달아 출시되었다.

이외에도 최근에는 '키덜트(Kidult)'족을 위해 캐릭터를 사용하거나 장난감의 한 종류인 레고브릭(Lego brick)으로 후면을 자기 마음대로 바꾸고 조립할 수 있는 레고 빌더 케이스와 일반 확장 배터리팩처럼 보이는 케이스 뒷면에 달린 플러그 단자를 이용하여 콘센트에 바로 충전을 할 수 있는 케이스, 아예 케이스에 스피커를 탑재해서 스마트폰에 장착하기만 하면 바로 생생한 음질을 구현해주는 케이스도 출시됐다. 여행자들을 위해 극도의 미니멀리즘을 추구하지만 여행의 필수품인 카드만큼은 수납을 할 수 있도록 카드수납 기능을 더한 미니멀케이스(Minimal wallet case)도 출시되었고 케이스에 메모리카드를 품고 있는 케이스도 출시되었다. 하나같이 본래의 기능에 충실한 제품에 기술을 기반으로 아이디어가 더해진 경우다.

▲ 좌상: 포켓플러그케이스 우상: 팬택 사운드케이스 좌하: 레모라케이스 하중: 타이포자판케이스
우하: EGO하이브리드케이스

용도 더하기

기존의 제품에 새로운 용도가 더해지는 경우도 있다. 용도가 추가되는 경우의 대부분은 개발자나 제조자가 기획 단계에서 만들기보다는 사용자들이 다양한 상황에서 제품을 사용하면서 알게 되는 것으로 용도의 추가는 사용량을 늘이거나 사용자를 확대하는 데 결정적인 역할을 한다.

2012년 겨울부터 겨울용 방한용품으로 인기를 끌기 시작한 일명 '뽁뽁이'. 원래는 에어캡(Air cap)* 이라는 이름으로 일반적인 용도는 충

---

* 기포가 들어간 필름의 일종. 원래는 미국의 Sealed Air Corporation 회사 제품에 대하여 붙여진 이름이지만 최근에는 기포가 들어간 필름의 대명사처럼 쓰임. 형상은 2장의 폴리에틸렌(polyethylene) 필름을 포개어 그 사이에 공기의 거품을 가둔 것으로 완충포장용에 사용되는 것 외에, 단열효과를 이용하여 보온용, 보냉용에 사

격을 방지하기 위한 포장재로 택배회
사에서나 사용할 법한 상품이었지만
인터넷과 TV를 통해 에어캡의 방한
효과가 공개되면서 저렴한 가격 대비
높은 단열효과 때문에 판매량이 급
증했다.

▲ 에어캡

올록볼록한 비닐 속에 형성된 공기
층이 열전도율을 낮춰 외풍 차단 효
과를 높이는 것으로 알려진 에어캡은
방안의 창문이나 거실 베란다에 부착
하면 공기가 새어 들어오는 것을 막아주고 외풍을 차단해 실내 온도를
높여주는 효과를 낸다.

오픈이노베이션(Open innovation)의 성공사례를 얘기할 때 언급되는
P&G(Procter & Gamble)사의 매직블럭(Magic block)도 원래 목적 이외
의 용도가 더해진 경우다. 세제 없이 물만을 묻혀서 사용하면 때를 없
앨 수 있는 이 제품의 처음 용도는 산업용 건설자재였다. 독일 바스프
(BASF)사에서 생산하는 산업재의 하나였던 매직블럭의 원재료는 멜라
민이라는 화합물과 포름알데히드로 만든 수지로서 이렇게 만들어진
멜라민 수지는 초극세사 뭉치의 망상구조(網狀構造)로 열경화성 성질
을가지기 때문에 불에 타지 않아 주로 흡음제과 충전제로 방음실 벽에
붙이는 용도로 사용되던 검은색의 스폰지 같은 것이었다.

일본 지역에 출장 중이던 미국 P&G사의 직원은 일본의 한 주부가 시커먼 색의 뭉치를 가지고 세제 없이 물만을 묻혀서 설거지를 하는 것을 보았다. 처음 보는 광경에 놀란 그는 그것이 독일산 바스프사의 흡음제라는 것을 확인하고 미국으로 돌아가 자기가 보고 온 것을 P&G가 독창적으로 운영하던 프로그램(Connect+Develop)에 올렸다. P&G는 곧 이 제품에 대한 새로운 용도로의 개발을 위해 바스프와 상품기획에 들어갔고 이 제품은 곧 바스프와의 협력을 통해 상품화가 되었다. 상상할 수 없었던 이 제품의 새로운 용도는 흡음제이면서 동시에 세척도구로 출시되어 전 세계에 걸쳐 큰 인기를 끌었다.

밀가루 반죽에 첨가하여 빵 반죽의 팽창을 돕는 화학적 팽창제인 베이킹파우더(Baking powder)는 원래 빵이나 케이크를 만드는 재료로 사용이 되었지만 지금은 베이킹파우더를 제빵에만 사용하는 경우는 거의 없다.

전자렌지 청소
•용기에 물 1컵과 베이킹파우더 2작은 술을 넣고 전자렌지에 넣고 가열해 그대로 둔다.
•전자렌지 내부에 물방울이 맺히면 부드러운 천으로 잘 닦아준다.
탄 냄비세척
•베이킹파우더를 수세미에 묻혀 탄 냄비를 닦아준다.
배수구냄새제거
•배수구에 베이킹파우더를 직접 뿌리면 냄새도 제거되고 세균번식도 막아준다.
옷장습기제거
•베이킹파우더 2컵 정도를 종이봉투에 담아 옷장에 넣어두면 습기를 제거하는 데 도움을 준다.
카펫청소
•카펫에 베이킹파우더를 골고루 뿌린 뒤 진공청소기로 빨아들이면 먼지와 진드기를 제거할 수 있다.
냉장고탈취
•입구가 넓은 병에 베이킹파우더 2컵 정도 담고, 입구를 거즈 등으로 씌워 냉장고에 넣어둔다.
욕조청소와 변기청소

▲ 베이킹파우더 사용 예

국내의 한 육아 사이트에 공개된 베이킹파우더에 대한 활용을 보면 아예 제빵을 위한 용도는 나와 있지도 않고 마치 만능청소기를 보는 것과 같은 착각을 가지게 한다.

일반적인 가정주부가 빵을 만들 때만 베이킹파우더를 사용한다면 평생 5kg짜리를 쓸 일이 없겠지만 옷장은 물론 주방과 화장실까지 다양한 용도로 사용되는 베이킹파우더는 하루에도 수시로 사용하는 주방에 없어서는 안 되는 물건이 되었다. 이처럼 기존의 제품에 용도를 더했더니 엄청난 매출이 확보되어서 베이킹파우더는 다른 제품을 새롭게 기획하는 것 이상의 톡톡한 매출 효과를 얻게 되었다.

더팁(www.hefty.kr)에 소개된 리스테린의 놀랍도록 다양한 용도는 구강청정제를 전혀 새롭게 보게 한다. 1879년 구강청정제 리스테린이 처음 세상에 등장했을 때 이 제품은 수술용 살균제였다. 1914년이 되어서야 구강 살균을 위한 구강청정제로 판매되기 시작한 이 제품은 100여 년이 지난 지금 전문가들조차 놀랄 만한 다양한 용도로 사용되고 있다.

첫째는 체취 감소 효과다. 화장솜에 구강청정제를 약간 묻혀 겨드랑이에 문지르면 데오드란트를 대신할 수 있다. 변기에 넣으면 변기를 깨끗하게 청소하는 동시에 욕실에서 상쾌한 향을 낼 수 있는 공기청정제로도 사용할 수 있고 벌레에 물려 가려운 부위에 바르면 가려움증이 완화되면서 긁는 것을 예방할 수 있다.

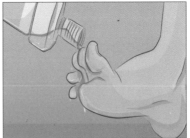

▲ 다양한 용도로 사용되는 구강청정제 (출처: www.hefty.kr)

샴푸에 약간 섞어서 사용하면 비듬 예방도 기대할 수 있고 뾰루지 예방과 블랙헤드 예방은 물론 손발톱의 무좀까지도 제거할 수 있다고 하니 그야말로 만능이라고 할 수 있다. 한 상품이 100년 넘게 팔리는 데는 우리가 다 알지 못하는 많은 용도가 추가되어 있었다.

메모용지로만 사용하던 포스트잇이 '픽셀아트(Pixel Art)'라는 기법에 따라 다양한 모자이크를 할 수 있는 미술재료로 활용되는 것도, 원래는 그냥 차로만 알려져 있던 매실을 숙성시켜 매실청을 만듦으로써 가정상비약으로 그 활용 범위를 넓힌 것도 모두 기존의 용도에 새로운 용도가 더해진 경우라고 할 수 있다. 기존의 용도에 새로운 용도를 더하는 것은 새 상품을 출시하지 않으면서 매출을 늘릴 수 있는 바람직한 전략이다.

소비자와의 접점을 구축하는 상품의 판로개척은 상품기획자에게 있어 매우 중요한 일이다. 새로운 상품을 기획해서 기존의 매출을 견고하게 하고 판매의 영역을 확대하는 것도 상품기획자에게 매우 중요한 일이다. 그러나 기존상품의 새로운 용도를 개발하는 것은 상품성을 높이고 신규고객을 창출해내는 데 더욱 필요하고 중요한 부분이다.

▲ 일본 최초 포스트잇 2,000장으로 만든 울트라 맨 (출처: 다케시마야 쇼핑센타)

기획자들이 흔하게 범하는 실수 가운데 하나는 기획자가 의도한 대로만 제품이 팔리고 사용될 것이라는 확신이다. 하지만 고객들의 생각은 다를 수 있을 뿐 아니라 실제로 다른 경우도 많다.

기획자에게는 기획의도라는 것이 있기 때문에 그의 시각에서만 제품을 본다면 용도를 더하는 기법은 제한적일 수밖에 없다. 이 때문에 상품기획자는 기획의도를 가지고 있되 반드시 판매자와 고객의 의견과 구매행동을 주의 깊게 관찰할 필요가 있다. 그래서 고객들로 하여금 현재보다 더 다양하게, 더 재미있게 제품을 사용하게 함으로써 상품의 효용성을 증대할 필요가 있다. 상품기획자는 늘 상품이 고객에게 실제로 하는 일(Job)에 주목해야 한다.

가장 빠른 방법

1890년대부터 1930년대까지는 생활 가전제품의 핵심이 되는 과학적 원리들이 발견되고 발명되는 시기였다. 이를 바탕으로 단독기능을 가진 제품들이 개발되어 우리 생활을 윤택하게 만들었다. 그러던 1980년대 중반 반도체가 만들어지면서 상품기획자의 관점에서 세상은 혁신적인 계기를 맞게 되었다. 제품들은 계측과 제어를 담당하는 각종 공학기술과 연결되면서 '더하는 방법'이 적용된 상품들이 광범위하게 출현했다. 이후 '더하기' 방법은 1990년대에 이르러 상품기획의 대표적인 방식으로 확고하게 자리 잡았다.

▲ 필립스 스팀다리미, LG TV 냉장고, 삼성 비지오비전, 소니 엑스페리아 태블릿Z 주방에디션 (출처: 구글)

겉으로 보기에는 좀 어리벙벙한 사람인데 머리를 열면 온갖 공구와 도구들이 쏟아져 나오는 특별한 기능을 '더한' 〈형사 가제트〉(Gadget)라는 만화가 나온 것도 이때였다(1999년에는 영화로도 출시됨). 그냥 달리기만 해도 충분한 매끈한 자동차가 말도 하고 주인을 알아볼 뿐 아니라 내비게이션과 위치 추적 장치, 원거리 무선통신 기능은 물론 자체차량 보호시스템까지 더해져 거의 인간 이상의 재능을 더한 '키트(KIT)'라는 이름의 검은색 차가 붉은 빛을 내리쏘며 주인공 행세를 하던 TV 시리즈 〈전격 제트작전〉(Knight Rider)이 1980년대의 흥행을 몰아 영화로 제작된 것도 이때였다.

더하기 방식은 지금까지도 여전히 유용한 상품기획 방법이다. 한때 종가였지만 삼성과 LG의 약진으로 스마트폰 시장에서 위축된 소니(www.sony.com)가 2013년부터 야심차게 내 놓은 다수의 제품들도 '더하기' 방법으로 만들어진 제품들이다.

얼마 전부터 전 세계적으로 인터넷을 통한 커뮤니티가 활성화되고 집단지성과 인터넷을 통한 네트워킹이 자유로워지면서 붐을 만난 것이 바로 '요리'다. 소니는 요리의 대중화가 이뤄지면서 주방에서 음식을 만들 때 태블릿을 놓고 쓰는 사람이 늘어나고 있는 분위기를 놓치지 않았다. 소니는 처음으로 주방에서 쓰기에 최적화된 태블릿인 '엑스페리아 태블릿Z의 주방에디션(Kitchen Edition)'를 출시했다. 스펙은 기존에 나온 제품과 기본적인 하드웨어 구성은 같지만 사용 환경인 주방에서도 문제없이 사용할 수 있도록 방진과 방습기능을 '더하고' 수심 1m 물속에서 30분 동안 버틸 수 있는 방수 기능을 '추가'했다. 사용 중에 실수로 물에 빠뜨려도 문제가 없고 음식이나 기름이 튀어도 도마처럼 그냥 설거지통에 넣고 씻어버리면 됐다. 소니는 이 제품에 거치를 위한 받침대와 아이그릴(iGrill)이라고 하는 온도계를 포함시켰다. 아이그릴(iGrill)은 블루투스로 연결하는 일종의 고기 온도계로 스마트폰이나 태블릿 앱(App)과 연동시킨 후 바늘을 고기나 음식에 찔러 넣으면 속이 얼마나 익었는지를 알려주는 액세서리다. 또 제품과 함께 제공되는 '빅 오븐(Big Oven)'이라는 앱은 25만 가지 이상의 음식 조리 방법이 들어가 있고 사용자들이 레시피를 공유할 수 있도록 해놨기 때문에 시간이 지날수록 가짓수도 늘어나는 구조를 제공했다. 음식의 조리 방법과 음식 맛이 어떤지를 기록하는 레시피 노트인 '에버노트 푸드'도 더했다. 태블릿Z 주방에디션은 태블릿 안에 주방에서 일어날 수 있는 상황과 레시피를 고려해서 모든 아이디어를 더한 제품이라고 할 수 있다.

LG전자가 2015년 하반기에 출시하면서 세계적인 돌풍을 일으킨 '트윈워시'도 이미 있던 통돌이와 드럼세탁기를 하나로 더한 제품이다. 트윈워시의 특징은 더해진 드럼세탁기와 통돌이 세탁기를 동시에 사용할 수도 있고 필요에 따라 분리해서 따로따로 사용할 수 있다는 점이다. 아울러 미니워시를 별도로 구매해 기존의 드럼세탁기와 결합할 수 있게 하는 기능도 추가했다. 하나의 본체로 두 대를 한 번에 세탁할 수 있으니 비용과 공간이 절약되는 것은 당연한 일.

출시와 함께 세탁기 종주국인 미국에서는 물론 한국에서도 가파르게 판매 돌풍을 일으킨 이 제품은 구동방식이 다른 두 종류의 세탁기를 더한 콘셉트로 동시세탁은 물론 양말과 속옷처럼 동시에 세탁하기 곤란한 세탁물을 분리세탁을 통해 가능하도록 하여 세탁시간과 공간 활용을 필요로 하는 소비자들의 요구를 동시에 만족시켰다. 트윈워시

LG전자 '트롬 트윈워시' 돌풍 이유	
분리세탁	세탁기 2대에 분리해서 세탁
동시세탁	세탁기 2대를 동시에 작동
공간절약	세탁기 2대를 상하로 연결
시간절약	2번 세탁할 걸 1번에 세탁
착탈가능	미니워시 별도 구매해 기존 드럼세탁기와 결합 가능

▲ LG 트롬 트윈워시 (출처: 매일경제)

의 성공으로 LG전자는 2006년 스팀세탁기 출시와 함께 10년이 넘도록 미국 세탁기 시장에서 1위를 놓치지 않을 수 있었다. 너무 전통적이어서 이제는 별로 특별할 것이 기대되지 않는 백색가전 시장에서 LG전자가 기획한 트윈워시는 상품기획의 여러 방법 중에 더하는 방법이 여전히 강력하다는 것을 보여준다.

토마스 에디슨 이후 인류에게 가장 획기적인 제품과 아이디어, 수많은 사연을 남기고 간 애플의 설립자인 스티브 잡스(Steve Jobs, 1955.2.24~2011.10.5)의 역작인 아이폰(iPhone)도 같은 방법을 적용한 상품이다.

"종전에 쓰던 휴대전화는 사용하기에 불편했다. 소프트웨어는 끔찍했고 하드웨어는 별 볼일 없었다. 친구들에게 물어봤더니 다들 비슷한 생각을 가지고 있었다. 이것은 엄청난 기회였다. 그렇다면 모두가 사랑할 수밖에 없는 이상적인 휴대전화를 만들어 보자. 우린 아이팟을 통해 쌓은 기술력과 매킨토시용 운영체제를 보유하고 있지 않은가. 하지만 휴대전화 안에 정교한 운영체제를 넣을 수 있을지가 문제로 떠올랐다. 회

사 내에서도 가능하다, 불가능하다 의견이 분분했고, 결국 내가 결단을
내렸다. 우리 한번 해보자. 그리고 결국 해냈다."

–스티브 잡스, 〈포춘〉과의 인터뷰 中

2002년, 당시 미국에서 좀 잘나간다는 직장인들은 누구라도 할 것
없이 개인용 휴대전화와 업무용 블랙베리, MP3플레이어를 따로따로
들고 다녔다. 첫 번째 아이팟(iPod)이 등장(2001년)하고 얼마 지나지 않
아 뉴욕 시내를 걷고 있던 잡스는 문득,

'누군가 이 모든 기기를 하나로 합친 물건을 만들어 아이팟을 위
협하게 될지도 모르겠다.'고 생각했다. 등골이 오싹해진 잡스는 '잃을
것이 없고 공격이 최선의 방어'라고 생각하고 자신이 직접 휴대전화
산업에 뛰어드는 것만이 불안을 해결할 수 있는 유일한 해결책이라
고 결론을 내렸다. 결론에 다다른 그는 당시 노키아(Nokia)와 함께 세

▲ 애플의 첫 번째 휴대전화, 락커(ROKR)
　(출처: www.mobilegazette.com)

계시장을 주름잡던 모토로라(www.
motorola.com)를 찾아가 그들과 합작
하기로 마음먹는다. 이렇게 해서 만들
어진 것이 모토롤라의 작명법이 그대
로 적용되어 2005년도에 출시된 '락커
(ROKR)'다.

역작이었지만 락커는 겨우 100곡
정도의 음원밖에는 담을 수가 없었고
아이튠즈(iTunes)와도 직접 연결이 되
지 않았다. 사용방법이 까다로워 일반

대중들이 사용하는 것도 문제였다. 무엇보다 하드웨어 제조업사인 모토로라가 디자인한 평범하고 뭉툭한 디자인은 잡스의 눈에 만족스럽지 않았다.

한계를 느낀 잡스는 모토로라와 결별하고 미국 2위의 이동통신사인 AT&T(당시 Cingular)와 비밀 회동을 갖는다. 그리고 그는 이 회동을 통해 애플이 직접 휴대전화를 만들 테니 AT&T에서 독점을 하는 대신 애플의 휴대폰을 구입한 가입자들의 통신요금 10%를 애플과 나누자는 파격적인 계약을 성사시킨다.

계약과 함께 애플은 즉각 휴대전화 개발에 착수했다. 디자인과 생산 라인을 구축하는 것은 어렵지 않았지만 가장 큰 문제는 운영체제였다. 애플이 가지고 있었던 매킨토시용 운영체제는 너무 용량이 커서 작은 휴대전화 안에 넣을 수가 없었다. 그렇다고 완벽을 추구하는 잡스에게 자신이 만들지 않은 다른 운영체제를 빌려 쓰는 것은 내키지 않는 일이었다. 결국 애플은 ARM*과 함께 자신들만의 독자적인 모바일 운영체제를 만들었고 이것이 2010년 6월 아이폰4의 출시와 함께 iOS로 공식 명칭이 된 'iPhone OS'다.

개발에 착수한 지 2년이 지난 2007년 1월, 애플의 야심작 아이폰이 처음으로 세상에 모습을 드러냈다. 아이폰은 터치스크린 방식의 MP3 기기였던 아이팟에 무선인터넷과 휴대전화, 카메라와 GPS 기능을 '더한' 스마트폰이었다.

TV보다는 오히려 게임업계에 큰 변화를 일으킬 것으로 예상되는

* 영국의 비메모리반도체 설계 전문 업체.

'3D기술'과 '가상현실'이 더해진 '3D 가상현실 게임'도 기존에 있던 첨단기술들을 접목해서 만든 새로운 상품이다. 물안경처럼 생긴 3D전용 글라스를 쓰면 게임 속 세상으로 빨려 들어가는 듯한 느낌을 받으며 아이나 어른이나 할 것 없이 소리를 지르고, 중심을 잃고 쓰러지고, 달리다가 소스라치는 일이 예사다. 롤러코스터 게임은 멀미가 날 지경이고, 불쑥 튀어나오는 시체와 공룡, 나를 향해 날아오는 총알은 보기에도 너무 선명해서 비명이 절로 터져 나온다. 글라스에는 위치와 무게를 인지하는 센서가 탑재돼 사용자는 상·하·좌·우 어디든 고개를 돌려가며 실감나는 게임을 즐길 수 있다.

(출처: www.trend-insight.tistory.com)

이미 이 조합은 게임을 넘어 비행 시뮬레이션과 의학 실습용 등 다양한 쓰임새를 모색하고 있다. 처음으로 '증강현실' 기능이 있는 안경을 출시한 구글(www.google.com)이 입는 컴퓨터 업체와 제휴를 하는 일과 홀로그램 업체들이 휘어지는 액정을 만드는 디스플레이 업체와 협업하는 것과 같이 연결하기 어려웠던 별개의 기술들이 서로 더해짐으로써 새로운 제품과 서비스를 만드는 이 같은 노력은 첨단 기술 간의 접목을 통하여 새로운 시장을 창출하는 상품기획의 큰 트렌드가 될 것이다.

스마트폰은 태생적인 발상에도 '더하기'라는 상품기획 방법이 사용됐지만 성장을 극대화하는 과정에서도 아이튠즈를 통해 전 세계에서 하루에도 수백 개씩 올라오는 더해지는 어플리케이션(Application)의 역할이 컸다.

2016년 1월, 애플은 보도자료를 통해 2015년 앱스토어(www.itunes. apple.com)의 매출이 200억 달러(약 24조 원)에 이르며 2008년 앱스토어가 등장한 이후 현재까지 iOS 개발자들에게는 400억 달러(48조 원)의 수익을 가져다 줬고, 이 가운데 30%인 약 120억 달러(14조 4천억 원)가 2015년에 발생했다고 밝힌 바 있다.

앱스토어는 그동안 아이폰, 아이패드, 아이팟터치에서 사용할 수 있는 앱을 23여 개의 카테고리 분야에서 약 775,000개가량 선보여 왔다. 어떤 어플리케이션을 다운받아 사용하느냐에 따라 모양은 같지만 사람들이 가지고 다니는 스마트폰은 전부 다른 것이라고 해도 과언이 아닐 정도로 더하는 기술은 단기간 내에 엄청난 스마트폰 사용자를 확대하는 데 결정적인 역할을 했다.

이외에도 어플리케이션이 아닌 하나의 기기로서 스마트폰에 빔프로젝트 기능을 더한 제품이나 스마트폰에 10배 광학렌즈를 단 카메라를 달고 나온 제품, 카메라를 탈부착할 수 있음은 물론 탈부착이 가능한 대용량 배터리와 내부 공간 외에도 128GB의 외장 메모리를 더할 수 있는 슬롯을 갖춘 스마트폰의 등장은 더하는 방법이 얼마나 매력적인 방법인지를 보여준다.

▲ 갤럭시 빔과 갤럭시 줌2 (출처: 삼성전자)

스마트폰의 제조사와 상관없이 스마트폰에 더해서 사용하도록 기획된 제품들도 있다. 소니에서 출시한 렌즈스타일 카메라 'DSC-QX100'은 손바닥 안에 들어오는 작은 크기로 어느 제조사의 제품과도 호환이 되게 만들어졌으며 주머니에 넣을 수 있는 휴대성과 스마트폰보다더 나은 사진들을 제공하도록 만들어져 있다. NFC(근거리무선통신)와 와이파이(Wi-Fi) 기능을 통해 스마트폰과 연결하여 다양한 촬영도 할 수 있고 분리한 상태에서도 사용이 가능해 높은 휴대성과 다양한 구도 촬영에 대한 편의성도 함께 제공한다. '어떤 스마트폰이라도 거기에 DSC-QX100을 더하면 강력한 프리미엄 카메라로 진화시킬 것'이라는 광고 문구가 허황되게 느껴지지 않는 것은 '더하면' 새로움이 생긴다는 사실을 사람들이 이미 오랜 기간에 걸쳐 학습했기 때문이다.

▲ 렌즈 스타일 카메라 DSC-QX100 (출처: 소니코리아)

패션 분야의 더하기

패션 분야에서 '더하기'는 레이어드(layered)로 나타난다. 레이어드*란 말 그대로 '옷 위에 옷을 입는' 작은 것으로 시작해서 여러 단을 겹치거나 여러 단을 더하는 시도 등으로 매우 유용한 방법이다. 리버서블 (Reversible)도 있다. 본래는 한쪽으로만 입어야 하는 옷에 앞뒤로 돌아가는 지퍼를 달고 시접을 옷감 안으로 말아 넣어 필요에 따라 양쪽을 입을 수 있도록 기능을 '더하는' 것이다. 옷뿐만 아니다. 버클의 헤드 부분을 360°도 회전할 수 있도록 디자인해서 벨트의 안감과 겉감을 의상에 따라 바꿀 수 있도록 디자인된 제품도 구매자들에게 더 큰 만족을 주는 상품기획 방법이다.

* 층이 진 모양이란 뜻으로, 여러 겹을 겹쳐 입은 스타일을 말한다. 여러 단을 연결한 것도 레이어드 룩이라고 한다(패션전문자료사전, 1997.8.25, 한국사전연구사).

디테쳐블(Detachable)은 원래 가지고 있던 일부를 필요에 따라 붙이거나 떼도록 하는 것으로 후드나 슬리브, 카라, 스커트 등을 탈부착함으로써 새로운 기능을 추가할 수 있다.

▲ 레이어드 의류와 리버서블 자켓 (출처: www.hiconsumption.com, www.besportier.com)

이외에도 한때 주목을 받았던 '향기 나는 섬유'와 같이 원단의 직조 과정에서 특정한 성분이나 처리과정을 더함으로써 새로운 상품을 만들어 그것 자체로서도 새로운 상품을 출시하는 것은 물론, 나아가 그것을 소재로 사용함으로써 상품을 다양화할 수 있도록 하는 것도 패션업계에서 시도해온 더하는 상품기획 방법이다.

패션에서 빠질 수 없는 패션 액세서리의 경우도 더하기 방법의 활용은 매우 분명하다. 샤넬은 패션 액세서리에도 탁월한 상품기획의 기질을 보여주었는데 그녀가 패션계에 남긴 큰 선물인 숄더백은 그 전까지 모든 여성들이 손으로 들어야 했던 파우치(Pouch)에 어깨끈을 '더하여' 여성들로 하여금 백을 어깨에 걸 수 있도록 함으로써 양손을 자유롭게 사용할 수 있게 한 상품이다.

여성들의 가방이 커지는 트렌드에 따라 가방 안에 공간을 나누고 별도의 보관과 수납이 가능하도록 디자인하거나 아예 별도의 파우치를 내장하여 여성들이 가지고 다니는 제품들 중 크기가 작은 것들을 별도로 담을 수 있도록 구별을 준 제품도 같은 방법으로 기획된 상품이다.

▲ 파우치에 숄더라인을 더한 샤넬백과 핸드백에 파우치를 더한 백

브랜드의 몰락과 가성비의 약진에 이어 프리미엄 B급이 주도권을 쥐는 요즘은 브랜드에 대한 충성도가 예전 같지 않다. 동종업계 내의 경쟁도 극심한 상황에서, 바지를 구입하면 색깔을 맞춘 벨트가 구성품인 제품, 셔츠를 구매했더니 코디용 머플러나 넥타이가 구성품인 제품, 라운드 셔츠를 샀더니 조끼가 구성품인 제품 등은 더하는 방법을

감안한 상품기획 방법이다. 아예 판매를 위해 별도의 액세서리를 기획하는 경우도 있다. 이렇게 더해진 액세서리는 특정한 브랜드의 브랜딩을 돕도록 하는 역할을 할 뿐 아니라 콜렉터들까지 생기게 함으로써 새로운 매출을 일으키는 요소를 창출해 내기도 한다.

1987년 1월 벨기에 앤드워프에서 영국의 소설가 J. 러디어드 키플링(J. Rudyard Kipling)이 쓴 〈정글북〉에 감동을 받은 세 명의 남성에 의해 탄생된 키플링(www.kiplingshop.co.kr) 가방에 달려 있는 몽키(Monkey)나, 50년이 넘도록 소녀들의 마음을 설레게 하고 있는 미국의 패션 아이콘 바비(www.barbie.com)의 아동의류 컬렉션에 짝을 이뤄 달려 있던 댕글러(Dangler)들은 패션 아이템들을 더욱 패셔너블하게 하는 요소다.

한때 과자나 빵을 먹으면 '따조'라고 부르는 스티커나 납작한 딱지류의 선물들이 들어 있어서 그것들을 모으는 재미가 쏠쏠했던 시절이 있었다. 스티커빵 업계의 레전드인 국찐이빵을 시작으로 치토스를 돌아 라인빵과 미생빵까지. 일본이고 한국이고 한번 재미를 들이면 사람들은 캐릭터 스티커를 종류별로 '모으기' 위해, 혹은 최고의 희귀아이템(Rare Item)을 모으기 위해 빵과 과자를 소비한다.

▲ 키플링 몽키 (출처: www.kiplingshop.co.kr)

│ 덤까지 살리는 강력한 방법

더하는 상품기획 방법은 까다롭기로 소문난 제약업계에도 예외가 없다. 신약 부분에 있어, 특히 완전히 새로운 약을 개발하는 것은 10년 이상의 시간과 천문학적인 비용이 투자될 뿐 아니라 개발을 한다고 해도 성공 가능성이 높지 않다. 그래서 제약회사를 이끄는 오너나 연구진이 신약에 심취해서 연구에 한번 빠지면 개발에만 목을 매다가 결국 회사가 곤란에 빠지는 일이 적지 않다.

그러나 이렇게 처음부터 신약을 개발하는 방법 말고도 신약을 만들어 내는 방법은 두 가지가 더 있다. 하나는 신약을 카피해서 만드는

〈도표 23〉 국내외 제약사 주요 복합제

구분	특징		용도
고혈압제	아모잘탄정	한미약품	두 개의 혈압 강하 성분 복합
	엑스포지	화이자	
	트윈스타	베링거인겔하임	
	세비카	다이치산쿄	
골다공증 치료제	리드론플러스정	태평양제약	골다공증 치료 성분에 비타민D 추가
	리세넥스플러스정	한림제약	
	리센플러스정	대웅제약	
항혈전제	클라빅신 듀오	유나이티드제약	클로피도그렐과 아스피린 합함
	클로스원	CJ제일제당	
심혈관질환제	카듀엣	화이자	고혈압+고지혈증
당뇨병 치료제	지누메트	MSD	자누비아+메트포민 복합

(출처: 식품의약품안전처, 각 사)

제네릭(Generic)이라고 부르는 복제약이고 다른 하나는 검증된 두 가지 성분을 더해서 만든 복합제다. 특히 복합제는 신약에 투여되는 비용과 시간을 1/10 정도의 수준으로 줄일 수 있을 뿐 아니라 개발 성공 가능성도 매우 높아서 최근 제약사들은 기존에 약효가 입증된 성분을 두 가지 이상 섞은 '복합제' 개발에 적극 나서고 있다. 상품기획 방법의 하나인 '더하기'가 적용되는 것이다.

복합제는 검증된 2개, 또는 그 이상 약을 하나로 합쳐 놓았기 때문에 약효와 복용 편리성이 높아지고 상대적으로 가격도 저렴해서 안정화만 되면 시장에서 인기몰이는 매우 용이하다. 국내에서는 잇단 기술 수출로 '잭팟'을 터뜨린 한미약품이 이런 방식의 복합제를 만들어 국내외에서 성과를 보고 있다. 한미약품은 2009년 자사의 고혈압약인 '아모디핀(성분명 암로디핀 캠실레이트)'과 다국적 제약사 MSD*의 고혈압약인

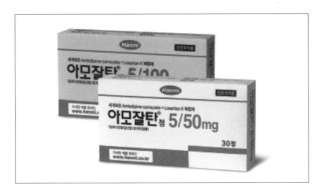

▲ 아모잘탄 (출처: 한미약품)

---

* 머크 샤프 앤드 돔(영어: Merck Sharp & Dohme, 약칭 MSD). 미국에 기반을 둔 제약 회사. 1668년 독일 다름슈타트에서 프리드리히 야콥 메르크가 세운 약국을 시작으로 대규모 생산설비를 갖춘 제약·화학 회사로 발전시켜 오늘날까지 화이자와 존슨앤드존슨과 함께 미국을 기반으로 한 세계적인 다국적 제약회사. 출처: 두산백과.

'코자(성분명 로살탄)'를 결합한 '아모잘탄'을 개발해서 국내에서 연간 500억 원 이상 매출을 올리고 있고 이후에는 '코자(Cozaar)'의 오리지널 제조 기술을 보유한 MSD에 제품을 수출하는 방식으로 매출을 올리기도 했다.

대부분의 경우 초기 고혈압 환자들은 한 가지 약만 복용해도 어느 정도 치료가 되지만 중증 환자들은 한 번에 두세 가지 약을 복용하는 경우가 많다. 그러다 보니 복용이 불편하고 약의 종류가 많아 일일이 다 챙기지 못하는 경우가 생긴다. 이러한 불편함에 착안해서 개발된 것이 '아모잘탄'과 같은 복합제다. 두 가지 약을 복용하던 환자가 한 가지만 먹어도 치료가 되도록 하니 안 팔릴 수 없다.

고혈압(hypertension)은 이미 한국을 포함해서 세계적으로 인류를 괴롭히는 질병이다. 최근에는 세계 고혈압 인구가 폭발적으로 증가해 현재 전 세계 인구의 1/6인 10억 명에 이르고, 2025년에는 15억 명을 돌파할 것이라는 전망도 나오고 있다. 판매관점에서 보면 그야말로 엄청난 대기수요가 있는 시장인 것이다. 이러한 상황에서 고혈압 치료를 기본으로 한 고혈압복합제의 출현은 당연한 결과다. 식약청 발표에 따르면 개발된 복제약 5개 가운데 1개는 '고혈압복합제'라고 하니 더하는 상품기획의 실효성은 제약업계에서도 유효한 방법이다.

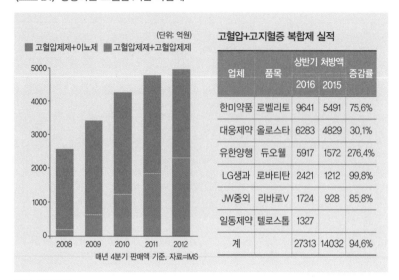

〈도표 24〉 성장하는 고혈압 기반 복합제

고혈압+고지혈증 복합제 실적		상반기 처방액		증감률
업체	품목	2016	2015	
한미약품	로벨리토	9641	5491	75.6%
대웅제약	올로스타	6283	4829	30.1%
유한양행	듀오웰	5917	1572	276.4%
LG생과	로바티탄	2421	1212	99.8%
JW중외	리바로V	1724	928	85.8%
일동제약	텔로스톱	1327		
계		27313	14032	94.6%

(출처: 데일리팜)

　이외에도 한국유나이티드제약이 2012년 항혈전제 '플라빅스(성분명 클로피도그렐)'와 '아스피린'을 함께 투여하는 데 착안해 두 가지 약을 합친 항혈전 복합제인 '클라빅신듀오'를 내놓은 것이나 씨티씨바이오가 발기부전 환자의 절반이 조루증을 같이 앓고 있는 데 착안해 두 가지를 동시에 해결할 수 있는 복합제를 개발한 것은 모두 더하기라는 처방이 우리의 생활 속에 얼마나 깊고 적극적으로 적용되는 처방인지를 보여준다.

　더하기 처방에 충실한 복합제 개발 바람은 국내 제약업계에만 불고 있는 게 아니다. 블록버스터 신약의 특허가 만료되어 제네릭으로 판매가 가능하게 된 치료제에 대해서 글로벌 제약사들 역시 기존 제품에 다른 성분을 덧입혀 시장을 재공략하고 있다.

여름철이면 빠지지 않고 마트에 등장하는 물총. 하지만 여름 한철 가지고 놀기에는 좀 쓸 만하다 싶은 것은 가격을 꽤 지불해야 하기 때문에 아이들과 함께 가지고 놀기에는 좀 부담스럽다. 더군다나 대부분의 제품들은 가격과 상관없이 한 번에 담을 수 있는 물의 용량이 너무 적어서 재미있게 놀려고 하면 금방 다시 물을 채워야 하는 불편함이 있었다.

PET교체형 '파워짱' 물총은 이런 고객의 부담을 최소화한 상품이다. 제조사인 제우스 상사는 물총의 핵심부분을 물을 멀리 나가게 하는 압력기술이 필요한 총신부와 물을 담는 물통부로 나누었다. 그리고 자신들이 가지고 있는 기술과 아이디어를 총신부에 집중하여 저렴하고도 압축력이 좋은 총신부를 만들었다. 물통부에 대해서는 핵심부분 이외에 원가 비중을 최소화하고 오히려 고객들에게 스스로 필요에 따라 어디서나 쉽게 구할 수 있는 페트(PET)병을 사용하게 함으로써 다른 제품보다 50% 이상 저렴하면서도 만족도가 높은 신상품을 기획했다. 자신들은 특화된 총신부만 만들고 물통은 고객이 개인의 취향대로 스스로 구해서 사용하게 함으로써 다양성을 개방한 것이다.

실용신안까지 등록(2004742920000)된 파워짱 물총은 우리나라에서 판매되는 200ml 페트병은 물론 2L에 이르는 대부분의 페트병 주입구가 규격화되어 있다는 것을 이용함으로써 '더하는' 방법을 통해 경쟁력 있는 상품을 기획했다.

▲ 제우스상사 '파워짱' 물총 (출처: www.auction.co.kr)

더하는 상품기획의 주의점

흔하고 전통적인 방법임에도 불구하고 '더하기' 방법에 있어 가장 중요한 것은 고객에 대한 깊은 관찰이다. 고객들에 대한 관심과 불편, 차마 말하지 않는 답답함을 찾아내야 하기 때문이다. 고객들이 원하는것은 시너지이지 정체와 본질을 알 수 없는 혼합체가 아니다.

최근 레트로(Retro)가 뉴트로(New+Retro)라는 이름으로 유행하면서, MZ세대들에게 '더하기'는 익숙한 상품에 전혀 다른 상품의 이미지를 더하는 '다양한 형태의 콜라보레이션(Collaboration)'으로 확대되고 있다. 새로운 요소를 첨가하거나 라이센스를 받거나 허락하는 정도가 아닌 '브랜드에 브랜드를 더하는 형태'다. 콜라보레이션의 가장 좋은 점은 이색(異色)스러운 결합으로 얻게 되는 색다른 즐거움과 뚜렷한 주목성, 익숙하지만 다른 것처럼 느껴지는 차별성이다. 고객들은 콜라보 상품을 통해 새로운 기대감과 설렘을 느끼게 된다.

▲ 다양한 콜라보레이션 수제 맥주들과 곰표 후라이드 오징어 튀김

2020년 5월 밀가루 제조업체인 대한제분과 편의점 CU가 협업해 출시한 '곰표 밀맥주'는 소비자들의 그런 설렘을 단적으로 보여준다. 출시 3일 만에 초도 생산물량 10만개를 완판한데 이어 일주일 만에 누적 판매량 30만개를 돌파하며 수제맥주 카테고리 1위는 물론 전체 국산 맥주 판매량 톱10에 진입할 정도로 크게 히트를 치며 2022년까지 누적 판매량 3,600만개를 돌파한 것은 국내 콜라보레이션 상품기획에 이정표가 되었다. 곰표의 성공에 힘입어 맥주에서만 말표, 백양, 쥬시후레시, 불닭 등의 출시가 유행처럼 이어졌다. 곰표는 이런 분위기에 힘입어 출시되고 있는 다양한 콜라보레이션 중 여러 분야에서 가장 활발하지만 안정적으로 상품을 출시하는 새로운 브랜드가 되었다.

콜라보레이션은 적은 비용으로 기존의 고객들에게는 신선함을, 새로운 고객들에게는 호기심을 유발시킬 수 있다. 2010년 이후로 콜라보레이션은 매력적인 상품기획 방법의 하나로 자리 잡았고 업종 간 경계를 허무는 이색 콜라보레이션의 열풍은 계속되고 있다. 소비자 눈길을 사로잡는 이색적인 콜라보레이션은 서로의 장점을 더함으로써 소비자에게 호기심을 어필하고 새로운 시장을 개척하기에 좋은 방법이다.

문제는 소비자의 안전을 간과할 때다. 바둑알 같은 초콜릿, 우유 같은 바디워시, 딱풀 같은 '딱붙'캔디, 유성 매직 같은 음료수 등은 2021년 초중반에 만들어진 상품들로 이종 산업간 협업이 활발해지면서 이를 즐기는 '펀슈머(Fun+Consumer)'를 타깃으로 만들어진 콜라보 상품들이다. 하지만 이 제품들은 경쟁적으로 '더 충격적이고 재밌는' 콘셉트를

▲ '최강 미니 바둑 초콜릿', '유어스모나미매직스파클링', '딱붙 캔디', '온더바디 서울우유 콜라보 바디워시' 제품 이미지(왼쪽부터) [각 사] 출처 : UPI 뉴스 2021-08-17

표방한 상품을 기획하는 과정에서 소비자의 안전은 충분히 고려하지 않은 채 재미에만 치우쳐 출시됐다. 인지력이 떨어지는 노인이나 아이들이 빠질 수 있는 위험이 고려되지 않았다. 생활화학제품 디자인을 그대로 본따 만든 식품은 특히 어린이에게 혼동을 줄 수 있다. 한국소비자원 조사를 보면, 어린이가 이물질을 삼키는 사고는 2017년 1,498건에서 2018년 1,548건, 2019년 1,915건, 2020년 2,011건으로 매해 증가하고 있다. 주로 완구(42.7%), 문구용품 및 학습용품(6.0%), 기타 생활용품(4.6%)을 삼키는 경우가 많기 때문이다.

'먹으면 위험한 것과 먹는 것의 콜라보레이션'은 도를 지나친 더하기다. 국회 보건복지위원회가 2021년 7월 물품 겉모양을 본뜬 식품을 팔수 없다는 내용의 '식품표시광고법' 개정안을 의결한 것이나 먹거리로 잘못 인식할 수 있는 화장품도 판매를 제한하는 '화장품법' 개정안을 통과시킨 것은 모두 같은 피해를 볼 수 있다는 우려 때문이다. 상품 자체보다 어떻게든 눈길만 끌려고 하는 것은 본말이 전도된 기획이다.

상품기획자들이 쉽게 빠지는 실수 중에 하나는 '고객들은 무조건 더 주면 좋아할 것이다'라는 생각이다.

더하는 상품기획은 많은 상품기획의 경험을 바탕으로 타깃의 라이프 스타일과 트렌드에 대한 깊은 고찰에서 이루어지는 것이지 개발여력이 생겼다거나 새로운 기술적 노하우가 생겼다고 무작정 시도되어서는 안 된다. 고객의 상황이나 고객의 구매동기를 온전히 파악하지 못하고 대응하지 못한 더하기 방법은 제대로 된 상품기획이라고 할 수 없다.

고객의 정서를 고려하지 못하는 것도 주의해야 한다. 2000년을 전후로 노인인구의 증가가 사회적인 이슈가 되면서 요양병원의 수가 급격하게 확산된 때가 있었다. 그러자 많은 사업자들은 주변 환경이 좋고 비교적 개발이 용이하다는 이유로 요양병원을 도심 외곽이나 지방에 집중적으로 설립했다. 아울러 대부분은 요양시설 내에 의료진들을 확보하는 한편, 시설 내부나 가까운 인근에 장례식장을 마련하고 유사시 근거리에서 장례까지 치를 수 있도록 하는 서비스까지 제공했다.

계열화를 했으니 효율적인 배치였고 좋은 공간기획이었다. 사업적으로는 물론 요양원에 부모를 맡기는 자식들의 입장에서도 나쁠 것이 없어 보였다. 그러나 인기가 있어야 할 이런 형태의 요양병원은 시설의 선호를 떠나 요양시설에 실제로 입주를 해야 하는 노인들에게 심적인 불

▲ 지방의 한 요양병원과 부속 장례식장

편을 주면서 인기가 하락했다. 이유가 무엇이었을까?

병원에 입원해 있는 사람의 입장에서 생각해보면 요양병원은 외로움이 깊어지는 곳이다. 자기도 아픈데 주변에는 온통 몸이 불편한 사람들뿐인 곳이다. 거리가 먼 탓에 자녀들과 생기발랄한 손자들은 쉽게 올 수 없고, 오가는 사람이라고는 늙고 아픈 사람들과 친절은 하지만 따뜻하기에는 한계가 있는 직원들과 가끔 유명을 달리하는 사람들뿐이다.

이들에게 가까이 있던 누군가가 삶을 마감하여 병원 옆 장례식장으로 옮겨졌다는 소식은 입원자에게 불안감과 심한 스트레스를 줄것이 분명하다. 뿐만 아니라 경우에 따라 창문을 열면 보이는 장례식장 간판과 검은색 옷을 입은 사람의 행렬은 병을 극복하기 위해 요양을 선택한 사람들에게 삶에 대한 용기를 주기는커녕 상심과 죽음만을 생각하게 하는 지독한 공간이 될 수 있기 때문이다. 상품도 서비스도, 건축도 공간도 고객의 입장에서 불편한 것은 좋은 상품이 아니다.

강글리오 커피는 라면과 과자를 기반으로 우리나라 부식의 중심축을 이루고 있는 식품기업인 농심에서 2013년 1월 야심차게 런칭한 새로운 커피다. 이 커피의 콘셉트는 커피를 마시는 고객의 건강까지 생각한 '건강커피'라는 것. 농심은 아라비카 커피 원두에 몸에 좋은 녹골, 즉 녹용에서 추출한 강글리오사이드(Ganglioside)라는 것을 첨가했다. 그러나 강글리오 커피는 최고 수준의 브랜드 파워와 유통력을 가지고 있는 농심이 출시를 했음에도 불구하고 자리를 잡는 데 실패했다. 이유는 여러 부분에서 찾을 수 있겠지만 가장 주된 것은 커피를 마시는 고객들에 대한 분석이 부실했기 때문이다.

한스 게오로크 호이젤(Hans-Georg Hausel)이 쓴 <뇌, 욕망의 비밀을 풀다(Brain View)>에 따르면 사람들이 커피를 마시는 이유, 즉 커피가 사람에게 자극하는 동기와 감정은 Limbic Map(인간의 뇌는 균형-지배-자극 이 3가지의 시스템으로 인식한다는 뇌 과학분야의 뇌 지도)에서 설명하는 전 영역에 고루 걸쳐져 있다. 커피는 사람들에게 '마시는 것' 이상의 다동기성(多動機性)을 가진 상품으로의 특징 때문에 커피를 마시는 고객

▲ 농심 강글리오 커피

들은 '적어도' 커피를 마실 때는 건강을 생각하지 않는다. 건강을 생각하는 사람은 커피를 마시면서 커피에 뭘 넣어 건강에 도움이 되는지를 고민하지 않고 커피 자체를 마시지 않거나 부득이 마셔야 한다면 디카페인(Decaffeine) 커피를 마신다.

커피를 즐겨 마시는 사람들의 대부분은 커피를 그냥 습관적으로 마시거나 아니면 향과 맛으로 마신다. 커피를 향과 맛으로 마시는 사람들은 커피의 섬세한 향을 즐기고 첫맛과 끝맛, 살짝 떫은맛과 신맛을 구분하며 원두의 종류와 재배지는 물론 재배시기와 로스팅(Roasting) 시간과 커피를 추출하는 온도까지 신경을 쓰는 사람들이다. 그러나 강글리오 커피는 맛과 향이 강한 강글리오사이드를 익숙한 커피에 더함으로써 기존에 커피를 마시는 사람들에게 익숙했던 '맛과 향'에 매우 이질적인 요소를 제공했다. 결국 이 제품은 제조사가 타깃했던 '기존에 커피를 익숙하게 마시는 사람들'과 '건강을 위해 커피를 마시지 않는 사람들' 모두에게서 외면당했다.

실패를 경험한 농심은 그해 11월, 강글리오에 이어 새로운 상품을 출시했다. 두 번째 제품의 이름은 '강글리오 꿀사과커피'. 이 제품은 이전 실패작인 강글리오커피에 꿀과 사과를 더함으로써 '건강한 커피'라는 점을 극대화했다. 농심에서는 첫 번째 상품인 강글리오의 실패가 품질 좋은 아라비카 커피에 강글리오사이드만을 넣어서는 '건강한 커피'라는 콘셉트를 제대로 부각시키지 못함은 물론 맛도 좀 부족했기 때문에 이를 보강해야 한다고 판단했던 것 같다. 이들은 광고모델까지 교체하고 새로운 TV광고를 제작하여 다양한 채널을 통해 신제품의 출시를 알렸다. 이들이 보여준 새 상품의 TV광고는 두 번째 상품도 왜 실패를 했는지를 명확하게 보여준다. 값도 비싼 신제품 커피를 맛있게 마신 남자 배우의 마지막 멘트는,

'이야~ 꿀맛이네!'

커피를 마셔놓고 꿀맛을 얘기하는 부조화를 사람들은 이해하지 못

했고, 결국 이 제품도 사람들이 가장 관심 있어 하는 '건강'이라는 요소를 충분히 더했음에도 불구하고 실패했다.

더하기를 할 때는 기존의 것을 더 부각시킬 수 있는 플러스(+)가 더해져야 한다. 애매한 수준의 플러스, 아이덴티티가 모자란 플러스는 좋은 상품기획이라고 하기 어렵다.

현대그룹의 프리미엄 브랜드로 아이덴티티를 가져가고 있는 제네시스. 그러나 제네시스도 첫 런칭은 쉽지 않았다. 현대자동차에서 첫 제네시스(Genesis)가 출시된 것은 2008년. 국내에서 수입차의 비중이 늘어나면서 독일 수입차들과 경쟁을 하기 위해 프리미엄 세단으로서의 극대화된 이미지가 필요했던 현대자동차는 이탈리아 럭셔리 브랜드인 프라다(www.prada.com)와 2년간의 공동개발 기간을 거쳐 2011년 5월,

▲ 제네시스 프라다 (출처: 조인스닷컴)

콜라보레이션 모델인 '제네시스 프라다'를 출시했다.

소비자가격 7900만 원에 배기량 5,000cc로 출시 초기 '연간 국내 1,200대 한정 판매와 해외 판매 800대'를 목표로 하며 연예인과 중소 기업 대표, 의사를 비롯한 전문직 종사자를 타깃으로 했던 제네시스 프라다는 그러나 2011년 12월까지 300대 남짓한 초라한 성적을 거뒀고 이어 2013년에는 배기량까지 낮춘 신형을 출시하며 변신을 꽤했지만 여전히 상황을 반전시키지는 못했다.

실패의 이유에 대해 언론은 현대차의 기업 이미지와 제네시스 브랜드 이미지가 독일 등 해외 고급차에 비해 여전히 낮고 현대차의 고급차 판매 노하우가 부족한 상태에서 지나치게 높은 차량 가격과 명품다운 특별함이 없어서라고 했다. 하지만 상품기획 측면에서 보면 다른 아쉬움이 남는다. 프리미엄 자동차와 경쟁을 하겠다고 하면서 프리미엄 자동차 시장에서 주류가 아닌 현대자동차가 글로벌 명품시장에서 누구나 인정할 수 있는 핫(Hot)한 프리미엄 브랜드가 아닌 프라다와 콜라보를 통해 프리미엄 시장에 진입을 하려고 했기 때문이다. 'B'와 'B'의 만남은 'A'가 될 수 없다. 현대자동차 입장에서는 당시에 취할 수 있는 최상의 선택이었겠지만 결과적으로는 목적을 달성하는 데는 무리가 있는 '더하기'였다.

삼성전자와 LG전자가 각각 휴대폰과 스마트폰 시장에서 콜라보레이션을 진행했던 삼성의 아르마니폰이나 LG프라다폰도 특정된 상품에 최적화되지 못한 아쉬움이 남는 '더하기' 사례를 보여준다. 아르마니(Armani)나 프라다(Prada)는 패션에 있어 자연스러운 실루엣과 피팅, 디자인이 뛰어난 브랜드이지 특별하게 두드러지는 아이덴티티, 혹은 심볼이 대중들에게 깊이 각인되어 있는 샤넬(Chanel)이나 루이뷔통(Louis Vuitton)과 같은 브랜드가 아니다.

고객들은 삼성 아르마니폰에서 디자이너 아르마니가 그의 패션세계에서 보여준 아름답고 고혹적인 실루엣과 라인을 기대했지만 그들이 발견한 것은 그런 것이 아니었다. 아르마니만이 가지고 있는 특유의 감성을 검고 딱딱한 사각형 플라스틱에서 발견하기는 쉽지 않았다. 고객들은 콜라보 제품을 브랜드만 빌려와서 로고만 더한 라이선스의 한계를 보여주는 상품과 크게 다르게 느끼지 않았다. 금색 테두리, 은색 로고가 있었지만 여전히 패션에서 보여준 아르마니와 프라다의 감성을 느끼기에는 부족했기 때문이다. 더할 때는 냉정하게 생각하고 분명하게 더해야 한다. 애매하고 어정쩡한 더하기는 고객들에게 부족함만 느끼게 할 뿐이다.

더할 때는 더함으로써 만들어질 수 있는 불안요소가 있는지 경계해야 한다. 흔히 구조적, 화학적 물성으로 인해 발생할 수 있는 이 문제는 개별적으로 존재할 때는 안정적이던 두 개의 물질이 하나로 합쳐지면서 일어날 수 있는 문제로서 더하기를 할 때는 반드시 더한 후에 만들어지는 성분이나 물질을 비롯해서 새로운 상품에 대한 안전성 검증을 재고해야 한다.

미국에서 출시된 호신용 스마트폰케이스는 평상시에는 스마트폰케이스지만, 유사시에는 가스총처럼 최루액을 분사할 수도 있고 덮개를 열면 전기 충격기로 쓸 수 있는 장치까지 '더해진' 제품이었다. 그러나 아무런 문제가 없던 두 개의 기능이 더해지자 이 상품은 오사용으로

▲ 아이폰용 호신용 휴대전화 케이스 (출처: SBS 뉴스)

인해 자신에게는 물론 의도가 없는 상대에게 위협을 줄 수 있는 도구로 바뀌고 말았을 뿐 아니라 자신을 보호하기 위한 도구가 오히려 남을 위해 하는 범죄의 도구로 사용될 수 있는 우려까지도 낳게 되었다. 불안요소가 있는 '더하기' 방법이 적용된 상품은 좋은 상품기획이라고 할 수 없다.

분명한 것은 고객들은 더하기 처방을 통해서 더욱 완성된 새로운 상품을 보고 싶어 한다는 것이다. 마치 어벤져스(Avengers)처럼.

▲ 최고들의 조합으로 만들어진 어벤져스 (출처: 영화 〈어벤져스〉(The Avengers), 2012)

빼기

기대되는 유망한 방법

'자꾸만 타이어가 터져서 불만인데 아예 타이어에서 공기를 빼버리면 어떨까? 공기를 빼도 타이어의 역할을 할 수 있을까?

세계 타이어 1위 기업인 브리지스톤이 2013년 2세대 비공압 콘셉트 타이어(Air Free Concept Tire)를 '2013년 도쿄 모터쇼'에서 선보였다. 브릿지스톤(www.bridgestone.com)은 이미 1세대를 거치면서 타이어 하중용량과 주행성능, 친환경적인 디자인을 개선한 2세대 타이어는 최첨단 타이어 기술을 적용하여 '공기를 뺀 타이어'를 상용화하는 데 한 걸음 더 다가서 있었다. '공기 없는 타이어(Non-Pneumatic tire)'는 타이어의 안쪽에 바퀴살들이 촘촘히 설계된 독특한 구조로 이 바퀴살들은 차량의 무게를 지탱해주면서 기존 타이어에 있던 공기의 역할을 하고 있다.

비공압 타이어는 타이어에 공기를 넣을 필요가 없다. 타이어의 유지 비용이 낮아지는 것은 물론 펑크에 대한 우려가 완전히 사라진다. 기존 타이어의 트레드 부위에 해당하는 고무 부분에는 타이어의 재활용 가능한 소재를 사용해 자원을 보다 효율적으로 활용할 수 있다. 또 비공압 타이어는 회전저항 계수가 매우 낮아 이산화탄소 배출을 줄이는 데도 효과적이다. 브리지스톤은 이런 기술력을 바탕으로 친환경과 안전에 보다 차원 높은 비공압 타이어 제품을 곧 상용화할 수 있을 것으로 기대하고 있다.

▲ 비공압 콘셉트 타이어 (출처: 브릿지스톤)

공기를 뺀 비공압 콘셉트 타이어는 특허 받은 원료기술과 타이어 구조의 간소화를 실현함으로써 에너지 손실을 줄이는 데도 성공했다. 공기를 주입하는 기존 타이어와 같은 수준의 회전 저항력을 가짐으로써 이산화탄소 배출 감소에 큰 역할을 할 수 있게 되었기 때문이다.

이처럼 '빼기'는 기존의 상품이 가지고 있던 여러 가지 요소 중에 핵심적인 기능만을 별도로 떼어 특화시킴으로써 새로운 상품을 기획하거나, 혹은 요소의 일부를 제거함으로써 효과를 증대시키고 효율을 높여 본연의 기능에 집중하도록 하는 상품기획 방법이다.

상품기획 방법으로 '빼기'를 기존 상품에 적용하면 새로운 상품은 가벼워지고 쉬워지고 저렴해지고 간단해지고 친환경스러워진다.

'빼기'는 앞으로가 더 기대되는 상품기획 방법이다. 1980년대부터 1990년대를 정점으로 모든 업계에 집중되었던 '더하기' 처방이 익숙해짐에 따라, 각지에서는 자원고갈 문제가 대두되고 건강과 환경이 최고의 이슈로 자리 잡으면서 '빼는 상품기획'에 대한 관심이 갈수록 더해지고 있기 때문이다. 과거에는 빼고 싶어도 기술이 부족했다. 그러나 지금은 경험도 있고 기술도 있다. 더군다나 효율성과 가격적인 메리트, 복잡한 것을 싫어하는 고객들의 행동변화에 따른 니즈(Needs)도 강력하기 때문에 과거와는 달리 빼는 상품기획 방법이 적용될 수 있는 분야는 매우 많다.

가격 빼기

'대륙의 실수', '가성비의 끝판왕'은 사실 샤오미보다 앞서 중국 중산(中山)에서 시작되었다. 중국 혁명의 아버지인 '쑨원의 도시'인 중산(中山)에는 수시로 판매가격을 내려 시장우위를 노리는 전략을 구사해서 '가격백정(屠夫)'이라는 별명이 붙은 전자기업 갈란츠(Galanz, 格蘭仕)가 있다. 1978년 오리털 의류 생산공장이던 구이저우(貴州)오리털제품회사를 모태로 1992년 설립된 갈란츠는 7명의 사원으로 시작했다. 그리고 1993년 전자레인지를 생산하기 시작한 지 2년 만인 1995년 중국 내 시장 점유율을 25.1%로 늘리며 중국 1위 업체로 등극했고 이어 곧 세계 1위까지 올랐다. 갈란츠는 1초에 1대 이상의 전자레인지를 생산하고 있으며 45,000명 이상이 일하는 거대 회사로 성장했다.

▲ 갈란츠 중산공장 전경 (출처: www.twwiki.com)

1993년 전자레인지 업계의 제조는 중국을 비롯한 아시아 지역의 노동비용이 낮은 나라가, 소비는 주로 선진국이 맡고 있었다. 정작 가장 많은 양을 생산하고 있는 중국에서는 총 가구 가운데 2%만이 전자레인지를 가지고 있었다. 중국의 식문화를 고려할 때 너무나 작은 보유율이었지만 문제는 가격이었다. 당시 전자레인지 업계는 뛰어난 사용의 편이성으로 인해 세계적인 수요가 증가하면서 글로벌 업체들 간에 경쟁이 심화되어 기본 기능 이외에 다양한 기능들이 추가되면서 '더하는 상품기획' 방법이 주종을 이루던 시점이었다. 이 때문에 전자레인지는 매력적인 제품이기는 했지만 저임금 구조의 중국 중산층에게는 가격적으로 부담이 되는 제품이 되어 있었다. 갈란츠는 부엌에 들어갈 만한 크기로 값비싼 부가 기능을 빼고 기본 기능에 충실하되 에너지 효율이 높으면서 가격이 저렴한 제품을 만들면 방대한 숫자의 중국 중산층과 중하층 소비자들이 부담을 갖지 않고 살 수 있을 것으로 판단했다. 그들의 예상은 적중했다.

▲ 갈란츠의 전자레인지(Microwave Oven) D7 Series

가격거품과 부가서비스를 뺀 이들의 소비자 판매가격은 다른 회사의 출하가격까지 내려갔고 출시와 함께 엄청난 매출이 발생했다. 매출이 늘어남에 따라 갈란츠는 규모의 확대에서 오는 회사의 비용구조를 절감하여 제품의 가격을 더 내림으로써 수요를 촉진했다. '원가 절감 → 가격 인하→판매 확대'라는 선순환 전략이 작동한 것이다.

1993년부터 2002년까지 10년간 갈란츠는 8차례의 혁명적인 가격인하를 단행했고 매번 인하폭은 평균 20% 수준이었다. 파격적인 가격인

하로 갈란츠의 중국 시장점유율은 1993년 2%에서 2000년에는 무려 76%로 높아졌다. 2002년, 갈란츠는 글로벌 시장점유율 35%로 세계 최대의 전자레인지 제조업체가 되었다.

이들은 처음부터 단순한 기능으로만 제품을 만들어 연구개발비를 최소화했고 대량생산을 통한 규모의 경제를 실현하여 개당 연구개발비 부담을 최소화했다. 높은 노동효율성으로 생산 극대화를 했고 홈페이지를 통한 입소문과 광고로 광고비를 절약했다. 언론과의 관계도 우호적으로 유지해서 광고가 아닌 홍보를 통해 브랜드를 알리면서도 그에 따른 비용은 최소화했다. 생산과정에서는 이미 제품에 익숙한 연구인력을 채용하여 교육과 기회비용을 줄였고 판매의 절차와 조직구조를 대폭 간소화하여 판매를 전문유통업체에 위탁함으로써 자체 인력에 대한 고정비를 절감했다. 이들의 활약으로 인해 1990년대 후반부터 중국 내 기업들은 물론 글로벌 기업들이 전자레인지 사업에서 철수하기 시작했고 2000년대 중반에는 삼성전자와 LG전자도 중국 내 전자레인지 공장을 폐쇄하기에 이르렀다. 2006년에는 맞수이자 세계 1위 가전 업체인 하이얼을 전자레인지사업에서 손을 떼게 만드는 기염을 토하기도 했다.

오랜 더하기 처방을 통해 크고 화려하고 무거운 것이 보편화된 상품에 원론으로 돌아가 꼭 필요한 기능을 제외하고 굳이 없어도 되는 기능을 빼면서 자연스럽게 거품을 걷어내는 '빼기' 처방은 고객들로 하여금 가장 민감한 가격에 직접적인 영향을 주기 때문에 브랜드 중심이 아닌 기능 중심의 상품기획에 매우 효과적인 방법이 된다.

'여행상품'이라는 상품구성 요소 중 상품의 핵심 속성인 'A로부터 B 까지의 빠르고 안전한 이동'에 주력하여 이 기능 이외의 것은 과감히 제거함으로써 가격을 파격적으로 낮춘 저가 항공사(Low Cost Carrier) 도 있다. 미국의 사우스웨스트항공(Southwest Airline)이나 버진아메리 카(Virgin America Airline), 중국의 춘추항공(Spring Airlines), 한국의 제 주항공 등은 목적하는 기능 이외에 기존의 업체들이 경쟁을 위해 더 했던 '편안한 예약시스템', '맛있는 식사', '다양한 무상음식', '멋진 승무 원 복장', '가까운 계류장'은 물론 심지어는 '편안한 자리'까지 빼버렸지 만 확실한 가격 혜택으로 하나같이 높은 성장을 기록하고 있다. 불필 요한 서비스로 인한 가격의 거품을 빼고 '저렴한 가격의 안전한 이동' 만을 제공하는 저가 항공사들의 출현은 세계적인 경제 불황과 잘 맞 물려, 국내의 경우 국내선과 국제선을 합한 저가 항공사들의 여객분담 률이 전체 승객의 30%를 넘길 정도로 급속한 성장세를 이어가고 있 다. 빼면 새로운 상품이 된다.

스마트폰과 디지털 카메라로 엄청난 양의 사진을 찍기는 하지만 정 작 '인화'라는 작업을 하기까지는 엄두를 못내는 사람들, 그냥 메모리 에 담아 두자니 아쉽고 그렇다고 꺼내서 일일이 인화를 하자니 엄두가 나지 않는 현대인들을 위한 상품도 있다. 컴퓨터의 복잡한 기능 중에 단순한 선택기능과 뷰어(Viewer)의 기능만을 떼어서 만든 디지털액자 는 '빼기' 상품의 전형이다. 디지털 액자는 일정한 간격으로 수천 장의 사진을 넘겨볼 수도 있고 액자처럼 한 장을 계속 둘 수도 있고 동영상 을 볼 수도 있다. 이 제품은 모니터보다도 훨씬 더 저렴한 가격적인 메 리트와 뛰어난 인테리어 효과까지 겸비하며 새로운 고객층에게 어필하는 뛰어난 신상품이 되었다.

▲ SONY DPF–C800 (출처: 다이와닷컴)

성능 빼기

우리나라에서도 '더하기' 처방이 한창이던 1990년대 중반, 공학박사 출
신의 전문 경영인이었던 대우전자의 배순훈 사장(전 정보통신부 장관)은
당시 분위기와는 정반대 개념이었던 '기본에 충실하자'는 이름의 '탱크
주의(1994년)'*를 내세우며 가전업계에 신선한 바람을 일으킨 예가 있
었다.

---

* 제조업의 기본은 소비자가 원하는 상품을 가장 저렴한 가격으로 공급하는 것. '고장 안 나는 제품'이라는 차별
  화 전략. 출처: 한국생산성본부 블로그(http://kmablog.blog).

▲ 대우전자 탱크주의 지면 광고 (출처: 구글)

'품질보다 더 좋은 광고는 없습니다.'

아름다운 미사어구나 예쁘고 젊은 이미지 모델은 쏙 빼고 짧고 강한 메시지와 함께 사장과 생산라인의 여직원이 함께 서 있는 이 광고는 확실한 '빼기'로써, '탱크주의'라는 슬로건과 함께 방송과 동시에 대우전자에 대한 호감도와 고객 충성도를 크게 높였다. 대우전자는 광고와 함께 탱크주의를 실현한 공기방울 세탁기와 탱크주의 냉장고를 비롯한 백색가전류와 임팩트 TV, 다이아몬드헤드 VTR 등을 출시하며 1995년 기준 22개국, 33개 제품이 시장점유율 1위를 하며 한국 전체 가전 수출의 38.8%를 차지하는 놀라운 성과를 보여 주었다.

너무 뭉툭해서 촌스럽기까지 한 이 광고는 뛰어난 광고 캠페인으로 상까지 받으며 '좋은 제품은 좋은 광고'라는 명언을 만들기도 했다. 당시 배순훈 사장은 한 인터뷰에서 '탱크주의가 곧 소비자가 원하는 제품을 만드는 것'이라며 자신의 경영철학을 편 바 있다. 그는 자신의 경영철학을 제품에 그대로 적용시켜 단순하고 강력한 기본 기능에 충실한 제품들을 통해 고객들을 마음을 사로잡았다.

탱크주의의 산물은 아니지만 탱크주의가 천명된 지 20여 년이 지난 2012년 대우전자의 후신인 대우일렉트로닉스(현 동부대우전자)는 초소형 벽걸이 세탁기를 출시했다. 이 제품은 단순히 크기를 축소시켜 새 상품을 기획한 '작은 사이즈의 입식(立式) 제품'이 아니라 크기의 축소와 함께 벽에 걸 수 있도록 아이디어를 더함으로써 공간을 최소화했다는 데 기획의 포인트가 있는 상품이다.

2012년 4월 세계 최초로 선보인 대우일렉트로닉스의 벽걸이 세탁기 '미니'(mini)는 출시 이후 매달 2천~3천 대씩 판매되어 출시 1년 만에 3만 대 이상 팔리며 대우일렉트로닉스의 히트 상품이 됐고, 개발과 동시에 중국시장 진출의 첨병이 되는 데 이어 2015년 12월에는 '2015 세계일류상품 인증서'를 받음으로써 차세대 세계 일류상품으로 선정되는 기염을 토하기도 했다.

세탁 용량 3kg, 폭 29.2㎝, 무게 16.5kg으로 부피와 무게를 대폭 줄여 벽에 거는 방식을 구현해 가정 내 공간 효율성과 사용 편의성을 극대화한 이 제품은 소비전력 23W, 물 사용량 29L만으로 세탁에서 탈수까지 마칠 수 있어 에너지 절약에도 매우 효과적인 제품이다. 비슷한 용량의 다른 세탁기가 세탁에 소요되는 시간이 약 42~122분인 반면 미니는 29분에 불과하다.

개발 당시만 해도 삼성전자나 LG전자는 계속적으로 대용량 세탁기를 내놓는 상황이었다. 그러나 대우일렉트로닉스는 1인 가구의 증가, 환경오염에 따른 청결의식의 강화, 저출산이기는 하지만 상대적으로 높은 육아비용에 대한 부담에 주목했다. 특히 아이 빨래를 따로 하는 가정이 늘어나고 있다는 사실에 주목한 대우일렉트로닉스는 아파트 중심의 주거문화에 맞는 '효율성을 높인 소용량 세탁기'라는 아이디어를 끌어냈다. 이들은 벽에 세탁기를 고정하고 진동을 잡기 위해 새로운 모터부터 개발을 시작한 지 2년 만에 혼자 사는 집과 아이를 키우는 집에서는 불필요한 과대한 용량을 '뺀' 3kg용량의 벽걸이형 드럼세탁기를 출시할 수 있었다. 벽걸이형 세탁기의 용량은 일반 가정의 드럼세탁기의 1/3, 하지만 가격은 1/2 수준이다. 동부대우전자의 효도 상품이 아닐 수 없다. 고객들도 잔류세제가 옷에 남지 않도록 세제를 확실하게 빼주는 '삶음 세탁'에 '추가 헹굼'을 진행하는 '아기 옷 삶은 코스'까지 채용한 이 제품을 반가워하며 구매하고 있다.

▲ 대우일렉트로닉스 벽걸이 세탁기

| 유통 빼기

뺄 수 있는 것은 가격과 기능만이 아니다. 유통구조의 개선을 통해 50% 이상의 비용을 뺀 저렴한 보청기도 있다. 2009년 설립된 국내 보청기 업체인 사회적 기업 딜라이트(www.delight.co.kr) 보청기는 '보청기 가격은 비싸다'는 고정관념을 깨뜨리고 혁신적인 유통구조 개선으로 일반 제품에 비해 1/3 절감된 30만 원대 가격의 고품질 보청기를 판매하고 있다. 이로써 소비자들은 독일에서 직접 수입해 온 부품을 국내에서 조립하고 직영점 체제로 소비자들에게 판매함으로써 좋은 품질이지만 저렴한 가격에 보청기를 구매할 수 있게 되었다. 2012년에는 기존 보청기에 비해 크기는 30% 작아지고, 가격은 50% 이상 저렴한 합리적인 가격의 '미니'보청기가 출시되면서 미관에 민감한 난청인들에게 큰 호응을 얻기도 했다.

▲ 딜라이트 미니 팜플렛 중 일부

　딜라이트는 기존의 업체들이 운영해 오던 방식 중 두 가지 측면에서 단가를 낮출 수 있었던 방식을 찾았다. 먼저 완제품을 수입하지 않고 '부품수입→국내완성품조립→직영판매'라는 방식을 취함으로써 가격을 낮춰 박리다매를 통한 이익액을 높이는 형식을 취했다. 딜라이트는 대형마트와 같이 EDLP(Everyday Low Price) 전략을 택함으로써 싼 값에 많은 양을 팔아 이윤을 얻는 방식을 택한 것이다. 이들은 판매규모가 커질수록 부품들을 더 싸게 수입해 올 수 있어 지속적으로 싼 값에 보청기를 제공할 수 있었다. 두 번째는 개인별 청력에 따라 제공하는 맞춤형이 아닌 표준화된 보청기를 제공함으로써 부가적인 시간과 비용을 줄였다. 이들은 보통 분실의 우려로 인해 보청기를 구입하지 못하는 노인들의 고민을 해결하기 위해 보청기에 보험을 들어 구입 후 1년 이내에 분실하면 보험이 적용될 수 있도록 했다. 분실 후라도 원래 가격의 30%만 부담하면 새 제품을 구입할 수 있는 이 제도는 고객 입장에서는 따로 보험료를 지불할 필요도 없어 30만 원대 초반의 부담으로 독일 소재, 국내 조립의 제품에 보험료까지 포함된 제품을 구매할 수 있어 딜라이트는 불안감까지 제거한 제품으로 빨리 시장에 자리 잡을 수 있었다.

2015년부터는 정부의 청각 장애인에 대한 보청기 보조금이 인상됨에 따라 청각장애인 패키지를 마련하여 보청기 이용자들에게 자기부담금을 최소화할 수 있는 방법까지 일부러 알려주고 있으니 사람들이 선호할 수밖에 없다.

1997년 데이콤의 사내벤처로 시작한 인터파크(www.interpark.com)의 출범 이후 2012년이 지나면서부터 백화점과 마트, 홈쇼핑, 재래시장은 물론 슈퍼마켓에 이르는 전 유통 중 가장 큰 폭의 성장을 하고 있는 온라인 쇼핑도 유통의 간극을 제거함으로써 성공한 서비스 상품이다. 특히 옥션(www.auction.co.kr)이 주도한 오픈마켓은 생산자와 소비자 사이에 있던 도매상, 총판, 도도매상, 소매상 등의 단계를 뺌으로써 유통의 혁신적인 변화를 일으켰고 공동구매, 구매대행, 구제판매, 선주문후생산 등의 새로운 비즈니스 모델을 만드는 데 주도적인 역할을 했다.

우리나라 최초의 다이렉트 보험인 교보자동차보험(2001년)을 시작으로 이미 보험업계에서 주된 판매채널이 된 다이렉트보험도 기존의 보험체결 절차에서 보험설계사를 뺀 경우이고, 2000년대 중반부터 큰 인기를 끌고 있는 '역구매'라는 모델도 국내에 있는 소비자가 해외에서 필요한 물건을 유통업체의 수입에 따른 절차 없이 직접 구매하는 행위로 유통을 뺀 새로운 서비스 상품기획이 적용된 사례다.

| 구성 빼기

코로나 감염병 사태 이후 소비자들이 집에 머무는 시간이 많아지면서 가장 큰 혜택을 본 산업 중에 하나는 식품산업이다. 특히 온라인과 배달업을 연동한 식품기업들의 성장은 외국에 나가기 어렵고 여행이 까다로워진 대중들에게 '편리함'을 내세우며 급속한 성장을 했다.

바이러스가 트렌드 변화에 속도를 높인 요즘, 소비자들은 환경에 부담이 되는 것은 물론 특히 자신에게 부담이 되거나 양해 없이 강요를 하거나 자신을 위해하는 하는 요소에 대해서는 훨씬 더 강도 높은 비판의식을 가진다. 상품에 있어 그러한 요소를 사전에 제거하는 것은 이전보다 더 많은 소비가치를 증대시킨다. '보여주기'가 중요했던 시기와는 반대로 실리와 실질적인 소비자 편익을 고려한 기획 방법은 불필요한 구성을 미리 빼는 것이다. 현재 판매되는 상품에 소비자들이 사용 후 버려야 하는 구성품은 무엇인지를 찾아 그것을 빼는 것은 새로운 상품을 기획하는 좋은 방법이 된다.

구글 검색창에 '뼈없는'이라는 단어를 치면 '뼈없는 닭발'부터 '뼈없는 감자탕'까지 10여개에 가까운 연관검색어가 뜨는 것은 이미 이처럼 구성을 제외하는 새로운 상품기획이 곳곳에서 이루어지고 있음을 나타낸다.

2019년 3월 페이스북을 통해 첫 상품을 출시한 이후 오프라인 판매 없이 페이스북과 인스타그램 등의 SNS 채널로 1년 만에 25만 팩, 런칭 3년 만에 60만 팩을 판매하며 '제주도 돼지 족발'의 흥행을 만들어낸 '티케이벤처스(2020년 3월 콘크리F&B로 사명 변경)'는 스타트업에서 분사한 더 작은 스타트업 회사다.

▲ 제주담은족발 상세페이지 일부 출처 : 보고쿡 홈페이지

'뼈없는 족발'. '제주담은족발'이라는 브랜드를 시작으로 '성실교자'라는 브랜드를 거쳐 성장하고 있는 이들은 짧은 업력에도 불구하고 뉴미디어 종합 콘텐츠 기업으로 자리매김하고 있으며, 더에스엠씨그룹의 식음료부문을 담당하고 있는 전문 기업으로 MZ세대를 타깃하는 기획상품과 마케팅으로 뻔하고 오래된 안주시장에서 고객들에게 새로운

상품을 제시하며 성장의 폭을 더해가고 있다. 이들이 타깃한 소비자들은 주문해서 받을 때는 푸짐하고 많은 것처럼 보이지만 막상 먹으려고 하면 실제로는 쓰레기에 불과한 돼지족발의 뼈를 미리 발라 '뼈'라는 구성품을 빼고 고객의 편의를 더하는 동시에 쓰레기를 대신 버려준 것에 대해 고마워하는 요즘 세대들이다. 손질하기도 어렵고 버릴 때도 신경 쓰인다는 소비자들의 의견을 반영하여 기획한 첫 상품을 성공시킨 이들은 지금도 소비자의 피드백을 적극 반영하여 제품 구성을 교체하거나 마케팅에 활용하는 등 적극적인 소비자 소통을 하고 있다.

출시된 지 10년이 훌쩍 넘었지만 여전히 전 세계에서 두툼한 팬덤을 보유하고 있는 프리미엄 스마트폰 제조사인 애플은 지난 2020년 자사의 첫 5G 모델인 '아이폰12'를 출시하며 큰 변화를 시도했다. 5.4인치부터 6.7인치까지 다양한 사이즈의 상품을 출시함과 동시에 기본 구성품을 대폭 줄인 것이다. 이들은 본체와 함께 지금까지 당연하게 제공하던 번들 이어폰과 충전 어댑터를 기본 구성에서 제거했다. 이후 제품들은 단말기를 구입하면 본체와 함께 USB-C 라이트닝 케이블만 들어 있다. 이들이 2개의 구성품을 빼며 밝힌 이유는 환경 때문이었다. 애플이 설명한 자료에 따르면 이미 세계에는 20억 개 이상의 애플 전원 아답터가 사용되고 있고, 이어폰과 충전 어댑터를 빼면 생산 원가를 낮출 수 있을 뿐 아니라 이로 인해 상자의 크기는 작아지고 무게가 가벼워져 배송 운반대에 이전보다 70% 더 많은 양을 적재할 수 있다는 것이다. 이는 매년 45만대의 차량 통행이 줄어드는 효과를 내기 때문에 환경을 해치는 탄소배출량을 줄일 수 있고 불필요한 쓰레기를 줄일 수 있다는 것이

▲ 아이폰 12 구성품 출처 : 애플 홈페이지

다. 사실 아이폰이나 아이팟, 아이패드를 사용하는 사람들에게 새로운 아이폰을 구매하며 따라오는 이어폰과 어댑터는 '이미 가지고 있고 문제없이 사용하고 있는데 또 가지게 되는, 버리기 아까운 쓰레기'인 경우가 많았다. 애플이 기본 패키지에 충전기와 번들 이어폰을 제외하자 일부 단체와 기관들은 '소비자들에게 충전기를 지급하지 않는 것은 사실상 부당한 가격 인상'이라고 불편한 논평을 내 놓기도 했지만 소비자들의 생각은 달랐다. 탄소배출 저감 등 환경보호에 관심이 증가하면서 소비자들은 "역시 애플!"이라며 애플의 새로운 정책에 환호했다. 아이폰 12 시리즈는 출시 7개월 만에 누적 판매량 1억대를 돌파했다. 단순계산으로 시간당 1만 9,841대가 팔린 셈이고 역대급 판매 수준이다.

애플이 정말로 소비자들에게 그만큼 출고가격을 낮춘 것이 맞는지, 혹은 그만큼을 성능으로 보전하고 있는지는 알 수 없다. 어쩌면 정품 액세사리를 별도로 판매하여 추가적인 수익을 가져가려고 하는 것인지, 향후 아이폰이나 애플워치, 에어팟과 같은 여러 장치를 동시에 충전할 수 있는 별도의 '무선 충전 액세서리'를 만들고 쉽게 판매하기 위해 큰 그림을 그리는지도 모를 일이다. 하지만 아이폰 12는 전 세계 시장에 잘 안착했고 구성품을 빼는 방식은 삼성 등 다른 프리미엄 스마트폰 시장에까지 퍼지는 나비효과를 유발했다.

불필요한 구성품을 빼면 제조사에게는 추가 이익을 제공함은 물론 소비자에게는 개봉(사용) 후 불필요한 추가 부담을 감소시켜 줄 수 있으므로 오히려 고객으로 부터 칭찬을 유도할 수 있다. 특히 요즘처럼 환경에 대한 이슈가 높아지고 있고 서비스의 개인화에 대한 요구가 높아진 시기에는 필수적으로 생각해 봐야 하는 상품기획 방법이다.

| 나누기도 빼기다

'나눔'은 '빼기'를 정의하는 다른 말이다. 상품에 특성을 부여하든, 고객의 특징을 정의하든 같은 고객도 공공연한 기준으로 고객을 나누면 새로운 상품을 기획할 수 있다.

용도가 같은 상품을 나누는 가장 익숙한 방법은 성별이다. 성별과 함께 나이를 더해 나눌 수도 있다. 동일한 상품도 남녀노소를 따로 타깃하고 각각의 취향을 고려해서 상품을 기획하면 용도는 같지만 전혀 다른 상품이 된다.

마트나 회원제 할인매장을 다녀보면 어렵지 않게 볼 수 있는 상품 중에 하나가 같은 브랜드의 상품에 다른 숫자를 표기한 '단계별 상품'이다. 인구통계학적인 분류기준이나 생물학적 분류기준을 기반으로 연령이나 월령으로 같은 기능을 가진 상품을 성분이나 사이즈를 조절하

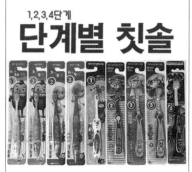

▲ 이마트에서 직수입하고 있는 압타밀과 치아 발육 단계에 따라 구입할 수 있는 시판용 칫솔 출처 : 구글

여 출시한 상품들이다.

레벨(Level)이나 성취도에 따라 초급, 중급, 고급 또는 기본, 실전, 심화 등으로 구성되는 상품들도 있다. 이들 상품의 공통점은 하나의 콘셉트를 가진 상품을 콘텐츠에 따라 단계를 나눔으로써 고객을 세분화하는 특징이다. 세분화된 고객은 자연스럽게 세분화된 상품을 구입하게 된다.

아이를 키워보면 아이들이 먹는 이유식이나 분유의 적정량을 맞추는 것이 쉬운 일이다. 모유수유를 하는 경우는 그렇지 않지만 여러 가지 사정으로 엄마가 모유수유를 할 수 없는 경우 엄마들은 아이의 출생일수와 몸무게에 따라 계획된 양의 분유를 먹이다가도 어느 날 아이가 큰 것 같거나 우유를 마지막으로 빨아낸 아이가 엄마 눈에 입맛을 다시는 듯한 느낌을 보이면 왠지 '더 먹을 수 있을 것 같다'는 기대감에 우유를 더 타기가 일쑤다. 아이가 더 먹어주면 너무 좋다. 하지만 아이가 엄마 마음과 같지 않아 서너 번만 빨고 말거나 몇 번 먹다가 장난끼가 발동하여 입으로 우유를 불어대다가 고개를 돌리면 이래저래 다시

입에 물려질 시도를 하던 우유는 대부분 버려진다. 이런 일 때문에 아이의 개월 수에 맞는 단계의 우유를 꼭 맞게 산다는 것은 여간 어려운 일이 아니다. 결국 먹던 분유는 몇 통씩 남게 되고 엄마들은 개월 수를 단위로 구분해서 판매하는 다음 단계의 새 분유를 구입하게 된다. 그만한 연령의 아이들에게 1단계와 2단계의 조제분유에 들어 있는 영양 성분이 얼마나 유의미하고 큰 차이가 있을지 모르겠지만 분유 앞에 큼지막하게 적혀 있는 숫자는 엄마들로 하여금 이전 상품이 아닌 다음 단계의 새로운 상품을 구입하게 한다.

이유식이나 기저귀처럼 사용자와 구매자가 다른 상품 뿐 아니라 구매자가 사용자가 되는 상품에도 단계별 상품을 기획할 수 있다. 이론과 개념을 설명하는 이론서나 학습지와는 달리 이를 적용해서 문제를 해결해야 하는 수험서나 문제지 등은 수험생의 이해와 적용 수준, 성취도에 따라 레벨을 나눌 수 있다. 나눠진 레벨을 표현하는 방법은 여러 가지다. '초급, 중급, 고급' 또는 '기본, 실전, 심화'로 가능하고 숫자로도 가능하다. 알파벳으로도 가능하다.

이유식에 가능한 단계별 상품기획은 노인식(老人食)으로 알고 있는 '케어푸드(Care food)'에도 적용할 수 있다. 케어푸드는 노인이나 환자처럼 섭취와 소화가 힘든 사람들을 위한 식품(영양식)을 말한다. 흔히 말하는 '환자식(患者食)'이나 '유동식(流動食)', '경관식(經管食)'이 포함된다. 건강에 대한 관심이 커지고 수명이 길어지면서 케어푸드에 대한 관심과 그에 따른 시장의 규모는 계속 증가하고 있다. 얼마 전까지만 해도 사회적으로 '노인식은 곧 환자식'과 같은 의미로 받아들여져 신상품에 대한 개발도 판매도 더딘 추세였다. 하지만 노인인구에 대한 인식과 케어푸드에 대한 인식이 확장되면서 환자식 시장의 규모도 해마다 커지고 있다. 최근의 케어푸드는 고령화친화식품과 환자용 식품을 넘어 산모식, 영유아식, 다이어트식까지 범위가 확대되는 모양새다.

국내 고령친화식품 시장이 급성장한 것은 우리가 급격히 고령사회로 진입했기 때문인데 우리나라의 고령화율(인구 대비 65세 이상 인구 비중)은 2019년에 14.9%로 이미 고령사회로 들어섰고 2067년 고령화율이 46.5%까지 높아질 전망이며 이로 인해 고령친화식품 시장은 더욱 빠르게 커질 것으로 예상된다.

한국농수산식품유통공사(aT)에 따르면 국내 고령친화식품 시장은 2011년 5,104억원에서 2015년에는 7,903억원으로 성장했고 2017년에 1조 원을 넘어 2020년에는 2조 원을 돌파하며 가파른 성장세를 보이고 있다.

높은 성장세에 따라 대상을 비롯해서 신세계푸드, CJ프레시웨이, 아워홈, 풀무원과 같은 대기업들은 물론 전문화된 스타트업 기업들도 케어푸드 시장 공략에 나서고 있다.

보건복지부도 지난 2021년 3월 '고령친화산업 진흥법 시행령 일부개정령안'을 통해 고령친화식품 산업에 대한 지원을 시작했다. 이 개정안은 고령친화식품 범위를 건강기능식품에서 식품 전체로 확대했다. 정부는 고령친화산업지원센터를 통해 기술과 창업지원, 수출 등도 지원할 예정이다.

커지는 케어푸드 시장에서 새로운 상품을 기획하는 방법은 단계를 나누는 것이다. 예를 들어 우리 몸에 필요한 5대 영양소(탄수화물, 단백

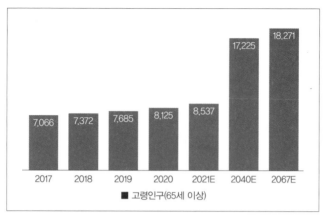

▲ 국내 고령인구 중위 추계 현황, 출처 : 통계청/단위 : 천명 /기준 2019-03-28

질, 지방, 비타민, 미네랄)를 기준으로 생리적인 몸의 변화가 이뤄지는 단계에 따라 특정 영양소는 더 많게 하거나 반대로 적게 할 수 있다. 수술한 부위나 소화능력에 따라서도 같은 제품을 단계별로 나눌 수 있다. 치아와 구강 상태에 따라 저작기능 저하를 보완하기 위해 연화식(軟化食)처럼 부드럽게 가공하거나 잘게 가공함으로써 단계에 따라 다른 상품을 기획할 수 있다. 케어푸드에 있어서 기억할 점은 케어푸드가 기호식품이나 유행에 따른 식단이 아니며, 매일 먹어야 하는 '주식'이라는 것이다. 주 소비층이 신체의 노령화나 쇠약함으로 인해 대중적인 음식의 물성이 부담될 수는 있지만 이들에게도 음식은 맛뿐만 아니라 영양, 세밀한 멸균 공법과 유해 물질 관리에 있어서도 엄격하게 제조된 안전성이 확보되어야 한다.

단계별 상품기획은 세밀화된 조정을 통해 타깃의 기대감과 만족도를 높일 수 있다. 만족감과 동시에 성취감을 향상시킴으로써 고객에게 심리적인 안정감도 높일 수 있다. '일원화된 체계 안에서 다음 단계로의 이동'이라는 의식은 고객의 이탈을 막는 락인효과(Lockin Effect)를 유발 시키고 이는 주변인들에게 영향을 끼침으로써 호감도의 증대를 유도 할 수 있다.

새로운 빼기, 다운사이징

최근 자동차 업계를 비롯한 산업계 전반의 추세 중에 하나는 다운사이 징이다. 다운사이징(Downsizing) 이란 사전적으로는 사이즈를 줄이는 것을 말하지만 실제 적용에 있어서는 단순히 크기를 줄인다는 개념 을 떠나 '효율적으로 운영하기 위해 규모를 줄이다'는 의미를 내포하 고 있다.

불과 십여 년 전만 해도 배기량이 큰 대형차는 성공과 부의 상징이 었다. 하지만 현재는 환경오염과 자원낭비의 주범이라는 눈치를 봐야 하는 상황이다. 고객들은 '가장 좋은 차의 조건'*에 대해 '경제성이 높은 연비 좋은 차'(42.1)%를 처음으로 꼽고 있는 만큼 고효율은 자동차 산 업에서 차세대를 선점하기 위한 선결조건이 되었다.

이는 고객들의 니즈가 고효율에 집중되어 있음을 의미하는 것으로 수입차에도 예외 없이 적용되고 있다. 전 세계 모든 자동차 회사들은 앞 다투어 연비절약과 환경을 생각하는 엔진 다운사이징 제품을 선보 이고 있다.

* 출처: 카피알(www.carpr.co.kr).

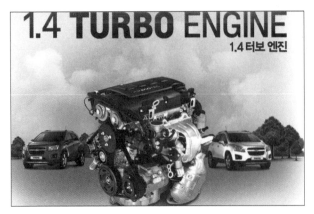

(출처: GM코리아 공식 블로그 http://blog.gm-korea.co.kr)

지금까지의 자동차는 엔진 배기량을 줄이면 출력도 떨어지게 되어 있었다. 그래서 최근 다운사이징의 핵심은 엔진의 크기는 줄이면서도 출력은 기술적 보완으로 유지시키거나 오히려 증가시키는 데 있다. 엔진의 출력을 증가시키면서 배기량을 줄이는 다운사이징을 실현하다보니 터보나 수퍼차저(Super Charger) 같은 과급기, 연료 직분사시스템(Direct Fuel Injection system) 등과 같은 고도의 기술력은 필수적이다. 폭스바겐은 이미 골프의 2.0 가솔린 자연흡기 엔진을 1.4 가솔린 트윈차저 엔진으로 변경했고, BMW, 메르세데스-벤츠도 전 모델에 터보차저(Turbo Charger)를 장착 중이다.

현대자동차도 북미형 쏘나타의 3.3 람다를 2.0 세타 T-GDi로 변경을 시작했고 국내에서는 르노삼성이 기존에 2,000cc이었던 SM5 모델의 배기량을 1600cc로 바꾼 SM5 TCE라는 모델을 출시해서 큰 인기를 끈 바 있다. 국내 중형차 중 가장 낮은 배기량을 지닌 SM5 TCE는 터보 가솔린 엔진과 듀얼클러치를 적용하여 연비는 물론 주행성능까지 기존 2.0리터 모델에 비해 높인 것으로 2016년 SM6가 나오기 전까지 르노삼성의 핵심모델이 되었었다.

▲ 르노삼성 SM5 TCE (출처: 카미디어)

다운사이징을 통한 새로운 상품기획은 최근에 나오는 아파트나 오피스텔에서도 쉽게 볼 수 있다. 복층 오피스텔이나 곳곳에 수납공간이 있는 아파트 등이 그런 처방에 의해 만들어진 상품이다. 평수가 넓은 아파트보다 평수가 작아도 구조가 잘되어 있는 아파트들이 오히려 인기가 있는 것도 다운사이징 바람이라고 할 수 있다. 굳이 큰 아파트로 인해 과다한 관리비를 지불하지 않으면서도 불필요한 공간을 최소화하고 죽었던 공간(Dead Space)을 활용함으로써 공간효율을 높이는 것은 최근 주거디자인의 핵심이다.

▲ 복층형 오피스텔과 캐논 EOS100 (출처: 구글, 캐논 홈페이지)

　카메라업계에서도 다운사이징 바람은 대세다. 카메라도 역시 자동차처럼 덩치가 크고 렌즈가 크고 길수록 화질이 좋은 것이라는 것은 당연한 인식이었다. 업체들은 경쟁에서 이기기 위해 더 큰 센서를 탑재했고 이를 위해 카메라의 크기는 커질 수밖에 없었다. 이런 이유로 큰 카메라는 곧 비싼 카메라였다. 하지만 최근 등장하는 미러리스(Mirrorless) 카메라들은 센서의 크기를 획기적으로 줄이고 카메라의 구조상 내부에서 가장 많은 부피를 차지하고 있던 거울을 없앰으로써 화질은 살리고 크기는 줄였다.

　이 같은 현상은 카메라와 연관된 렌즈에서도 나타나고 있어 최근에는 이런 추세를 반영하여 렌즈에서 잘 사용하지 않는 기능들을 제거함으로써 크기를 기존 렌즈의 1/3 수준으로 줄인 제품들이 인기를 끌고 있다. 각 사마다 16mm부터 시작해 40mm까지 얇게 만들어 출시하고 있는 이 렌즈들은 마치 팬케익 같다고 하여 일명 '팬케익 렌즈'로 불리며 인기를 끌고 있다.

EF 40mm f/2.8 STM

EF렌즈 최초의 팬케익 렌즈 탄생

초소형, 가벼운 팬케익 렌즈
STM 모터 탑재로 동영상 촬영시 부드러운 AF가동 가능
동영상 촬영시의 소음 대폭 감소
Gmo비구면 렌즈로 이미지 전역에서의 고화질 실현

원산지 : 말레이시아   출시일 : 2012.06

▲ 팬케익 렌즈 (출처: 캐논)

더욱이 이 제품들은 STM* 렌즈라서 동영상 촬영 시에도 조용한 포커싱을 보여주는 것이 특징이다.

이처럼 '빼기'는 '더하기' 방법만큼이나 편리함과 이동성, 간편함을 추구하는 인간의 욕망이 잘 드러나는 상품기획 방법이다.

1941년 독일의 공학자 콘라드 주제(Konrad Zuse)가 최초의 전자기계식 컴퓨터인 Z3를 개발한 후 영국은 독일군의 암호를 해독하기 위해 세계 최초의 전자식 디지털 컴퓨터인 콜로서스 1호를 만들었다. 이후 컴퓨터는 폭 24m, 높이와 깊이가 각각 2.518m와 0.945m에 총중량이 무려 30톤에 이르렀던 에니악(ENIAC, 1945년)을 거쳐 눈부신 속도로 발전을 거듭해 왔다.

1981년에는 오스본1(Osborne 1)이라는 최초의 '상업용' 휴대 컴퓨터가 세상에 출현했다. 이른바 노트북이라고 불리는 것이었다. 당시 오

---

* Stepping Motor(STM). 캐논이 자사 렌즈(EF렌즈)의 저소음 고정밀 포커싱을 위해 개발한 포커싱 모터의 일종.

스본1의 무게는 약 11.15kg. 36년 전 30,000kg에 비하면 말할 수 없이 가벼워졌지만 여전히 상업용으로 들고 다니기에는 거대한 중량이었다. 사람들은 11.15kg의 거구를 무릎(lap) 위(top)에 올려놓고 사용할 수 있게 하기 위해 지속적인 다운사이징을 거듭했다.

세월이 흐른 2008년 「Macworld San Francisco 2008 Keynote Address」에서 스티브 잡스는 애플의 맥북에어(Macbook Air)를 서류봉투에서 꺼내며 충격적인 초박형 노트북의 시대를 열었다. 이어 2011년 인텔을 중심으로 두께가 얇고 무게가 가벼워서 휴대성이 극대화된 노트북인 울트라(Ultra)북이 출시되기 시작했다. 초기 울트라북의 조건은 14인치 화면을 기준으로 두께가 21mm보다 얇아야 하며 배터리는 최소 5시간 이상 사용이 가능해야 했다.

▲ 서류봉투에서 맥북에어를 꺼내는 스티브 잡스 (출처: www.itunes.apple.com)

최대 절전모드에서 사용모드로 전환하는 시간은 7초보다 빨라야 했고, CPU는 2세대 코어 CPU(샌디브릿지)가 기본 탑재돼야 했다. 그러나 소비자들은 거기서 더 무게를 빼기 원했고 부팅시간도 더 빨라지기를 원했고 성능은 더 높일 것을 요구했다. 2012년, 인텔은 두 번째 울트라북의 기준으로 인텔 3세대 코어 CPU(아이비브릿지)를 거쳐 4세대 코어 CPU(하스웰)를 출시하면서 두께의 조건을 세분화하여 14인치 이하 제품은 20mm보다 얇게, 그 이상의 제품이라도 최대 두께가 23mm 이하로 조건을 강화함과 동시에 무게는 1.27kg 이하, 배터리 사용시간은 동영상 재생 시 6시간, 문서 작성 등 일반 사용 시 최대 10시간 이상 버틸 수 있도록 가이드 했다. 터치스크린과 음성 인식 등의 사용환경(UI)이 추가된 것은 물론이다.

까다로운 중량과 두께의 다이어트, 해마다 단 몇 밀리미터(mm)의 두께와 단 몇 십 그램(g)을 줄이는 고통스러운 과정들을 통해 2011년 첫 선을 보인 울트라북은 2012년 1분기 국내 전체 노트북 판매량의 약 20%를 넘어서는 놀라운 성장세를 보였으며 2013년 8월 기준 전체 노트북 시장 점유율 30%를 돌파했다. 무게는 현격하게 줄어서 2016년 1월에 출시된 LG의 PC '그램(Gram) 15' 모델은 15인치임에도 불구하고 고작 980g에 이를 만큼 엄청나게 슬림해졌다.

그럼 왜 지금 다운사이징이 주목받고 있는 것일까?

다운사이징은 무작정 사이즈를 줄이는 것이 아니라 효율과 기능을 동시에 잡기 때문이다.

이제 사람들은 누구나 개인의 기호를 떠나 자원의 한계에 대한 분명한 인식을

▲ LG전자 초경량 노트북 PC 〈그램 15〉 (출처: 디지털타임스)

하고 있다. 지구는 이제 더 이상 자원을 낭비하며 살 수 있는 별이 아니다. 사람들은 이제 지구가 무작정 뭔가를 끊임없이 제공해주는 화수분이 아니라는 것을 알았고 겨우 120년 남짓한 기간 동안 엄청난 종류의 자원을 동시에 고갈시킴으로써 이미 곳곳에서 균형이 깨지고 있음을 인식하고 있다. 석유나 석탄과 같은 연료는 물론 물을 포함한 먹을 것마저 부족해질지 모른다는 위기의식에 너 나 할 것 없이 자원을 최대한 아끼고 효율적으로 활용하지 않으면 안 된다는 것을 누구나 공감하기 때문이다. 더군다나 앞으로 펼쳐질 세상은 지금보다 무엇이든 더 모자란 세상이 될 것이라는 것은 모두에게 공통된 의견이다. 다운사이징은 시간이 지날수록 필수에 가까워지고 있다.

구매자 개인이 가지고 있는 자원의 한계도 원인이다. 장기적인 불황, 새로운 모멘텀을 찾지 못하는 상황에서 구매자들의 가처분소득은 계속 줄어들고 있다. 이전에는 화려하고 과한 서비스도 즐길 수 있었지만 이젠 상황이 달라졌다. 하지만 이미 한번 맛본 것을 아주 포기할 수는 없는 일, 고객들은 즐기던 것은 즐기되 핵심적인 것을 필요한 만큼만 저렴하게 즐기려고 하는 현상이 한몫을 하고 있다. 가성비가 좋은 제품을 찾기는 하지만 무조건 가격만 저렴하다고 구매를 하지는 않겠다는 것이다. 다운사이징은 요즘과 같은 시대에 더 주목해야 하는 상품기획 방법이다.

시간이 지날수록 '빼기 또는 변형된 빼기' 방법에 근거한 새로운 상품 기획이 더 다양하고 더 왕성한 가능성을 가지는 것은 이미 풍요로움을 경험한 사람들이 비록 상황이 변해서 풍요로운 때만큼 온전한 만족을 누릴 수는 없지만 전체 만족 중에서 물러설 수 없는 가치만은 마음에 두고 있기 때문이다.

빼도록 하는 상품

제품 자체에 '빼는 상품기획' 방법이 적용된 것이 아니라 제품에 있어 특정한 성분이나 요소를 인위적으로 '빼도록 하는' 상품을 기획하는 것도 가능하다. 2000년대 후반부터 시작된 아웃도어의 열풍이 의류를 지나 식품까지 번지면서 2012년부터 판매량이 급증한 전투식량의 경우, 물을 부어 먹는 전투식량은 내용물이 바람이나 열에 의해 건조가 완료된 제품이지만 달리 생각하면 찐밥이 전투식량이 될 수 있도록 찐밥을 '건조시키는 기계' 자체가 상품기획 대상이 될 수 있기 때문이다.

▲ 리큅 식품건조기 (출처: 한경닷컴)

착즙기와 함께 친환경 먹거리, 집에서 만들어 주는 홈쿠킹, 원물간식, 아이들의 안전한 식탁, 가족과 함께 하는 도시농업과 같은 친환경 이슈들이 주목받으면서 급격하게 주목을 받고 있는 '식품 건조기'는 간단한 원리의 상품으로 2016년 600억대의 시장으로 성장할 만큼 인기몰이를 하고 있는 새로운 주방 가전제품이다.

식품건조기는 얼마 전까지만 해도 일반 가정에서는 별로 쓸 일이 없던 제품이었다. 그러나 일체의 첨가물 없이 술안주는 물론 천연조미료와 아이들 간식까지 다양한 웰빙 간식을 집에서 쉽고 안전하게 만들 수 있다는 상품평가가 공유되면서 판매가 급격히 늘기 시작했다. 평소 2~3일이 걸리는 자연건조에 비해 건조시간도 단축되고 음식을 건조시킴으로써 영양소와 맛도 강화된다는 사용자들의 평이 이어졌기 때문이다. 식품건조기는 좁은 실내에서 사용할 수 있을 뿐 아니라 수분만 말리기 때문에 보존성이 좋고 건조한 상태로 과일이나 채소 등을 보관할 수 있어 보관성을 높이는 특징이 있다. 또 자연건조를 시킬 때보다 먼지나 이물질로부터 안전하다는 장점도 있다. 각종 채소는 물론 사과와 오렌지를 비롯한 과일과 생선, 고기까지도 건조가 가능하다. 식품건조기는 산업용으로 존재하던 다른 영역의 상품이 가정용으로 전환되어 가정에 맞게 기획된 좋은 상품기획이라고 할 수 있다.

땀을 빼기 위해 하는 운동 프로그램이나 운동기구, 체중조절을 위해 먹는 다이어트 음식, 입거나 착용만 하고 있어도 지방이 분해된다는 복근제품들과 내의류들은 모두 '빼기'라는 동일한 콘셉트가 적용된 상품기획의 산물이다.

2010년 이후 식품업계는 '빼는 방법'을 적용한 신상품 기획 방법이 가장 효과적으로 어필되는 카테고리 가운데 하나다. 식품업계는 그동안 맛있는 향과 맛을 위해, 오래 두고 먹기 위해, 그럴듯하게 보이기 위해 많은 것들을 '더해'왔다. 그래서 오히려 지금은 이미 더 많은 것으로 익숙해진 기존의 상품들로부터 뭔가를 빼내거나 없애거나 심지어 줄이기만 해도 새로운 상품기획이 가능하다. 트랜스지방을 없앤 제품, 칼로리가 제로인 제품, MSG 무첨가 제품, 무향, 무색조, 무첨가물 제품을 비롯해서 무알콜, 무항생제, 저염에 저당까지… '빼기'를 통한 신상품 기획은 최근 식품업계의 중요한 화두다.

▲ 저당 캠페인에 나선 한국야쿠르트와 탈염한 멸치로 만든 바다원 멸치스낵 (출처: 조세일보, 바다원닷컴)

2015년 가을, 박근혜 대통령의 '추석특별간식'으로 선정되어 56만 전군(全軍)에게 추석간식으로 제공되었던 바다원의 멸치스낵은 국산 멸치를 탈염한 후 기름 없이 마치 커피를 볶듯 로스팅(Roasting)을 해서 만든 천연 원물 스낵이다. 2014년 말 출시와 함께 '2014 대한민국 수산물 브랜드대전'에서 해양수산부장관 금상을 받으며 주목을 받은 멸치스낵은 외식과 편식, 고기와 패스트푸드 위주로 식단이 바뀐 아이들과 커피에 대한 높은 선호로 이로 인해 가중된 칼슘 부족과 인의 배출로 위협받는 여성들의 골다공증에 대한 위험요소를 식품을 통해 해결하고자 '매일 먹는 안전하고 맛있는 칼슘'이라는 콘셉트로 개발되었다.

멸치스낵의 가장 큰 특징은 멸치 안에 들어 있는 염분을 탈염과정을 거쳐 기존 멸치 대비 40%선까지 염도를 낮췄다는 것. 탈염된 멸치는 칼슘과 단백질은 물론 오메가3까지 골고루 들어 있는 영양과 육질은 그대로 남아 있으면서 오직 나트륨의 함량만을 낮춘 멸치스낵으로 태어날 수 있었다.

일반적으로 유통되는 멸치들이 말린 것인 데 비해 멸치스낵에 사용된 멸치는 로스팅 과정을 통해 구워진 것으로 멸치가 열에 익으면서 바삭함과 고소함은 물론 풍미까지 더해지면서 아이들과 여성들이 좋아하는 원물 생선 과자가 되었다. 이러한 방식을 통해 바다원은 멸치스낵뿐 아니라 솔치로 만든 솔치스낵, 실치로 만든 실치스낵을 비롯해서 새우스낵까지 원물에 '빼는' 상품기획 방법을 적용했다.

┃ 적정하게 기술을 뺀 적정상품

기술은 적당히 빼도 상품이 된다. 기술을 뺀 상품은 지불능력이 떨어지는 사람들에게 큰 행복을 줄 수 있는 상품기획 방법이다.

제 3세계에 대한 관심과 선진국과 후진국의 빈부의 차, 인간으로서 누려야 할 보편적 행복추구에 대한 논의가 깊어지면서 1960년

대부터 독일의 경제학자 슈마허*가 언급했던 '중간기술(Intermediate Technology)'이라는 용어에서 시작된 적정기술(Appropriate Technology, 適正技術)'은 사회 공동체의 정치적, 문화적, 환경적 조건을 고려해 해당 지역에서 지속적인 생산과 소비가 가능하도록 만들어진 기술을 뜻한다. 이는 원시적인 기술보다는 훨씬 우수하지만 선진국의 거대 기술(Super Technology)에 비하면 소박한 기술로 삶의 질을 궁극적으로 향상시킬 수 있는 수준 정도의 기술이다. '빼기'는 이런 적정기술을

▲ 저적정기술 제품의 예. (1)수질이 나쁜 물을 바로 필터로 정화해 마실 수 있도록 한 라이프스트로(LifeStraw). (2)전기 없이 낮은 온도를 유지할 수 있는 항아리 냉장고(Pot-in-Pot Cooler). (3)수원으로부터 쉽게 물을 끌어올 수 있게 제작된 슈퍼 머니메이커 펌프(Super MoneyMaker Pump). (4)개발도상국의 어린이에게 정보와 교육의 기회를 주기 위해 저렴한 가격으로 제작된 XO-1 컴퓨터 (출처: 네이버케스트 장하원 [과학사 : 과학 기술과 사회])

제공하는 데 매우 유용하다. 제품이 가져야 하는 기본적인 속성과 원

---

* E. F. Schumacher(1911~1977). 1960년대 경제학자. 저서 『작은 것이 아름답다』(1973)를 통해 중간기술 운동을 전개하고자 함. 적정기술이란 그가 말한 '중간기술'이라는 용어에서 시작됨.

리로 돌아가 불필요하고 과한 것들을 제거하면 되기 때문이다.

세계적으로는 지금까지 수많은 적정기술이 개발되어 이를 적용한 상품이 만들어져 세계 곳곳에 보내져 왔다. 일반적으로 알려진 대표적인 적정기술 제품으로는 흙탕물에서도 맑은 물을 먹을 수 있도록 정수기능이 부착된 라이프스트로(LifeStraw)와 같은 구호 제품, 수동식 물 공급펌프(Super Money Maker Pump)와 같은 농업 관련 기술 제품, OLPC(One Laptop Per Child)사의 XO-1 컴퓨터와 같은 교육용 제품들이다.

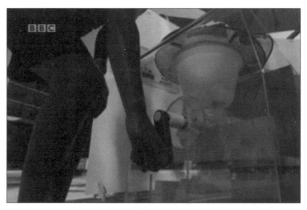

▲ 물 없이 사용하는 화장실 (출처: www.bbc.com)

2012년 빌 게이츠 재단이 제 3세계 국가를 위해 주최한 '화장실 재발명 박람회'에서는 먹을 물조차 넉넉하지 않은 저개발 국가나 물 부족 국가를 위해 하루 50원의 유지비로 소변을 활용해서 변기를 씻어내리도록 한 것이 적정기술을 입어 발명되기도 했다. 이 박람회에서는 태양열을 이용한 화장실과 오물을 바이오 연료로 바꾸는 친환경 화장실 등이 소개됨으로써 적정한 기술이 인류의 생활에 큰 역할을 할 수 있음을 보여주었다. 상품이 인간의 필요와 원함을 충족시켜 만족감을 제공하기 위함이 목적임을 감안하면 있던 기술을 뺀 상품도 기술을 더한 상품 못지않게 제대로 기획된 상품기획이라고 할 수 있다.

MIT 공대생들이 4년간의 연구개발 끝에 개발도상국 어린이를 위해 자전거 페달로 돌리는 세탁기를 개발한 것은 2005년이다. 아무런 동력 없이 오직 사람의 근력만으로 동작이 가능한 이 세탁기는 세탁은 물론 탈수까지도 가능하다.

▲ 페루에 설치된 바이슬아바도라(Bicilavadora) (출처: 굿네이버스)

스페인어로 자전거와 세탁기의 합성어라는 의미의 '바이슬아바도라 (Bicilavadora)'로 이름 붙여진 이 드럼통 세탁기는 전기가 없는 오지마을을 위한 상품이다. 이를 개발한 학생들은 모든 부품을 최대한으로 간소화했으며 기술적 고안은 '기어(Gear)를 통한 운동에너지의 전달과 변환'으로만 제한했다. 이들은 설계단계부터 세탁기의 부품을 개발도

상국 어디에서나 쉽게 구할 수 있는 값싼 것들로만 만들었다. 그리고 제작과 수리의 기술을 그들에게 이전해줌으로써 현지인들에게 일자리를 창출할 수 있도록 했다.

'빼기' 방법이 적용된 상품기획의 예는 패션분야에도 있다.

영화를 보면 럭셔리하면서도 발랄하게 적당한 노출로 남심(男心)을 사로잡는 사랑스러운 여성들의 옷이 있다. 어깨선을 드러내는 오프숄더(Off Shoulder)라는 옷이다. 입으면 쇄골과 어깨가 자연스럽게 드러나는 오프숄더는 겨울에는 따듯한 니트, 봄 여름에는 면, 폴리에스테르, 실켓면과 같은 얇은 소재로 4계절 내내 여성들의 사랑을 받고 있는 디자인이다.

오프숄더의 사랑스러움 때문이었는지 이런 스타일의 의류를 입을 때 어깨라인이 매끈하게 보일 수 있도록 브래지어(Brassiere)의 컵과 어깨끈을 탈부착할 수 있는 제품들은 오래전부터 출시되었었다. 원래 있었던 끈을 필요에 따라 뗄 수 있도록 디자인된 브래지어는 크게 유용성이 높은 상품이라고 할 수 있다.

2003년 봄, 미국에서 특허를 받고 FDA에서 인증을 받은 실리콘과 의료용 접착제를 사용하여 만든 '붙이는' 브래지어가 한국에서 출시된 일이 있었다. 어깨끈뿐만이 아니라 아예 컵을 제외한 날개부분도 모두 '빼고' 컵의 소재를 면이 아닌 실리콘으로 바꾼 이 제품은 13만 9000원이라는 높은 가격에도 불구하고 우리홈쇼핑(현 롯데홈쇼핑)에서 론칭한 첫 방송에서 50분 만에 2,400여 개가 판매되며 3억 3500만 원의 매출을 기록했고 3회 방송만에 8억 원 이상의 당시로서는 기록적인 매출을 일으켰다.

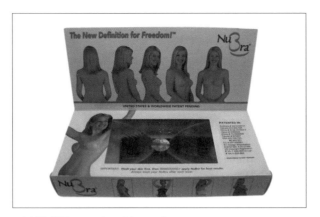

▲ 누브라 (출처: www.cybernetplaza.com)

　'누브라(Nubra)'로 이름 붙여진 이 제품은 끈 없이 2개의 실리콘 패드를 각각 가슴에 붙이고 이를 중앙에서 후크로 연결하는 방식으로 접착력과 보정력이 뛰어난 것은 물론 가슴을 모아 볼륨감을 높이는 효과까지 있어 한국 출시 전에도 이미 유럽과 미국 등지에서 큰 인기를 끌었던 제품이었다.

　이후로 이 제품은 간편성과 활동성이 많아진 고객들의 요구에 따라 실리콘이 아닌 천으로의 소재 변화(Featherlite)와 다양한 색상과 크기의 변화는 물론 접착력을 높이는 방식으로 업그레이드 되었다. 이외에도 브래지어 위에 이너웨어를 업어야 하는 번거로움을 없애기 위해 이너웨어 안에 브래지어의 컵만을 남겨두고 어깨끈과 날개를 빼버린 브라탑(Bra Top) 등은 기존의 것에서 뭔가를 빼내는 방법이 패션 상품기획에 있어서도 매우 유용한 신상품 기획 방법임을 보여준다.

빼는 상품기획의 주의점

빼는 방법을 통해 상품기획을 하면 일반적인 경우 기존의 제품에 비해 크기는 축소되고 무게는 가벼워지며 가격은 내려간다. 가격이 내려가니 판매 대상은 확대되고 볼륨이 확대된다. 하지만 빼는 상품기획에도 주의해야 하는 것이 있다. 기업입장에서 빼는 상품기획은 원가절감은 물론 고객확대와 호감도 상승을 기대할 수 있어야 하고 고객입장에서는 기존의 제품에 비해 제품 본연의 기능을 수행함에 있어 부족함이 없어야 한다.

국내 시장 점유율 1위를 기록하고 있는 현대기아자동차그룹은 오래 전부터 국내에서 판매되는 차와 해외에서 판매되는 차의 강도나 안전성에 차이가 있다는 한국 소비자들의 의혹이 제기될 때마다 그런 것은 없다고 얘기해 왔었다.

현대차는 이런 공방이 나올 때마다, '국가마다 최소한의 안전기준이 달라서 그 기준에만 맞출 뿐 차이는 없다'며 차이 없음을 주장해 왔었다. 그러나 이 말의 행간이 가지는 의미를 따져보면 국가마다 최소한의 안전기준이 다르므로 거기 맞춰 제품을 만들면 최종적으로 만들어지는 제품은 국가마다 차이가 나는 다른 제품이라는 것임에도 불구하고 현대차는 '차이가 없다'는 그들의 주장을 굽히지 않았었다. 그러나 공개된 여러 자료들을 종합해보면 현대기아차의 이러한 주장이 잘 맞지 않음을 알 수 있다.

2013년까지 아반떼(수출명 엘란트라)의 국내 공식사이트(www.hyundai.com)와 현대자동차 북미시장 공식사이트(www.hyundaiusa.

com)에 소개되었던 아반떼 차량의 도면을 보면, 제조사가 동일하다고 말하는 두 차량에는 사용된 에어백과 임팩드바(Impact bar)를 포함해서 적어도 두 가지 이상의 차이점이 있음을 알 수 있다. 2013년 10월, 공정거래위원회 국정감사에서 신동우 의원(새누리당)이 밝힌 자료에 따르면 미국에서 판매되는 아반떼에는 미국 법규에 따라 충격의 강도를 감지해서 작동하는 4세대 에어백인 어드벤스에어백*이 장착되어 있는 반면 한국은 에어백에 관한 관련규정이 없다는 이유로 그보다 두 단계 아래급인 충격의 강도와 상관없이 무조건 터지도록 설계된 2세대 에어

▲ 현대자동차 아반떼(엘란트라) 북미시장용 (출처: www.hyundaiusa.com)

▲ 현대자동차 아반떼(엘란트라) 국내내수용 (출처: www.hyundai.com http://carfeteria.hani.co.kr)

* 디파워드(depowered) 에어백: 체구가 작고 어린아이에 대한 보호차원으로 SRS에어백의 팽창력을 20~30% 줄인 에어백. 어드벤스(advance) 에어백: 센서에 의해 운전자의 무게와 위치와 안전벨트 착용여부 및 충격강도를 센서가 감지해 충격이 약할 때는 약하게, 강할 때는 강하게 터지도록 팽창강도를 조절한 에어백.

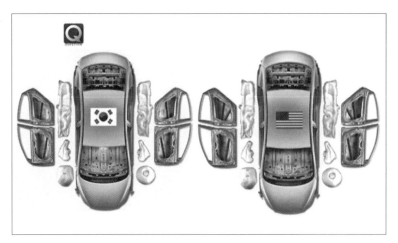
▲ 현대자동차 아반떼 국내내수용과 북미시장용 비교 (출처: 현장탐사Q. 채널아이)

백인 디파워드 에어백을 사용하고 있음이 밝혀져 있다. 2세대 에어백은 4세대 에어백보다 덜 안전하고 가격은 더 저렴하다.

측면 충돌 때 충격을 흡수 분산하는 뒷좌석 측면 임팩트바(Impact bar)도 국내내수용은 한 개지만 북미용은 두 개다. 이외에도 북미 사이트에 올라온 사진에 따르면 임팩드바(Impact bar)를 지지하는 브라켓(Bracket)도 한국의 것과 다르게 되어 있다.

브라켓과 임팩트바의 차이는 '승객의 안전'이라는 차의 필요속성에 차이를 유발시킬 수 있는 매우 중요한 차별이다.

기업의 이익만을 생각하는 상품기획, 안전을 고려하지 않고 원가만 낮추는 상품기획, 눈에 보이지 않는 부분은 적당히 만드는 상품기획은 좋은 상품기획이 아니다. 누가 휴지를 풀어서 길이를 재고 있겠냐며 슬쩍 두루마리 휴지의 길이를 줄이는 것이 아이디어인 양 눈과 저울을 속이는 '빼는' 상품기획은 당장은 이익처럼 보일 수 있지만 궁극적으로는 고객과 시장을 동시에 잃는 부메랑이 될 수 있다.

2010년 12월 남양유업은 동서식품이 과점을 하고 있던 인스턴트 커피시장에 뛰어들면서 '프림 속 화학적 합성품 카제인나트륨(Sodium Caseinate), 그녀의 몸에 카제인나트륨이 좋을까? 무지방우유가 좋을까?' 라는 카피를 앞세우며 카제인나트륨을 제거한 '프렌치카페'를 출시한 일이 있었다. '화학적 합성품'이라는 단어는 대중들에게 기존 제품에 부정적인 영향을 끼치며 순식간에 신상품인 프렌치까페에 대한 관심을 증대시켰다.

사람들의 관심은 '카제인나트륨'이 되었다. 빼는 상품기획 방법을 적용한 남양유업의 신상품은 소비자의 불안감을 등에 업고 경쟁이 치열한 인스턴트 커피시장에서 출시 6개월 만에 네슬레를 제치고 2위로 올라섰다. 식약처의 허락을 받아 아무런 문제없이 카제인나트륨을 사용해 오던 다른 회사들은 남양유업과의 소송을 시작했다. 그런 가운데 남양유업이 커피 제품을 제외한 자사의 다른 제품에는 카제인나트륨을 사용하고 있음이 밝혀졌다.

소비자들은 혼란스러워했지만 남양유업은 이렇다 하게 '카제인나트륨에 대한 입장'을 결론내리지 못했다. 논란이 깊어지자 한국식품안전연구원(2012년 3월)은 미국 식약청인 FDA의 자료와 유럽과 호주, 뉴질랜드 등의 평가 자료를 언급하며 카제인나트륨의 무해성을 밝히기에 이르렀다. 그러나 이 같은 결과에 대해 남양유업 측은 "카제인나트륨이 인체에 해롭다고 한 적은 없다"며 그제야 물러서는 모습을 보였다. 결국 남양유업이 내세웠던 '카제인나트륨을 뺐다'는 것은 주목성을 위한 일종의 홍보전략이었던 것이다.

그로부터 1년이 지난 2013년 11월*, MBC는 보도를 통해 남양유업의 프렌치카페 신상품을 소개하며 이들이 커피믹스에 첨가물인 '인산염'을 뺐다는 광고를 내세우고 있음을 보도했다. '인산염(Phosphate)은 또 뭐지?' 사람들은 자연스럽게 '빼는' 상품기획 방법이 적용된 신제품에 주목했다. 남양유업은 광고를 통해 자신들이 새로운 커피에 카제인나트륨은 물론 인산염을 넣지 않아 인체에 과다 섭취되는 인 성분을 줄였고, 그만큼 인체의 칼슘 배출을 막아 자신들의 커피가 뼈 건강에 좋다고 선전했다. 그러나 이것 역시 과다섭취만 하지 않으면 건강에 무해한 것으로 확인되었고, 심지어 일부 학자들은 인산염이 몸에 꼭 필요한 '필수 미네랄 중에 하나'라는 의견을 피력하며 남양유업의 자극적인 홍보 행위를 비판하기에 이르렀다.

남양유업은 이전과 마찬가지로 새로운 커피 신상품을 제외한 자사의 유아용 분유는 물론 우유와 치즈 등 어린이용 제품에는 인산염을

▲ 남양유업의 행정처분 일지와 인산염 관련 보도 (출처: 경세뉴스, www.mbc.com)

* 출처: MBC 뉴스, 2013.11.28

여과 없이 사용하고 있었을 뿐 아니라 자신들 스스로도 인산염을 인체에 무해하다고 말함으로써 소비자들을 혼돈스럽게 하는 태도를 보였다.

이해하기 어려운 일이지만 바꿔 얘기하면 같은 회사가 두 번이나 무리수를 둬가며 홍보할 만큼 '빼는' 상품기획이 고객들에게 주는 인상은 강력하다.

다만 남양유업처럼 상품기획이 상품성이라는 본질을 잃고 광고와 홍보에만 입각한 접근을 해서는 안 된다는 것이다. 빼는 상품기획은 고객의 입장에서 실행되어야 한다. 고객의 관점에서 빼야 할 것을 빼야 하고 뺄 만한 것을 빼야 한다. 아무도 인정해 주지 않는 빼기, 자신조차 일관성 없는 빼기, 1회용이나 광고를 위해 빼기를 과장한 상품은 오히려 고객의 불매를 자처할 수 있다.

STEP 3

알고 보면
제일 효과가 큰
최선의 방법

원산지 변경하기

| 같지만 다른 상품

같은 상품도 원산지가 다르면 다른 상품이다. 똑같은 아라비카 종인 커피를 인도네시아에서 재배했느냐 콜롬비아에서 재배했느냐에 따라 고객들의 구매욕은 전혀 달라진다. 아라비카 원두의 본래 원산지는 에 디오피아지만 같은 품종이라도 생산지의 재배환경에 따라 맛과 향에 큰 차이가 생기기 때문에 커피는 모두 생산한 국가의 지명을 앞에 붙 이는 것이 보통이다. 브라질산 아라비카, 콜롬비아산 아라비카, 멕시코 산 아라비카처럼 분류되는 식이다. 원산지 변경이라는 방법을 이용하 면 커피 상품기획자는 한 매장 안에 서로 다른 원산지(국가나 지역)에서 재배된 아라비카 커피만으로도 차별화된 MD를 구성할 수 있다.

세계에서 가장 프리미엄한 소고기의 종류로 판매되고 있는 일본산 소고기인 와규(和牛)는 기록에 따르면 2세기경 주로 일본으로 들어간 한국소와 1868년 메이지유신 이후 일본으로 수입된 외래종 중에서 블랙앵거스(Black angus)가 여러 번의 종자 개량을 거쳐 만들어진 종으로, 맛과 육질은 물론 마블링이 뛰어난 것으로 알려져 있다. 일본산 와규는 일본 내에서도 상당한 프리미엄 제품으로 판매되고 있고 양도 많지 않아서 국내에는 호주로 종자를 옮긴 호주산 와규만이 판매되고 있는 실정이다. 와규는 독특하고 뛰어난 상품성으로 인해 고베비프(Kobe-beef)라는 이름으로 미국과 캐나다, 뉴질랜드와 유럽에서도 사육이 되고 있는 것으로 알려져 있다.

▲ 100여 년간 종자를 개량한 일본 와규(和牛) (출처: 조인스닷컴)

원산지를 달리하는 상품기획은 상품의 본질과는 큰 상관없이 '원산지'에 대한 차이로 달라지는 것을 뜻한다. 이런 이유로 동일한 상품도 원산지를 바꾸면 고객들에게는 차별화된 인식(Perception)이 생겨 의식

속에서 새로운 상품이 된다. 원산지가 달라지면 같은 제품은 본질적인 차이 이외에도 원산지나 지역과 연관된 다른 이미지의 영향에 따른 후광효과(Halo Effect)가 생겨 고객들은 다른 것으로 인식한다. 이러한 현상을 '원산지 효과(Country of Origin Effect)'라고 하는데 이는 특정한 국가에서 제조, 생산된 상품이나 브랜드에 그 국가의 이미지가 투영되는 것으로 국가와 특정 산업의 연관성이 클수록 크게 나타나는 것이 일반적이다.* 이는 흔히 가전제품을 구매할 때 'Made in China' 제품과 'Made in Japan' 제품이 고객들에게 다른 연상을 가져오는 것과 같다.

실제로 그 제품이 어떻게 만들어지는지 전체과정을 보지 않더라도 소비자들은 사전에 인지된 인식에 따라 원산지만으로 상품성을 구분한다. 때로는 상품을 보지도 않고 품질에 대해서 불신을 갖기도 하고 때로는 원산지가 특정지역이라는 이유만으로 제품의 질과 가격을 인정하는 경우도 있다. 이런 이유로 원산지 변경의 핵심은 동일한 상품에 산지를 차별화, 이원화함으로써 고객으로 하여금 변경한 상품을 기존의 상품과 다른 새로운 상품으로 인지하게 하는 데 있다.

일반인들이 가지고 있는 원산지에 대한 인식은 제조의 결과물인 가공 상품뿐 아니라 1차상품에서도 그대로 나타난다. 우리나라는 WTO 가입과 함께 여러 나라와의 FTA가 체결되었거나 진행 중이다. 이러한 상황에서 사람들이 가지고 있는 다른 나라 오렌지보다 미국산 오렌지가 더 맛있을 것 같은 느낌은 그 동안 미국이라는 나라와 미국산 제품

---

* Sharon NG and Angela Y. Lee, Handbook of Culture and Consumer Behavior, Oxford University Press, 2015.

들의 영향을 받은 것으로, 광고의 영향과 함께 과학적으로 밝혀진 높은 일조량이 오렌지의 품질에 기여한 것외에도 미국이라는 나라가 주는 광대함과 넉넉함, 선진국으로서의 이미지, 미국에 대한 동경 등과 같은 주관적인 것이 작용하기 때문이다.

독일과 돼지고기는 아무런 상관이 없지만 독일산 돼지고기와 우루과이산 돼지고기 중에서 하나를 골라야 한다면 왠지 독일이라는 나라는 돼지를 키울 때도 더 청결하고 과학적이며 간결하고 정밀하게 키웠을 것 같은 느낌 때문에 고객이 독일산 돼지고기에 더 높은 호감도를 보이는 것은 원산지가 끼치는 후광효과 때문이다. 동일한 상품에 대하여 원산지를 바꾸는 상품기획은 매우 효과적인 상품기획 방법이다.

원산지 효과는 특정한 사건으로 인해 생산물 전체에 부정적인 영향을 미치기도 한다. 2011년 일본열도는 후쿠시마를 중심으로 예상치 못했던 지진으로 인해 발생한 쓰나미(Tsunami)로 많은 인적, 물적 피해를 입었다. 사건 직후 일본은 수만 톤에 이르는 방사능오염수를 태평양으로 그대로 흘려버림은 물론 수년 넘게 오염수를 제대로 관리하지 않고 있음이 드러나 '방사능을 유출하는 나라'라는 오명 섞인 눈초리를 세계인들로부터 따갑게 받았다. 사고가 발생하자 당장 문제가 된 것은 후쿠시마 지역의 농산물과 사고 해역에서 잡힌 해산물이었다. 그러나 시간이 지나면서 상황이 달라졌다. 높아지는 오염의 정도와 불성실한 일본 정부의 방사능 오염수 관리에 대한 지적이 아시아와 주변국을 중심으로 확대되었다. 중국과 대만, 러시아와 뉴칼레도니아 등 여러 국가가 일본 수산물은 물론 수산가공품, 모든 식품 및 사료까지 자국

〈도표 25〉 일본산 식품 수입 중지 현황

구분	수입중지 대상 일본 현	수입중지 내용
중국	후쿠시마, 군마, 도치기, 이바라키, 미야기, 니가타, 나가노, 사이타마, 도쿄, 지바	모든 식품, 사료
브루나이	후쿠시마	식육, 수산물, 우유 및 유제품
뉴칼레도니아	미야기, 야마가타, 후쿠시마, 이바라키, 도치기, 군마, 사이타마, 지바, 도쿄, 니가타, 야마나시, 나가노	모든 식품, 사료
레바논	후쿠시마, 이바라키, 도치기, 군마, 지바, 가나가와	출하제한 품목
싱가포르	후쿠시마의 모든 시 · 정	임산물, 수산물(미나미소마시 등 10개 시 · 정은 식품과 농산물도 수입중지 대상 포함)
홍콩	후쿠시마, 이바라키, 도치기, 군마, 지바	과일, 채소, 우유, 유음료, 분유
마카오	후쿠시마, 미야기, 이바라키, 도치기, 군마, 시이타마, 지바, 도쿄, 니가타, 나가노	채소, 과일, 유제품(이외에 후쿠시마 현의 식육, 식육가공품, 알, 수산물, 수산가공품도 수입중지)
대만	후쿠시마, 이바라키, 도치기, 군마, 지바	모든 식품(주류 제외)
필리핀	후쿠시마	산천어, 까나리, 황어, 은어
미국	아오모리, 이와테, 미야기, 야마가타, 후쿠시마, 이바라키, 도치기, 군마, 사이타마, 지바, 니가타, 야마나시, 나가노, 시즈오카	일부 식품
러시아	아오모리, 이와테, 미야기, 후쿠시마, 야마가타, 이바라키, 지바, 니가타	수산품, 수산가공품

(출처: 경남도민 일보, 헤럴드경제, 김제남 의원 블로그)

내 반입을 엄격하게 통제하기 시작했다. 일본은 직접적인 오염이 해산물과 일부의 식물뿐이라고 주장했지만 주변국들의 반응은 냉담했다. 우리나라도 2013년 9월부터 후쿠시마를 비롯한 인근 8개현에서 잡힌 수산물에 대한 수입규제는 물론 일본에서 생산된 전체의 가공품과 식품을 대상

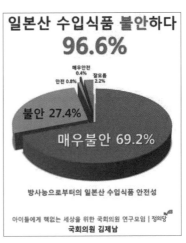

(출처: 경남도민 일보, 헤럴드경제, 김제남 의원 블로그)

으로 방사능 검사를 의무화하고 있다. 지역을 불문하고 한국으로 수입되는 모든 일본산 수산물과 축산물에서 세슘이 미량이라도 검출되면 스트론튬 및 플루토늄 등 기타 성분에 대한 검사증명서를 추가로 요구하기로 한 것이다. 많은 사람들은 안전을 위해 일본산 제품에 대한 규제범위와 대상을 더 확대해야 한다고 주장하고 있다.

원물에서 시작된 일본산 제품에 대한 거부감은 화장품과 공산품은 물론 자동차와 가전제품에까지 확산되어 '일본산'이라면 무엇이든 거부감부터 느껴지는 현상으로까지 커졌다. 사고지역은 물론 사고지역과 동떨어진 지역에서도 먹어야 하는 물과 마셔야 하는 공기가 부담스러워서 일본 여행은 물론 방문 자체를 부담스러워하는 사람들도 많은 것을 보면 국가 이미지가 상품과 산업에 얼마나 큰 영향을 미치는지 알 수 있다.

원산지만 다른 상품

미국에서는 미국을 대표하는 런닝화로 뛰어난 상품성을 인정받은 제품이었지만 국내에 처음 런칭되었을 때는 육중한 브랜드들에 밀려 별이슈가 없었던 브랜드가 있었다. 그러던 어느 날 스티브 잡스와 가수 이효리가 신은 덕분에 갑자기 최고의 브랜드 중에 하나로 부상한 뉴발란스(New Balance). 뉴발란스 신발의 대부분은 다른 여타의 브랜드들과 같이 생산원가가 저렴한 중국과 베트남, 인도네시아를 비롯한 아시아 지역에서 생산된다. 그러나 이들이 다른 브랜드와 조금 다른 것은 나이키를 비롯한 글로벌 브랜드와는 달리 미국 안에서 생산라인을 유지하는 독특한 정책을 펴고 있는 것이다. 이런 이유로 뉴발란스는 몇 개의 제품은 해외가 아닌 미국에서 생산되고 있다.

그중 하나가 스티브잡스가 모든 제품 발표를 위한 공식석상에서 항상 신고 나왔던 'MR993GL' 모델이다. 투박한 듯 묵직하면서 견고한 느낌을 풍기는 뉴발란스의 클래식 모델인 이 제품은 동일한 디자인의 모델을 성인용은 미국에서, 아동용은 중국에서 생산하고 있다. 이 제품은 미국산 제품에 한해서 혓바닥(Tongue)이라고 부르는 부분에 큼지막하니 'Made in USA'라는 원산지를 자수로 넣고 있다.

▲ 뉴발란스 993

같은 브랜드임에도 불구하고 원산지로 제품을 나눈 이 모델은 '좀 비싸도 오리지널을 신겠다'는 의지를 가진 탄탄한 구매층과 유독 레어(Rare)상품을 찾는 고객들을 확보하며 국내에서 팔리는 모델 가운데 공식수입과 병행수입을 통틀어 뉴발란스의 베스트셀링 모델에서 빠지지 않고 있다.

993과 비슷하지만 약간의 디테일을 달리하는 990모델의 경우는 동일한 품번이 미국산과 해외 생산이 함께 나오는 것으로 알려져 있는데 이 모델 역시 생산지인 인도네시아나 중국산 대비 미국산은 3배 가까운 판매가를 형성함에도 불구하고 자주 결품이 나는 993 모델을 대신해서 스테디셀러에 이름을 올리고 있다. 이 제품에도 역시 미국산 제품의 혓바닥에는 민망하리만큼 큼지막한 로고와 원산지가 자리 잡고 있다. 그냥 봐서는 원산지를 알 수 없는 제품, 누가 일일이 품번까지 외워가며 원산지가 어디인지를 따질 것 같지 않지만 뉴발란스를 신는 사람들에게 차별화된 원산지는 또 다른 구매욕을 자극시키는 원인이 되고 있다.

▲ 뉴발란스 990 인노네시아산(왼쪽)과 미국산(오른쪽) (출처: 구글)

두 번의 세계전쟁을 치르면서 미국은 제조업을 기반으로 한때 최고의 생산력과 지금은 최강의 소비력을 지닌 나라가 되었다. 1950년대부터 20년이 넘도록 미국은 일반 제조업은 물론 당시 최고의 고부가가치

사업이었던 자동차와 항공기 제조업의 메카였다. 그러나 효율성을 최우선했던 당시의 '글로벌리제이션(Globalization)'이라는 이슈는 '대량생산과 저렴한 원가'라는 목적을 위해 대부분의 제조업들로 하여금 저렴한 생산지를 찾아 미국을 떠나게 했다. 섬세하고 정밀한 기술이 요구되는 전자제품 제조는 1970년을 전후로 일본과 대만으로 넘어갔다. 그러던 중 미국은 2008년 자국에서부터 시작된 경제 불안의 상황을 경험하게 되었다. 이 일을 통해 미국은 '제조와 생산이 있어야 그것이 성장 동력이 된다'라는 단순한 논리를 인정하게 되었고 당시 오바마 대통령은 중국과 일본에 밀렸던 미국 제조업에 '리쇼어링(Re-shoring)'* 열풍을 불게 했다. 'Made in USA 2.0' 시대가 열리기 시작한 것이다.

"The only smartphone assembled in the U.S.A."

모토로라 대변인인 다니엘 맥널리가 모토X를 홍보할 때 자주 사용하던 말이다. 그는 모든 인터뷰에서 모토X가 미국에서 만들어진다는 사실을 강조했었다. 그의 메시지는 단순한 애국심에 대한 호소가 아닌 미국인들의 생각 속에 자리 잡고 있는 'Made in USA'라는 가치에 호소하는 것이었고 오바마 전 대통령에 의해서 주도되었던 '미국산'에 대한 그리움을 기대하는 미국인들의 심리를 꿰뚫은 전략의 산물이었다. 비록 '미국 내 제한된 판매'와 '가격 대비 사양 부족' 등 경쟁사 대비 경쟁력이 높지 않은 이유로 흥행에는 큰 성공을 하지는 못했지만 모토X는 미국에 제조업의 부활을 알리는 'Made in USA 2.0' 시대를 알렸다. 모토X는 미국에서 만든 첫 스마트폰으로서 경쟁이 심한 미국 스마트

---

* 기업의 해외진출을 뜻하는 오프쇼어링(off-shoring)의 반대 개념. 비용 등을 이유로 해외에 나간 자국 기업이 다시 국내로 돌아오는 현상. 우리나라에서는 'U턴 프로그램'이란 이름으로 추진됨.

폰 시장에서 모두가 중국산임을 감추지 않을 때 미국산을 내세워 원산지를 바꾼 효과를 드러낸 상품이었다.

▲ **모토로라의 '모토X'** (출처: 모토롤라 홈페이지)

전 세계 사람들은 여전히 미국에서 만든 미국산 제품에 대한 신뢰를 가지고 있다. 미국인들은 말할 것도 없다. 보스턴컨설팅그룹이 2013년 미국·중국·독일의 5천 명 소비자를 대상으로 구매 의향 조사를 펼친 결과에 따르면, 80% 이상의 미국인들은 미국산 제품에 돈을 더 지불할 의사가 있다고 답했고 응답자의 20% 이상은 미국산이라면 10% 이상의 비용을 감수하고 구매를 하겠다는 의지를 밝히기도 했다.*

미국 국립소비자연구센터의 조사에서도 미국인의 78%는 해외 제품보다 미국산을 선택하겠다고 했고 미국에 거주하는 60% 이상 중국 소비자들도 같은 입장이었다. 이는 원산지의 변경이 충분한 차별

* 출처: 전자신문, 2013.7.28.

점을 만들어 내는 요소로써 소비자들로 하여금 원산지가 바뀐 상품을 현재의 상품과 다른 것으로 인식하게 하는 역할을 하고 있음을 보여준다.

조선일보가 밝힌 월스트리트저널(www.wsj.com)이 보도한 기사에 따르면,* 리쇼어링 정책에 따라 해외 생산 시설을 미국으로 옮긴 업체는 GE(온수기, 냉장고)와 월풀(소형 믹서기)을 비롯해서 세계 최대 중장비 업체 캐터필러(굴착기), NCR(ATM기), 포드자동차(중형 상용트럭) 등이 있다. 특히 60년간 중국생산을 고집하던 어린이용 나무 블록 장난감 브랜드인 '링컨로그'(제조사 케넥스)도 미국생산을 재개하기로 결정했다.

'Designed by Apple in California'라는 카피라이팅으로 'Assembled in China'를 덮으며 매년 기록적인 순이익을 확보해온 애플도 2014년부터는 미국에서 맥프로(MacPro)를 생산하고 있다. 미국 상무부 보고서에 따르면 오바마 행정부 출범 이후 2014년까지 해외로 나갔던 미국 기업의 제조시설 유턴 사례는 이미 150건이 넘었다. 가격은 다소 상승하겠지만 구매자에게 '미국산'이 가지는 마케팅 효과가 뚜렷할 것이라는 데는 의심할 여지가 없다.

원산지가 주는 효과는 동일한 상품이라도 비교대상이 되는 원산지와 자신의 처지, 또는 준거를 삼고 있는 환경에 따라 상대적으로 평가되기도 한다. 예를 들어 독일산 하이네켄 맥주는 미국에서는 프리미엄 맥주다. 하지만 맥주가 흔한 독일에서는 그저 그런 맥주 중에 하나다.

* 출처: 조선비즈, 2015.1.15.

▲ 동일한 제품에 대한 원산지에 따른 다른 평가 (출처: 2013 한국마케팅교육연구소)

일본에서의 혼다자동차는 세계대전을 거치면서 특화된 고성능 엔진과 빠른 코너링으로 속도와 젊음, 에너지 등을 이미지를 가지고 있지만 미국에는 안전하고 저렴하면서 잔고장이 없고 중고시장에서 감가가 제일 적어 큰 부담 없이 탈 수 있는 차라는 이미지를 가지고 있을 뿐이다. 도요타의 캠리는 미국에서는 상대적으로 프리미엄 차들에 밀려 중산층들을 위한 차라는 인식이 깊지만 중국에서는 아시아인을 위해 만들어진 고급차라는 인식이 있다. 이는 동일한 상품이라도 어느 나라를 타깃으로 런칭할 것인가에 따라 브랜드의 방향이 달라질 수 있음을 뜻하는 것으로 '원산지'가 상품의 포지셔닝은 물론 마케팅에도 큰 영향을 주고 있음을 알 수 있다.

같은 원산지 다른 차별화

국내산 소과 한우는 다른 말이다. '국내산'이라 함은 소의 분류에 있어 원산지를 말하는 것이고 '한우'는 품종을 말하는 것이므로 두 개의 구분은 기준 자체가 다른 개념이다. 한우는 우리나라 고유 품종의 토종 소로서 당연히 국내산이지만, 국내산에는 외국 품종의 육우고기나 젖소고기도 포함되기 때문에 국내산이라고 해서 모두 한우는 아니다. 하지만 아직도 '국내산 소'를 전부 한우로 오해하는 사람들이 적지 않은 것은 같은 고객들에게 원산지 내에서의 차별화가 명확하게 이루어지지 않았기 때문이다. 이를 달리 얘기하면 같은 원산지에서라도 차별화를 통해 지리적으로나 품종적으로 새로운 상품기획이 가능함을 뜻한다. 오히려 상품기획 측면에서 보면 앞으로는 같은 소라도 지리적 요인과 품종적인 요인을 각각 별도로 구분하여 특화, 세분해야 시장이 활성화될 것이다. 국내에서 사육되고 있는 육우고기나 젖소고기는 모두 외국 품종으로서 우리나라에서 태어나 기른 것뿐만 아니라 외국에서 살아 있는 채로 들여와 국내에서 6개월 이상 기르면 국내산으로 분류된다.[*]

국내에서 판매되는 소고기는 원산지별로 국내산(한우고기, 젖소고기, 육우고기 등 검역계류장 도착일로부터 6개월 이상 국내에서 사육된 수입생우에서 생산된 고기)과 수입산(검역계류장 도착일로부터 6개월 미만 국내에서 사육된 수입생우, 또는 냉동고기)으로 나눌 수 있고 품종별로는 한우(순수한 한우

---

[*] 「식육의 부위별 · 등급별 및 종류별 구분방법」(농림부 고시 제2005-50호).

에서 생산된 고기), 육우(육용종, 교잡종, 젖소수소 및 송아지를 낳은 경험이 없
는 젖소암소에서 생산된 고기, 6개월 이상 된 수입생우), 젖소고기(송아지를 낳은
경험이 있는 젖소암소에서 생산된 고기)로 나눌 수 있다. 이렇게 나누는 것
은 동일한 원산지 내에서 생산되는 제품에 대한 차별화를 가함으로써
각각의 제품을 서로 다른 제품으로 포지셔닝 시킴과 동시에 생산자와
소비자를 함께 보호하려는 의지를 나타낸다. 고기도 충분히 세분화된
상품기획으로 차별화가 될 수 있다. 문제는 세분화에 맞는 다양하고
최적화된 레시피와 조리법이다.

▲ 보성녹차 (출처: 보성티인티)

국내에서는 1999년 법규가 만들어져 2002년 1월 '보성녹차'를 시작
으로 실시되고 있는 지리적 표시제도(Geographical Indication, GI)는
보성 녹차 이외에도 순창 전통고추장, 횡성 한우고기, 벌교 꼬막, 단
양 마늘, 해남 고구마, 상주 곶감, 정선 곤드레, 이천 쌀 등이 있다. 국

제적으로는 보르도 와인, 샹파뉴 발포성 와인, 스카치 위스키, 아르덴 치즈 등이 특정 지역의 우수 농산물과 그 가공품에 지역명 표시를 할 수 있는 대표적인 지리적 표시제 상품이다. 생산자와 동시에 목적하는 제품을 구매하고자 하는 소비자를 보호하고자 제정된 이 제도는 수백 종에 이르는 녹차 중에서도 한국산 녹차가 아닌 '한국산 보성녹차'를 구매할 수 있도록 함으로써 하나의 원산지 내에서도 서로 다른 상품으로의 차별화를 가능하게 했다.

지리적 표시제도는 상품의 품질이나 명성이 지리적 특성에 근거를 두고 있는 상품임을 알리는 것으로서, WTO협정에 원산지 국가에서 보호받지 못하는 지리적 표시는 국제적으로도 보호받을 수 없도록 규정되어 있을 정도로 매우 의미 있고 차별화된 상품기획 방법이다. 이를 통해 특정 지역에서 지리적 특성을 가진 농수산물이나 농수산가공품을 생산하는 방법을 통해 원산지를 바꾼 배타성 있는 상품기획을 할 수 있다.

원산지 바꾸기의 주의점

특정 산업군에서 앞선 인지도를 가지고 있는 차별화된 이미지를 가진 국가에 속한 기업은 글로벌 기업 경영에 있어 유리한 고지를 선점할 수 있다. 하지만 위기상황에서는 일본의 경우처럼 주변산업에까지 악영향을 줄 수 있기 때문에 두 가지의 경우가 존재함으로써 생길 수 있는 효과에 대한 관리가 절대적으로 필요하다. 이 때문에 기업에서는 사전에

만약의 경우 위기상황을 극복해 낼 수 있는 안전장치들이 필요하다.

첫째는 상품기획을 함에 있어 지나치게 원산지의 후광효과에 의지하지 않는 것이다. 원산지 효과는 고객이 스스로 은연중에 상품과 연관 짓게 하는 것이 좋다. 자연스럽게 충성도와 연결시키되 억지로 연결하거나 막무가내로 이미지를 끌어다 입히지 않는다. 억지로 연결시키거나 지나치게 부각시키는 것은 오히려 고객들이나 혹은 상대에 반감을 줄 수 있다.

둘째는 원산지를 바꾸는 방법에만 의존하지 말고 상품 자체의 차별화를 이루는 것이다. 이는 원산지를 바꿔 새로운 상품을 기획하는 방법이 단지 마케팅적인 변화요소로만 작용되어서는 안 되며 실질적인 제품의 속성에 대한 차이를 찾아내거나 구별해 냄으로써 구매욕을 느낄 수 있도록 해야 함을 의미한다. 고객은 원산지가 다르거나 지리적 표시가 표기된 제품을 구입할 때 자신이 구입한 제품이 실제로 다른 지역에서 구입한 것과 다른 상품이기를 기대하기 때문이다.

셋째는 원산지를 바꿀 때는 원칙과 기준에 맞게 바꿔야 한다. 2012년 춘천지방법원에서는 "횡성에서 도축만 한 한우는 횡성한우가 아니다"라는 판결과 함께 가짜 횡성한우를 유통판매한 조합장 등을 이례적으로 구속시킨 일이 있었다. 이 판결은 타지에서 나고 자란 한우를 횡성에서 2~3개월간 키운 후 도축한 한우는 횡성한우가 아니라는 항소심의 법원 판결에서 나왔다. 이는 원산지의 차별성을 악용하고자 '횡성'이라는 한우의 원산지가 주는 차별화를 이용하여 횡성에서 짧은 시간만을 키운 뒤 도축을 해서 타지의 소를 '횡성한우'로 바꿔 유통을 시켰던 농협 조합장 등에게 무죄를 선고한 원심을 뒤집은 것으로, 문제가 된 행위가 '원산지를 둔갑시켜 판매한 혐의(농산물 품질관리법 위반)'로 인정되어 선고 직후 즉시 법정 구속이 된 사건이었다. 당시 재판부는 "타 지역의 한우를 횡성으로 들여와 2개월 안에 도축한 것은 원산지를 횡성으로 표시할 수 없고, 그런 쇠고기는 '가짜 횡성한우'에 해당한다. 피고인들은 진짜 횡성한우만 유통시킬 것이라는 소비자의 신뢰를 교묘히 역이용해 가짜 횡성한우를 횡성한우 진품과 섞어 많은 수량을 횡성한우의 이름으로 유통·판매한 범행을 저질렀다"며 소비자 기만에 대한 책임을 물어 실형을 선고했었다. 원산지를 바꾸고자 할 때에는 바꾸려고 하는 원산지를 붙일 수 있는 법적인 조건을 반드시 확인하고 그 기준에 따라야 한다.

넷째는 상품이 타깃하는 고객층에 따라 상대적으로 다를 수 있는 원산지에 대한 감정을 고려해서 원산지를 바꿔야 한다. 이는 앞서 언급한 특정한 나라에 대한 이미지나 특정 상품에 대한 이미지가 특정 고객층의 사회적 경험과 환경에 따라 서로 다를 수 있기 때문이다. 예를 들어 국내에서 20~30대 여성들을 주고객으로 하는 맥주를 기획함에 있어 원산지를 바꿔 상품기획을 하려고 한다면 독일에서 하는 것이 좋을지, 일본에서 하는 것이 좋을지, 혹은 필리핀에서 하는 것이 좋을지는 타깃고객들의 원산지에 대한 감정이 고려되어야 한다.

다섯째는 원산지를 바꾸는 상품에도 새로 기획하는 상품의 가치를 어디에 두어야 할지 분명한 콘셉트가 있어야 한다. 원산지를 바꿈으로써 고급 지향의 프리미엄 마켓으로 갈 것인지, 저가격을 가치로 내세운 가격 메리트로 갈 것인지, 생산 효율성을 내세운 저원가 방향으로 추진할 것인지에 따라 성공여부가 달라질 수 있기 때문이다.

순서 바꾸기

역발상으로 하는 순서 바꾸기

슈퍼맨(Superman), 배트맨(Batman)과 로빈(Robin), 미스터 인크레더블(Mr. Incredible), 엘라스틱 걸(Elastic girl), 바이올렛(Violet)과 대쉬(Dash) 같은 주인공들처럼 초능력을 사용하는 인물들의 캐릭터를 어떻게 하면 쉽고 강력하게 부각시킬 수 있을까?

상상 속에서 이들을 만든 작가들이 일반인과 다른 수퍼히어로(Super Hero)들을 그려내기 위해 선택한 방법은 바로 타이즈 위에 팬티를 입히는 방법이었다. 캐릭터를 부각시키기 위해 옷 입는 순서를 바꾼 상품기획. 옷을 입는 순서를 바꾸자 그들은 곧 일반인과는 전혀 다른 새로운 수퍼히어로로 탄생되었다.

순서 바꾸기는 '역발상(逆發想)'이다. 역발상이라는 말에는 순서를 바꾼다'는 것 외에도 순서를 '뒤집는다'는 의미도 있다. 순서 바꾸기는 역발상의 한 형태라고 말할 수 있다. 역발상은 앞서 언급한 기존의 모든 일반적인 것에 대한 '변경'이라는 것과 '익숙한 순서'를 바꾸는 것으로 구분할 수 있다. 여기서는 순서를 바꾸는 것만으로 상품기획이 될 수 있다는 의미에서 역발상을 순서 바꾸기로 규정하고 상품기획의 방법을 설명하고자 한다.

새로운 상품을 기획함에 있어 '순서 바꾸기' 처방을 쉽게 적용할 수 있는 분야는 식품분야다. 음식은 특성상 개인별 취향이나 선호가 다르기 때문에 동일한 재료라도 어떤 레시피를 가지고 어떻게 요리를 하느냐에 따라 결과물의 모양은 물론 식감도 모두 다른 상품이 된다.

온 국민의 대표간식인 김밥은 먼저 마른 김을 펴고 그 위에 적당한 양의 밥을 고르게 편 뒤 중앙에 각종 야채를 집중시켜 일렬로 넣은 후 반찬을 중심으로 한쪽 끝에서부터 고르게 말아내어 살짝 기름을 칠한 윤기 나는 한쪽 편 위에 통깨를 고슬고슬하게 뿌리는 것으로 완성된다.

▲ 김밥과 누드김밥

전쟁 통에 '먹고살기 위해 만들었다'는 충무김밥 이후 큰 변동이 없던 김밥 시장에 일대 변혁이 일어난 것은 1980년대 후반이었다. 이름도 상큼한 캘리포니아롤(California roll)이라는 것이 한국 분식업계를 강타했다. 김밥과는 달리 흰 밥을 말아 밥 안에 파프리카를 비롯한 신선한 야채는 물론 게살과 계란, 연어 등 다양한 재료들과 화려한 소스를 힘껏 뿌리고 날치알을 비롯한 형형색색의 각종 생선 알로 화려하게 토핑을 한 캘리포니아 롤은 한국인들의 상품기획력을 자극했다. 이러한 자극 속에 만들어진 것이 김밥과 같은 재료를 가지고 만들되 만드는 순서를 바꾼 '누드(Nude)김밥'이다. 누드김밥은 캘리포니아롤처럼 화려하고 다양한 식재료는 아니지만 외부로 드러나는 비주얼만큼은 캘리포니아롤과 비교해서 전혀 손색이 없었다. 누드김밥은 기존에 김밥을 만들던 재료들로 만드는 순서를 거꾸로 함으로써 기존의 검은색 일색이었던 김밥계에 흰색의 돌풍을 일으키며 수많은 여성 고객들로 하여금 쉽게 지갑을 열게 했다.

누드김밥 레시피

1. 김밥 발을 놓고 마른 김을 깐다.
2. 보통 김밥을 만들 때처럼 밥을 김의 2/3 정도로 골고루 펴준다.
3. 밥을 골고루 펴서 김이 보이지 않게 하고 밥이 떨어지지 않도록 손으로 눌러준다.
4. 밥이 아래로 향하게 뒤집는다.
5. 뒤집혀진 김 부분에 미리 준비한 속 재료를 넣는다.
6. 속 재료들과 김을 잘 감싸며 끝까지 말아낸다.

순서를 바꾸는 상품기획은 더본코리아의 백종원 대표도 시도했던 방법이다. 그는 이 방법을 외국인들이 한식(韓食)을 생각할 때 가장 먼저 떠올리는 대표음식 중에 하나인 불고기에 적용했다. 불고기의 종주국인 한국식 불고기는 고기를 양념해서 1~2일간 숙성을 시키기 때문에 일단 맛을 보면 부드러운 육질과 향은 물론 고기에 양념이 잘 배서 훌륭한 맛이 특징이다. 하지만, 요리를 하기 전의 비주얼은 고기색깔이 양념으로 인해 검게 보이기 때문에 외국 사람들이 다소 꺼리는 부분이 있다. 반면 일본의 야끼니쿠(やきにく[燒(き)肉])는 주문 즉시 생고기를 내오는 방식으로 금방 나온 고기는 특유의 선홍빛이 있어 매우 신선해 보인다. 야끼니쿠의 이런 비주얼은 외국인들에게 맛 이전에 비주얼에서 한국산 불고기보다 일본의 야끼니쿠에 대한 선호도를 높이는 요인이 되었다. 이에 대항하기 위해 백 대표가 고안해 낸 것이 바로 '우(牛)삼겹'이다.

그는 선홍빛을 살리려면 바로 양념을 해 내놔야 하지만 그러면 양념이 잘 배지 않을 뿐 아니라 우리가 전통적으로 맛을 위해 사용하는 참기름이 고기양념을 고기에 더 배지 않도록 하는 것에 주목했다. 그렇다고 맛을 결정하는 레시피를 바꿀 수는 없었다. 결국 그가 택한 것은 고기를 얇게 써는 것.

"꽃등심처럼 마블링이 있는 부위는 얇게 썰면 찢어져 버립니다. 이에 적합한 부위를 찾은 것이 소의 차돌박이 부위와 그 주변의 양지살입니다."

그는 하나의 완성된 요리를 위해 순서도 바꾸고 소재도 바꿨다. 한국식 불고기지만 양념을 재운 후에 굽는 것이 아니라 생고기에 양념을 뿌린 후 굽는 방식으로 레시피를 바꾼 것이다. 순서를 바꾸는 방식으로 개발한 우삽겹은 곧 그를 대표하는 메뉴 중에 하나가 되었다. 최대한 고기의 신선함을 살려서 만든 그의 우삽겹은 한국은 물론 중국 청도와 상해, 북경과 대련은 물론 인도네시아에서도 절찬리에 판매되고 있다.

▲ 백종원 대표와 본가 우삽겹 (출처: SBS)

순서를 바꿔 새로운 상품을 만든 예는 패션에도 있다. 브래지어와 코르셋이 연결된 형태의 여성용 상의로 가슴 부분에 브래지어처럼 컵이 달린 뷔스티에(Bustier)는 브래지어가 허리까지 이어진 형태로 코르셋 모양의 옷이다. 뷔스티에는 원래 속옷이었다. 하지만 1980년대 초 비비안 웨스트우드*와 장 폴 고티에(Jean Paul Gaultier)**가 자신의 패션쇼에서 뷔스티에를 아우터로 입히기 시작하면서 뷔스티에는 1980년

---

* Vivienne Westwood(1941~). 영국의 패션 디자이너. 동명의 패션 브랜드 로고는 왕관과 지구를 모티프로 한 오브(ORB). 반역성과 엘레강스를 겸비한 전위적 디자이너. 세계 각지에 많은 수의 매장을 두고 있으며 1970년대 영국의 펑크문화 탄생과정에 중요한 역할을 함.
** Jean Paul Gaultier(1952~). 프랑스의 패션 디자이너. 피에르 가르뎅의 보조 디자이너로 일하다가 후에 자신만의 컬렉션을 선보이며 활발히 활동함. 상식에서 벗어나 그로테스크한 스타일을 추구하기 때문에 가장 전위적인 디자이너로 불리기도 함.

대 중반부터 섹시한 여성성을 강조하며 세계적으로 유행한 란제리룩 (lingerie look)의 대표적 아이템으로 부상했다. 여성의 내면에 감추었던 관능미를 과감히 표출한 뷔스티에는 1990년대 후반부터는 소재와 디자인을 다양하게 변형하며 속옷 위에, 혹은 브라우스나 티셔츠 위에 겉옷으로 입는 아이템이 되었다.

▲ 뷔스티에 (출처: 패션매거진 SNAPP www.zine.istyle24.com)

'거리로 뛰쳐나온 브래지어컵 티셔츠'라고 표현될 만큼 과감한 패션으로 소비자들로 하여금 큰 반향을 일으켰던 뷔스티에는 전 세계 어디든지 여름이면 도시와 바캉스 지역을 막론하고 20~30대 여성들을 중심으로 가장 핫한 패션을 즐기는 서머(Summer) 아이템으로 큰 인기를 얻고 있다. 뷔스티에는 원래 있었던 것을 착장하는 순서를 바꿈으로써 새로운 상품으로 기획된 좋은 예다.

2013년 7월, 재단법인 산청한방약초연구소와 스토리텔링 전문기업 올댓스토리가 만든 모던 엿 '엿츠(Yutts)'. 시나리오 작가의 직업적 특성상 잦은 야간작업과 한번 일을 시작하면 흐름을 끊기 어려웠던 김희재 대표는 피로감과 중압감으로 인해 달달한 것이 먹고 싶을 때마다 초콜릿과 사탕을 자주 먹어 왔었다. 그러던 어느 날 '왜 달콤한 것은 모두 외국 것으로 우리나라 것은 없을까?'라는 물음을 가지게 되었다. 이야기의 중요성을 누구보다 잘 알고 있었던 김 대표와 올댓스토리 직원들은 '우리 민족의 달달한 것'을 찾기 시작했다. 우리의 것에 대한 자료를 찾고 문서를 고증하던 김 대표는 자연스럽게 '한방'을 시작으로 얘기를 풀어가기 시작했고 스토리로 시작해서 상품을 거꾸로 찾아내는, 즉 이야기에 바탕을 둔 제품을 만들자는 데 합의하게 되었다. 그런 그들이 공통의 관심사로 찾아낸 것이 바로 궁중의 디저트(Dessert)였던 '엿'이다.

유희와 놀림의 언어로 더 많이 표현되는 '엿'은 중의적(重義的)인 의미까지 부각되면서 금방 많은 이들의 마음을 사로잡았다. 20여 년 전까지만 해도 엿은 입시철이 되면 학부형을 포함해서 주변에서 합격을 기원하며 주고받는 것은 물론 시험을 보는 학교 정문과 철문에 정성을 다해 놓여졌었다. 그런데 언젠가부터 화려한 초콜릿에 밀려 지금은 모습을 찾기가 어렵게 되었다.

엿은 상징적인 의미 이상의 지혜가 담긴 상품이다. 올댓스토리의 조사에 따르면 중국 의학서 『본경소증』에는 '이당'이라 불리는 엿이 위급한 복통에 효과와 효능이 있다는 기록이 있고 『동의보감』에도 엿이 허한 기력을 돕고 기침을 멈추게 한다는 기록이 있다고 한다. 『영조실록』

에는 과거 시험을 치르는 유생들이 저마다 엿을 하나씩 입에 물고 시험장에 들어갔다는 기록도 나온다고 한다.

엿은 긴장한 수험생들에게 생길 수 있는 몸의 이상을 예방해 줄 뿐 아니라 단순당인 엿의 맥아당이 두뇌 활동을 왕성하게 했기 때문에 옛날에는 과거를 준비하는 사대부뿐 아니라 왕들도 새벽에 눈을 뜨자마자 아침공부를 위해 이부자리 안에서 엿의 전 단계인 조청(造淸)을 두 숟가락 먹고 난 뒤 학습을 시작했다고 한다. 엿은 잠든 뇌를 활성화시키는 일종의 '기능성 에너지 음식'이었던 것이다.

이들은 이야기를 상품으로 구체화할 수 있는 협력업체를 백방으로 찾아 힘겨운 준비 끝에 5가지 한약재가 들어 있는 한방 엿을 탄생시켰다. 그것이 바로 대한민국 대표 모던 엿 '엿츠(Yutts)'다.

▲ 올댓스토리의 모던 엿 '엿츠' (출처: 올댓스토리)

순서를 바꿈으로써 상품기획의 새로운 기법을 실현한 엿츠는 상품이 아닌 스토리를 먼저 만드는 방법으로 새로운 상품을 기획했다.

순서를 바꾸는 방법은 유통업계에도 매력적인 방법이다. 프로그램이나 이벤트도 고객 입장에서 보면 하나의 서비스 상품이기 때문에 순서를 바꾸는 것은 유통업체에서도 얼마든지 적용이 가능하다.

1998년 IMF 사태가 들이 닥치자 많은 유통회사들이 새롭게 시작한 판촉방법 중에 하나가 '역(逆)시즌 기획'이라는 것이다. 역시즌 기획이란 겨울에 팔아야 하는 상품을 여름에, 여름에 팔아야 하는 상품을 겨울에 판매하는 일종의 이벤트였다. 역시즌 상품기획은 제조사들에게는 재고상품을 떨어낼 수 있도록 하여 물류비 절감과 현금동원 능력을 보강해 주고 소비자들에게는 어차피 2~3달 후면 필요할 물건을 조금 일찍 구매하게 함으로써 저렴하게 상품을 구매할 수 있는 기회를 제공하는 것이었기 때문에 역시즌 기획은 히트를 치며 자리를 잡아 지금은 백화점을 비롯한 유통업체들이 꾸준하게 기획하는 정례행사로 자리 잡았다.

2013년 7월, 대구가 40도를 오르내리는 찜통 같은 여름날 CJ오쇼핑에서는 '패션 잭팟'이라는 역시즌 프로그램을 통해 가을·겨울 의류를 판매해 2시간 만에 매출 20억 원을 기록했던 일이 있었다. 오리털 패딩 점퍼, 여우 털 패딩 코트, 가을용 가죽 재킷처럼 보기만 해도 땀이 날 것 같은 5종류의 제품만으로 판매한 수량은 모두 3만 3000여 개. 행사는 전량을 판매하며 깔끔하게 매진으로 끝났다. 담당 MD에 따르면* 방송 중 자동주문전화(ARS) 콜 수가 4번이나 1000회를 넘었고 하

* 머니투데이, 2013.7.24.

니 난데없던 제품도 아니고 그렇다고 없어서 못 사던 그런 제품도 아닌데 예상을 웃도는 큰 수요가 발생한 것은 판매시즌을 바꾼 역발상이 만들어낸 매출이라고 할 수 있다.

▲ CJ오쇼핑 '패션 잭팟 역(逆)시즌' 방송화면 (출처: 머니투데이)

| 바꿘 채로 내기

영국산 비스킷보다 훨씬 맛이 더 진하고 달콤하며 황홀한 초콜릿 조각이 알알이 박힌 초콜릿 칩 쿠키가 나온 것은 1930년. 평범한 가정주부였던 루스 웨이크필드(Ruth Graves Wakefield)와 그녀의 남편은 매사추세츠 주 휘트먼 톨게이트 옆에 있는 톨 하우스 여관(Toll House Inn)을 사들였다. 루스는 투숙객을 위해 매력적인 숙소로서의 깊은 인상을 주기 위해 투숙객이 퇴실을 할 때 선물로 다양한 쿠키를 구워 무상으로 주는 서비스를 제공했다. 뛰어난 요리솜씨를 가지고 있던 루스 덕분에 그녀의 쿠키와 웨이크필드 여관 얘기는 곧 주변 사람들에게 소문이 났다. 레시피에 익숙해진 그녀는 버터 드롭 두(Butter Drop Do)라는 쿠키에 대해서는 어느덧 레시피 없이도 훌륭하게 만들 수 있는 지경에까지이르게 되었다.

▲ 톨 하우스 쿠키의 캔 포장과 쿠키 (출처: www.chocolatechipcookieshistory.com)

그러던 어느 날 쿠키를 대접하기 위해 쿠키 반죽을 찾던 루스는 평소 쿠키 베이스에 초콜릿을 미리 섞어 갈색으로 색을 낸 초콜릿 반죽이 다 떨어져버린 것을 알게 되었다. 루스는 임기응변으로 초콜릿으로섞어 배합하지 않은 쿠키 베이스 반죽 위에 그대로 초콜릿을 조각내쿠키 위에 얹어 오븐에 구웠다. 그녀는 초콜릿이 녹아 반죽에 흡수돼초콜릿 쿠키처럼 진한 갈색으로 물들 것이라고 기대했다. 하지만 초콜릿은 녹지 않았고 쿠키 위에 살짝 녹은 상태로 완성되었다. 새로운 쿠키가 만들어진 것이다.

새롭게 만들어진 쿠키는 매우 맛이 좋았고 손님들의 반응도 뜨거웠다. 루스는 이 쿠키를 '톨 하우스 쿠키'라 이름 붙였고 오늘날 미국에서 가장 사랑받는 초코칩 쿠키로 자리 잡게 되었다. 현재 '톨 하우스 쿠키'는 네슬레가 상표를 소유하고 있을 정도로 쿠키업계에 신드롬이 되었다. 기획하지 않았지만 뜻하지 않게 우연히 바뀌진 순서로 새로운 상품이 탄생한 것이다.

우연히 순서를 바꿔 새로운 상품을 기획하는 방법은 우삼겹의 주인공인 백종원 대표에게도 있었다. 대패삼겹살이라는 새로운 메뉴로 인기몰이를 하던 백종원 대표는 단순히 고기를 얇게 썰어서 내는 것만으로는 지속적으로 자신만의 제품을 특화시킬 수 없다고 판단했다. 그리고는 이왕 개발한 대패삼겹살을 자신만의 특화된 메뉴로 승화시키기 위해 독자적인 소스를 개발하기로 마음먹었다. 며칠을 고민한 끝에 그는 새로운 소스를 개발하게 되었고 이를 대패삼겹살과 함께 메뉴로 올렸다.

당시 일반적인 삼겹살의 취식 순서는 먼저 삼겹살을 불판에서 굽고 난 후 구운 삼겹살을 자기 앞으로 가져와 개인접시에 담긴 소스에 찍어서 먹는 것이었다. 사람들은 이런 방법으로 백 대표가 개발한 새로운 소스를 즐겼다. 그런데 문제가 생겼다. 삼겹살 기름이 소스에 떨어져 굳는 바람에 맛도 퇴색될 뿐 아니라 미관상으로도 기름이 엉겨붙은 듯해서 보기가 좋지 않게 되는 것이었다. 시각적으로 비호감스럽게 전락한 소스에 대해 새것으로 바꿔달라는 고객들의 요청이 줄을 이었다.

백 대표는 카이스트(KAIST)에 다니는 친구를 비롯해서 백방으로 '삼겹살 기름이 상온에서 녹지 않도록 하는 방법'을 찾았다. 하지만 방법은 쉽게 찾아지지 않았다. 그러던 어느 날, 그는 자신이 꿈속에서 이미 소스가 발라진 삼겹살을 굽고 있는 자신을 발견하게 되었다. 그는 꿈에서 깬 즉시 이 방법을 그대로 재현해 보았고 꿈에서 본 레시피를 통해 그는 좋은 풍미와 맛을 가지고 있으면서 자신만의 '특별한 소스를 바르고 나온 대패삼겹살'을 완성할 수 있었다.

그가 적용한 '순서를 바꾸는 상품기획' 방법은 전국에서 영업을 하고 있는 삼겹살구이집 사장들과 종업원들이 수십 년 동안 적용하지 못했던 방법이었다.

| 전략적인 순서 바꾸기

지금까지는 가격을 흥정할 때 구매의사를 먼저 밝히고 가격인하를 요구하는 것이 순서였다. 사지도 않을 사람에게 가격을 깎아 준다는 것은 있을 수 없는 일이기 때문이다. 그러나 2008년 미국 시카고에서 설립되어 지금은 티몬(www.ticketmonster.co.kr)의 주인이 된 온라인 할인 쿠폰 업체 그루폰(Groupon)은 이런 공식의 순서를 바꿨다. 이들의 기본적인 콘셉트는 공동구매. 초기 이들이 제안했던 판매방식은 기존의 구매순서를 거꾸로 뒤집는 것이었다.

이들은 먼저 상품을 공급할 판매업자에게 정상 가격에서 50%(혹은 그 이상)의 할인된 가격으로 서비스를 제공할 수 있는 최소한의 판매수량을 알려 달라고 요청한다. 공동구매의 특성과 규모의 경제라는 간단한 논리에 의해 많은 구매를 하면 가격이 내려가는 것은 당연한 일. 그러나 아직 구매는 확정되지 않았고 구매의사만 있을 뿐 정말로 구매를 할 수 있을지는 정해져 있지 않은 상태다. 살지 안 살지 모르면서 가격만 깎아 놓은 상태인 것이다.

〈도표 26〉 국내 M-커머스 시장 규모와 E-커머스 대비 비중

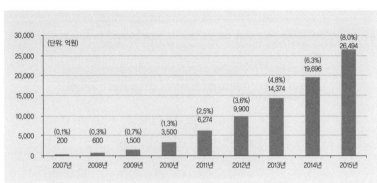

(출처: www.trendinsight.biz)

이들이 딜을 성사시키는 방법은 판매업자가 정상가격에서 50% 만큼 인하된 가격에 서비스를 제공할 수 있는 판매수량을 정해주면 소셜커머스(Social Commerce) 업체들은 자신들의 플랫폼 안에 해당하는 상품을 홍보하며 그제야 구매할 의사가 있는 사람들을 모으기 시작한다. 이를 본 사람들은 본인 스스로 저렴한 가격으로 구매를 하기 위해 소셜네트워크(SNS) 상에 있는 친구나 주변 사람들에게 판매를 독려함으로써 약속된 수량만큼 구매자가 모아지면 딜을 성사시키는 것이다.

구매를 결정하지도 않았는데 가격부터 내린 소셜커머스 업체들의

독특한 공동구매 방식은 스마트 기기의 확산과 함께 우리나라를 포함해서 세계적으로 엄청난 반향을 일으켰다. 현재는 초기 다이닝 상품뿐 아니라 전국 배송상품은 물론 사업구조를 오픈마켓화하여 초기 비지니스 모델의 모습은 잃었지만 초창기 소셜커머스 기업들이 구상했던 페러다임은 기존의 거래 흐름을 흔드는 새로운 것이었다.

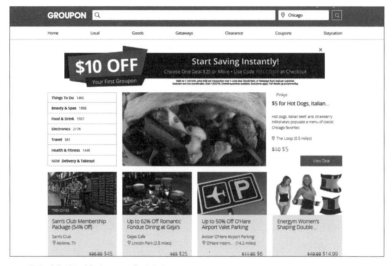

▲ 그루폰 판매 상품 (출처: 그루폰홈페이지)

1994년 우영교역이란 자그마한 섬유무역 회사로 출발해서 기존 온라인 쇼핑회사들이 해 왔던 '선지불 후배송'이라는 개념을 뒤집어서 '선배송 후지불'이라는 지불방식을 내세우며 '잭 필드'라는 남성용 바지 세트로 홈쇼핑 판매시장에서 폭발적인 돌풍을 일으켰던 코리아홈쇼핑도 순서를 바꿔 주목을 받은 회사였다. 이들은 2000년 사업 개시 이래 3년 만인 2003년에는 '회원고객 52만 명, 매출 1,600억 원 이상 달성'이라는 놀라운 매출을 기록하며 '코스닥 상장'이라는 기대를 가질 만한 회사로 성장했었다.

삼성물산에서 해외 원단 수출입 업무를 담당했던 박인규 대표는 자신의 경력을 바탕으로 질 좋은 제품을 만들어 저렴한 가격으로 팔겠다는 포부를 갖고 있었다. 하지만 높은 유통마진과 마케팅 비용의 비효율적인 구조로 터무니없이 가격이 상승하는 것을 보고서는 자신의 상품이 직접 판매될 수 있는 방안을 고민하기 시작했다. 그는 그나마 비용이 적게 드는 인포머셜(Informational) 형태의 광고형 TV홈쇼핑과 카탈로그 쇼핑, 인터넷쇼핑몰 등으로 자신이 제조한 상품을 판매하기 시작했다. 하지만 매출이 높아지면 높아질수록 그는 '유사 홈쇼핑'이라는 오해의 소리를 들어야 했고 '치고 빠질 회사'라는 유언비어에 시달려야 했다. 이때 그가 선택한 것이 바로 '가격후불제'였다. 박 대표는 고객이 먼저 상품을 받아본 후에 가격을 지불하는 방식으로 고객의 신뢰를 얻기 시작했다. 그는 결제 후 배송이라는 일반적인 순서를 바꾸는 한편 반품율을 최소화할 수 있도록 제품의 질에 승부를 걸었다. 그는 사전심의를 받는 인포머셜의 장점을 부각시키며 고객들에게 믿고 구매해도 된다는 신뢰를 심어주었다.

'고객에 대한 철저한 믿음과 값 대비 질 좋은 상품으로 승부한다'는 그의 전략은 '상품을 먼저 받고 결제는 나중에 하라'는 바뀐 순서에 반신반의하던 고객들에게 신뢰를 쌓아가기 시작했다. 설립 1년 만에 재구매 고객 60% 유지와 매월 신규 고객 500% 이상 증가라는 시너지 효과를 거두며, 첫해 100억 원이었던 매출액은 2003년엔 무려 1,600억 원을 돌파하는 폭발적인 성장으로 이어졌다.

그러나 아쉽게도 코리아홈쇼핑은 그 이상의 모습을 보여주지 못한 채 2007년 동우엠엔에프씨에 인수가 되었다. 비록 오래 존속하지는 못했지만 이들이 보여준 순서를 바꾸는 상품기획 방법은 고객들에게 강력하고 충격적인 인식을 주는 상품기획 방법이 될 수 있음을 증명했다.

'살아보고 결정하세요.'

기존의 아파트 구매결정과정이 구매계약을 체결한 후 살아야 한다는 것에 반해 이 말은 살아보고 난 다음에 구매를 결정해도 좋다는 정반대의 제안이다. 신규아파트 구매의 순서를 바꾼 상품, 이른바 전세형 분양제 적용 상품이다. 전세형 분양제는 지속되는 경기침체로 아파트의 미분양 사태가 해결되지 않자 건설사들이 입주 희망자에게 신축 아파트의 전체 분양금의 15%만을 내고 2년 동안 전세 조건으로 살아본 후에 구매를 결정할 수 있도록 한 새로운 분양제도다.

체험을 통해 고객의 만족도를 높이고 일단 어떤 형태로든 정착을 해서 짐을 풀게 되면 사는 동안 학교를 비롯해서 일종의 '터'가 만들어지기 때문에 웬만한 고객들은 비용과 스트레스가 추가되는 부담스러운 이사를 2년마다 하지는 않을 것이라는 건설사의 기대와 어차피 지불될 비용이고 불경기로 비용이 당장 넉넉한 상태는 아니지만 이왕이면 신축 아파트에서 기분 좋게 살고 싶은 입주자의 기대가 연결될 수 있도록 기획된 판매방식(서비스)인 셈이다.

입주자 입장에서 금전적 메리트가 있는 이 방식은 애프터리빙제, 프리리빙제, 리스크프리, 스마트리빙제, 신나는 전세 등 다양한 명칭으로 통용되고 있으며 새로운 분양기법으로 주목받고 있다. 아파트를 구매하는 순서를 바꾼 전세형 분양제는 순서를 바꾸는 상품기획 방법을 그대로 적용한 사례다. 다만 이 제도는 계약 시 입주자에게 피해가 발생하지 않도록 자세한 계약 조건을 꼼꼼히 살려야 한다.

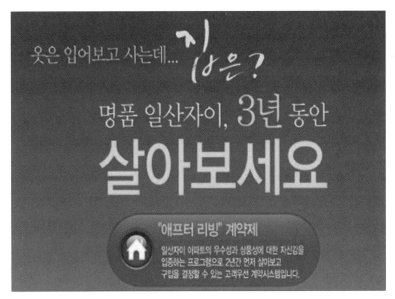

▲ 에프터 리빙제 광고 전단 (출처: 구글)

| 공정을 더 넣어서 바꾸기

일반적으로 새우튀김을 하는 요령은 머리와 꼬리를 제외한 몸통의 껍질을 제거한 새우를 소주, 소금, 후추로 밑간을 한 물에 10여 분간 재운 뒤 새우의 물기를 완전히 제거한 후, 계란을 푼 물에 체로 내린 밀가루를 섞은 튀김옷을 살짝 입혀서 160도로 열이 오른 기름에 한 번 튀겨내는 것이다. 하지만 튀김으로 연매출 4억 원어치를 판매하는 '튀김녀'의 튀기는 방식은 달랐다.

한 TV프로그램에도 출연해서 자신의 특허를 알린 바 있는 정은아 대표는 자신만의 '새우튀김 가공법(등록특허 10-1054123)'으로 국내는 물론 국제특허까지 받았다. 이 가공법의 특징은 원재료의 상태를 그대로 유지하면서도 시각은 물론 미각적으로 풍부하고 매력적인 튀김을 만든다는 것. 그녀의 튀김은 마치 꽃과 같다. 정 대표는 맛도 좋고 몸에도 좋은 새우를 머리까지 그대로 먹을 수 있기 위해 특허를 출원했다고 했다. 그러나 정 대표의 특허는 사람들에게 예쁘고 화려한 튀김꽃처럼 어필했다.

▲ 순서를 더 복잡하게 한 조리법으로 특허를 받은 '미미네' 새우튀김

특허 청구사항에 나타난 정 대표의 가공법은 머리와 몸통, 다리는 물론 꼬리까지 전체적인 모양을 유지한 새우에 튀김옷을 입히는 과정에서는 일반적인 것과 다르지 않다. 그러나 여러 다리들이 집중되어 있는 새우의 배 부분에 분말 튀김옷을 입힐 때가 다르다. 자연스럽게 오그라드는 다리를 펴주는 과정이 더 들어가 새우에 골고루 튀김옷을 도포함으로써 튀김과정에서 등이 곧은 새로운 형태의 새우튀김을 만들기 때문이다. 일반적인 순서에 세심하지만 독특한 과정이 더 첨가되면서 새로운 상품이 만들어지는 것이다. 보통의 튀김이 1차 튀김으로 공정을 마치는 반면 정 대표는 1차로 튀기는 과정에 이어 튀김가루, 밀가루, 녹말가루 등의 분말에 물을 적당한 비율로 섞어 액상으로 만든 2차 튀김옷을 손으로 뿌리는 과정을 더함으로써 마치 꽃처럼 새우가 피어나도록 했다. 이 세심하고 작은 과정을 통해 정 대표는 새우튀김을 보기 좋고 먹기 좋게 만들어 소비자들에게 신 상품으로서의 새로움을 제시했다.

인천의 작은 주택가에서 13㎡(4평) 규모의 분식집으로 시작해서 세계 맛집 블로그 '더 레스토랑'에 오를 정도로 맛을 인정받은 정 대표의 새우튀김은 차별화가 어려운 튀김시장에 오히려 공정을 더 넣는 방식을 통해 순서를 바꾼 상품기획을 보여주었다.

스마트폰의 사용자가 증가하고 초고속 인터넷이 일반화되자 '쇼루밍(Showrooming)'이라는 트렌드가 전 세계 오프라인 유통업체들을 흔든 것은 2010년 전후다. 이후 젊은이들은 물론 3~40대까지도 백화점이나 브랜드숍에 들러 마음에 드는 옷이 있으면 거기서 입어보고 주문은 온라인쇼핑몰에서 하는 트렌드가 생겼다. 오프라인 매장은 직접 입어보고 살 수 있을 뿐만 아니라 입어 보는 데 돈이 드는 것도 아니기 때문에 약간의 눈치만 감내하면 똑같은 제품을 비싸게 구입할 필요가 없다고 생각하는 합리적인 생각을 실천하는 소비자들이 많아진 것이다. 오프라인 매장은 마치 전시실(Showroom)로 역할이 축소되고 말았다.

고객들이 구매순서와 쇼핑방식을 달리함에 따라 월마트(www.walmart.com)를 비롯한 외국의 대형유통업체들은 오프라인 매장에서만 제공할 수 있는 특화된 서비스 제공을 고민하는 한편 온라인과 오프라인의 결제순서를 섞는 새로운 서비스들을 기획했다.

'클릭 앤 콜렉트(Click & Collect)'는 2012년부터 월마트가 제공하는 새로운 결제서비스다. 고객이 온라인샵에서 상품을 주문하고 매장에서 상품을 수령하도록 하는 서비스로 기존에는 온라인샵에서 주문한 것은 온라인샵에서 결제는 물론 배송까지 이루어졌던 것을 배송부분만 오프라인 매장으로 옮긴 것이다. 이 서비스는 월마트 외에도 테스코(www.tesco.com)를 비롯한 해외 업체들과 국내 여러 업체들도 벤치마킹을 해서 현재는 O2O(Online to Offline, Offline to Online) 마케팅을 대표하는 서비스 상품의 하나로 자리 잡은 새로운 결재방식이다.

월마트는 이외에도 자사 온라인샵에서 주문 후 매장에서 상품을 수령하는 '사이트 투 스토어(Site to Store)'나 주문 당일 매장에서 수령하는 픽업 투데이(Pick up Today) 같은 배송 서비스도 기획하여 실행하고 있다. 모두 기존에 통용되던 결제 순서를 바꾼 것이다. 이들은 또 대다

수 고객들의 신용카드 보급률이 낮아 온라인 결제가 어려운 것을 감안하여 온라인으로는 상품을 장바구니에 담기만 하고 매장을 방문해서 현금으로 지불을 하면 그 자리에서 주문 상품을 수령할 수 있도록 하거나 필요한 경우 택배로 보내주는 '페이 위드 캐쉬(Pay with Cash)' 같은 서비스도 시행하고 있다.

▲ 클릭 앤 콜렉트 안내페이지 (출처: www.tesco.com)

이처럼 온라인으로 주문해 오프라인 매장에서 상품을 받아가는 형태의 새로운 방식의 결재방식을 통한 매출은 월마트 온라인쇼핑몰(www.walmart.com) 전체의 50%를 초과할 만큼 반응이 좋다. 우리나라는 아직도 오프라인 매장과 온라인 매장을 따로 관리하고 다른 채널로 보는 경우가 많지만 선진 유통회사들은 양 채널의 프로세스를 더 많이 조합하거나 통합시키고 있다.

시어스백화점(www.sears.com)은 고객이 온라인으로 주문한 뒤 스마트폰에 담긴 영수증을 가지고 오프라인 매장직원에게 보여주면 주문 상품을 받아갈 수 있게 하고 있고, 노드스트롬(Nordstrom) 백화점도 고객이 매장 안에서 편안하게 온라인으로 매장 내 상품을 검색하고 사용자들의 리뷰를 읽고 상품을 주문할 수 있는 통합시스템을 제공하고 있다. 가구전문업체인 컨테이너스토어(www.containerstore.com)는 온라인으로 상품을 주문하고 오프라인 매장을 방문하여 차에 탄 채로 온라인 주문 영수증을 전달하면 차에 그대로 탄 채 반대편으로 돌아 나오는 동안 주문한 상품을 받아갈 수 있도록 하는 '드라이브-스루(Drive-through)'라는 서비스 상품도 기획하여 제공하고 있다.

고객의 변화에 따라 적극적으로 프로세스를 고민하고 이미 공존하고 있던 서비스 순서를 고객들에게 더 높은 가치를 제공하기 위해 조합하면 순서의 변화만으로도 새로운 서비스 상품을 기획할 수 있다.

| 의도된 역(逆)순

데뷔(1962)후 52년간 100여 편의 영화에 출연했고 1년에 대략 한화로 750억 원의 돈을 벌면서 약 1조 5000억 원(2011년 기준)의 재산을 가지고 있다는 월드스타 성룡(成龍, Jackie Chan). 그도 순서를 바꿔서 성공했다. 그는 기존의 정형화된 홍콩무술영화계에 자신만의 새로운 캐릭터를 만들어 자신의 상품성을 인정받은 인물이다.

가난한 집안 형편 때문에 7살에 부모님과 헤어져서 경극학교에서 유년기를 보낸 성룡은 1962년 〈대소황천패〉로 데뷔한 이래 1973년 이소룡과 함께 〈용쟁호투〉에 출연하기도 했지만 당시 최고의 배우였던 이소룡(李小龍, Bruce Lee)의 그늘에 가려진 무명배우에 불과했다.

그러던 그에게 결정적인 계기가 된 것은 뜻하지 않던 이소룡의 죽음이었다. 이소룡의 죽음으로 졸지에 스타를 잃게 된 홍콩영화계는 곧 침체에 빠졌고 그를 이을 만한 새로운 스타를 찾기에 급급했다. 그래서 무술을 좀 한다는 사람들은 누구라 할 것 없이 모두 '제2의 이소룡'이 되고자 했고 하나같이 모든 영화에서 이소룡을 흉내 냈다. 하지만 대중들은 이소룡이 아닌 사람이 나와서 이소룡과 비슷한 발차기와 비슷한 괴성을 지르며 이소룡을 흉내 내는 아류배우들에게는 매력을 느끼지 못하고 있었다.

▲ 성룡. 영화 〈취권(醉拳)〉(1978)의 한 장면

같은 상황을 겪고 있던 성룡은 오히려 엉뚱한 발상을 했다. '어떻게 하면 이소룡과 다르게 할 수 있을까?'를 고민한 그는 예명을 소룡과는 정반대인 큰(成)-용(龍)이란 의미의 '성룡'으로 바꾸고 의도적으로 이소룡과는 반대의 길을 가기로 결정했다.

이소룡이 주연을 하던 시대의 무술영화에서 주인공들은 늘 때리는 역할이었다. 주인공들은 언제나 예상치 못한 공격에 아픔이 아닌 분노를 느끼며 고통과 슬픔을 당하면 그것을 느끼기도 전에 분노를 폭발시키는 캐릭터로 그려졌었다. 주인공들은 언제나 주먹 하나로 무기를 쓰는 자들을 때려 눕혀 승리를 이끄는 사람들이었고 기합 소리는 괴성에 가까워 치명적이었다. 상처는 나지만 언제나 크게는 다치지는 않는 무적의 캐릭터로 그려졌다. 그러나 성룡은 달랐다.

1978년, 성룡은 주연을 맡은 〈취권〉을 통해 때리기를 피하기로 바꿨고 기합 소리를 신음 소리로 바꿨다. 맨손격투를 사물을 이용한 사물 액션으로 바꿨고 정통보다는 슬랩스틱이라고 할 만큼 코미디에 가까운 동작으로 홍콩영화를 전 세계 사람들이 언제나 쉽게 볼 수 있는 영화로 자리매김을 하는 데 결정적인 역할을 했다. 그는 〈취권〉과 함께 〈사형도수〉(1979)로 일약스타가 되면서 정통 중국 무술에 코믹한 요소를 얹어 그만의 새로운 장르인 '성룡영화' 전성시대를 만들어냈다. 그가 바꾼 것은 영화 전체를 이끌어 가는 액션의 흐름이었고 새로운 공감대였다.

12~13년 전부터 초등학교 아이들 사이에서 필수품으로 통하는 장난감 중에 하나는 각각의 이름이 붙여진 '팽이'다. 전통 팽이와 조금 다른 모습의 플라스틱과 쇳덩이가 조립된 장난감 팽이는 2001년부터 2002년까지 공중파를 통해 방송된 인기 애니메이션 〈탑블레이드〉에 나왔던 것으로, 출시 당시 대형마트에서조차 6천 원가량으로 판매되던 럭셔리 상품이다. 처음 소개된 지 10년을 훌쩍 넘긴 최근의 가격은 2만 원선. 300%가 넘게 가격이 올랐다. 초등학교 저학년 학생들을 위한 제품의 가격이라고는 믿기 어려운 제품인 이 팽이의 종류는 수십 가지에 이른다.

국내 완구회사인 손오공(www.sonokong.co.kr)이 개발한 이 팽이는 애니메이션이 방송되던 시절(2001년~2002년)에는 전 세계를 상대로 1조 원이라는 어마어마한 매출을 기록하기도 했었다. 어떻게 팽이로 1년에 1조 원어치를 판매할 수 있었을까?

여의치 않은 형편으로 어릴 때부터 산업전선에 뛰어든 이후 오랜 공력으로 주물에 대한 깊은 노하우를 가지고 있던 손오공의 최신규 회장은 아이들을 무척 좋아했다. 그는 자연스럽게 아이들이 즐겁게 놀 수 있는 장난감에 주목했고 1999년 자기의 주특기를 살려 그냥 플라스틱이나 나무 재질이 아닌 주물을 활용한 묵직한 팽이를 개발하기 시작했다. 여러 번의 시행착오 끝에 최 회장은 일본의 완구 회사 다카라토미(タカラトミー www.takaratomy.co.jp)와 함께 두 나라 아이들의 공통 놀이인 팽이를 연구하여 2000년에 세상에 없던 새로운 제품을 완성하게 된다. 주물로 중심을 잡고 플라스틱으로 모형을 잡은 '탑블레이드'가 시장에 출시될 준비가 된 것이다.

▲ 탑블레이드 팽이 (출처: 1boon.kakao.com)

문제는 '어떻게 새로운 팽이를 소비자에게 알릴 것인가?' 였다. 그는 공전의 히트를 쳤던 아이들을 위한 제품들의 기획부터 판매까지의 흐름을 유심히 살폈다. 그리고 캐릭터와 애니메이션의 상관에 주목하며 아이들은 캐릭터가 있는 제품을 선호하고 캐릭터가 있는 제품들은 하나같이 영화나 애니메이션이 TV나 극장에서 상영되어 히트를 친 제품들이라는 것을 알게 되었다. 애니메이션이 먼저 히트를 치면 그에 따라 판권을 가진 회사가 업체별로 계약을 맺고 특정한 제품에 히트한 애니메이션의 이미지를 얹어서 판매하는 것이 공통되고 일반적인 순서였다. 이런 이유로 성공한 캐릭터 제품들은 특별한 홍보랄 것이 없었다. TV나 영화에서의 인기가 곧 판매와 직결되기 때문이었다. 문제는 프로세스가 이렇다 보니 늘 상품은 한발 늦을 수밖에 없고 쏠림 현상이 발생할 수밖에 없다는 것.

캐릭터 비즈니스는 영화나 애니메이션의 흥행 결과를 가지고 사업을 이어가야 하는 업의 특성상 인기가 검증되기 전까지는 영화제작자의 휘둘림과 '인기도 한때'라는 오랜 인식 때문에 어느 누구도 브랜드를 키운다거나 캐릭터를 보호한다는 생각을 하지 않는 분야였다. 대부분의 사업자들은 캐릭터가 뜨면 가방이나 침구, 의류는 물론 캐릭터와은 아무 상관이 없는 지우개나 연필에까지도 일단 붙이고 보자는 식이었다. 영세한 캐릭터 제조업체들에게 선생산이나 선투자라는 것은 생각할 수도 없었다.

최 회장은 과감히 기존의 캐릭터 비지니스 순서에 손을 대기로 했다. 이미 팽이를 만들었으니 팽이의 홍보를 위해 거꾸로 히트할 만한 애니메이션을 제작하기로 한 것이다. 팽이를 홍보하기 위해 의도적으로 제작된 〈탑블레이드〉는 일본과 한국을 통해 2001년 거의 동시에 방송을 탔다. 방영이 되자마자 인기는 최고조를 이뤘다. TV의 인기는 실시간으로 매출과 연결되었고 2001년 한 해에만 3천만 개 이상의 탑블레이드가 생산됐다.

이들의 상품기획은 시간의 차이가 생길 수밖에 없는 기존의 방식을 바꿈으로써 아이들로 하여금 TV에서 본 따끈따끈한 제품을 바로 마트에서 구입할 수 있게 하여 더욱 높은 만족감을 제공했다. 손오공과 다카라토미는 시간차이 없이 방송과 함께 팽이를 판매함으로써 기회비용의 손실을 최소화할 수 있었다.

이 같은 방식은 애니메이션과 캐릭터 사업이 활성화되어 있는 미국에서는 스티브 잡스가 이끈 픽사(www.pixar.com)가 토이스토리(Toy Story) 1편과 2편을 출시하면서 성공한 모델이었지만 한국과 일본에서는 처음 시도되는 일이었다. 순서를 바꾼 최 회장의 예상은 아시아에서도 적중했다.

"순서대로 바르면 순서대로 좋아지지만 한 번에 바르면 한 번에 좋아진다"라는 카피처럼 순서를 바꾸는 처방에는 여러 개의 순서를 하나로 줄이거나 통합하는 것도 가능하다. 독일 피부과에서 환자의 피부 치료 후 자외선과 외부 자극으로부터 피부를 보호하기 위해서 발라주는 용도로 사용하기 시작했다는 BB크림의 정식명칭은 '블레미시 밤(Blemish Balm)'. BB크림은 본래 목적이 미용을 위한 화장품이 아니라 상처 난 피부의 재생과 피부보호를 위한 일종의 치료제였다. BB크림을 미용용으로 국내에서 처음 출시한 회사는 2004년 한스킨(www.hanskin.com)이었다.

▲ 한스킨 케비어 골드 비비크림 (출처: 한스킨)

　화장을 얇게 할 수 있고 간단한 포인트 메이크업만으로 청순하고 자연스러운 느낌을 줄 수 있을 뿐 아니라 상대적으로 투명하고 얇은 메이크업이 가능하기 때문에 모공에도 부담을 덜 준다는 장점으로 입소문을 타기 시작한 BB크림은 2000년대 중반부터 홈쇼핑에 등장하며 짧은 시간 내에 화장품업계의 초히트 상품으로 등극했다. BB크림이 복잡한 기존의 화장 방식을 한 번으로 통합했기 때문이다. BB크림에는 색조화장의 1번인 파운데이션을 기본으로 로션과 크림의 스킨케어 기능이 포함되어 있다. 보습, 모공, 재생 등 멀티성이 가미되어 있는 한편, 타 제형과 융합을 거듭하여 크림 제형에서 팩트, 밤, 젤, 에센스 등으로 유형을 확장하여 화장품의 대명사가 되었다.

　이제는 남성용뿐 아니라 자외선 차단이나 미백, 주름개선 등 기능성을 이중 또는 삼중으로 갖춘 경우가 대부분이어서 BB크림은 크림 하나로 메이크업베이스나 파운데이션, 팩트 등의 커버 기능과 보정 기능을 하나로 해결하면서 고객의 불필요한 시간과 비용을 획기적으로 줄였다는 점에서 고객에게 큰 고객가치를 제공했다. 이처럼 동일한 효과는 발휘하면서 기존의 긴 순서와 시간을 단축시킬 수 있는 순서를 바꾸는 상품기획은 새로운 상품을 기획함에 있어 아주 효과적인 방법이다.

순서를 줄인 상품기획 방법은 인터넷 환경으로 소비자들의 구매 환경이 바뀌면서 '새로운 서비스 상품의 형태'로 주로 기획되었다. 온라인상에서 상품 구매 시 개별 상품을 구매할 때마다 주문과 결제를 반복해야 하는 번거로움을 획기적으로 줄인 장바구니(Shopping Cart) 기능은 오픈 마켓(Open Market)이라는 전자상거래 업체가 1998년 미국에서 획득한 것으로 오프라인의 장바구니와 같이 여러 개를 담았다가 한 번에 결제하게 함으로써 번거로운 순서를 줄인 것이다. 1999년 9월에 특허(미국 특허 번호 5,960,411)로 등록된 원클릭(1-Click) 특허는* 인터넷에서 구매할 때 한 번만 주문자 주소와 배송지 등을 넣으면 추가적으로 필요한 여러 단계를 없애고 이전 자료를 불러 옴으로써 소비자가 마우스를 한 번만 클릭하면 바로 인터넷에서 상품을 주문할 수 있도록 하는 서비스다. 이것 역시 온라인 상거래에서의 번거로움을 획기적으로 줄였다.

* 폴 골드스타인(오연희 옮김), 『보이지 않는 힘, 지적재산』, 비즈니스맵, 2009, p. 268.

│ 순서 바꾸기의 주의점

새롭게 만들어지는 상품은 순서를 바꾸거나 늘이거나 통합하는 방법을 적용함에 있어 순서의 변형에 관계없이, 본연의 목적을 충족시킬 수 있는 기능이 그대로 유지되거나 혹은 기대하지 않았던 새로운 가치를 제공할 수 있어야 한다. 어떤 경우라도 기존의 상품이 가지고 있던 본연의 가치를 훼손해서는 안 된다. 기존의 가치가 훼손된다면 고객들은 순서를 바꾼 새로운 상품을 선택할 이유가 없어지기 때문이다.

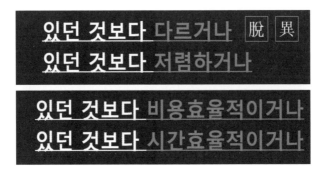

순서를 통합해서 새로운 상품을 만드는 경우 특히 주의해야 할 것은 순서를 바꾸고 난 뒤에 오는 '현실 안주(安住)', 즉 '다양성에 대한 불필요' 인식이다.

BB크림은 복잡한 과정의 제품을 하나로 통합하여 시간과 비용을 획기적으로 줄인 대단한 상품기획의 결과물이었다. 그러나 대표주자였던 한스킨은 BB크림에 몰입한 나머지 상품의 다양성을 확보해야 하는 명분을 만들지 못했고, 추가 상품의 출시 시기를 놓치는 바람에 '이것 하나면 모든 것이 되고 다른 화장품은 필요하지 않다'라고 했던 자기 주장에 갇혀 상품 확장에 실패하며 다른 회사로 매각되고 말았다.

한스킨의 BB크림 출시 이후 대부분의 업체들은 자사의 상품에 추가적으로 BB크림은 물론 색상(Color)과 보정(Correct)의 기능을 더한 CC크림까지 만들어 출시했다. 이 때문에 다른 브랜드들은 상품의 다양성을 고객들에게 제안할 수 있었다. 하지만 BB크림에만 주력했던 한스킨은 고객들에게 BB크림과 BB크림이 가지는 순서의 통합을 강조한 나머지 기초는 물론 색조 화장품까지 라인을 전개할 수 있는 명분을 제대로 제공하지 못했다.

2001년 '뷰티넷(www.beautynet.co.kr)'이라는 인터넷사이트에서 '화장품은 공산품'이라는 노골적인 주장을 앞세워 초저가 화장품 시장을 개척하며 급성장을 했던 미샤(Missha)도 '화장품의 가격은 3,300원이면 충분하다'는 자가당착(自家撞着)*에 빠진 일이 있었다. 스스로 내걸었던 '초저가'라는 가격에 발목이 잡힌 이들은 새로운 경쟁자들의 출현과 그에 따른 경쟁, 수익성 악화라는 상황에 직면하며 큰 위기를 겪었다. 하지만 이들은 과감하게 고가의 유명한 명품 화장품과 자사의 유사한 상품의 품질을 비교하며 가격 대비 성능을 비교하게 함으로써 자연스럽게 상대적인 가격 메리트를 주면서도 자사 제품 전체의 가격대를 올려 위기를 극복할 수 있었다.

순서를 통합해서 새로운 상품을 기획하는 경우에는 '통합'과 '확장'은 물론, '세분화'에 대한 의사결정을 유연하게 할 수 있어야 한다. 또한 상품기획자는 일정한 단계에 이른 상품이 개별적인 소구점을 가질 수 있는 상

---

* 같은 사람의 말이나 행동이 앞뒤가 서로 맞지 아니하고 모순됨. (출처: 국립국어원 표준국어대사전)

품이 될 수 있게 개별 상품의 콘셉트와 경계가 섞이지 않도록 해야 한다. 결국 상품은 세분화되고 차별화되지 않으면 쇠퇴해지기 때문이다. 통합되고 획일화된 상품에서 기대할 수 있는 것은 생산성과 효율성뿐이다. 이익도 차별화도 기대할 수 없게 된다. 확장과 통합을 거친 최종적인 것도 상품일 수 있지만 그 과정에서 발생하는 제품도 새로운 상품이 될 수 있다.

전통간식인 엿은 제조과정에서 서로 다른 소구점을 가진 세 가지 상품으로 만들어질 수 있는 성질을 가지고 있다. 우선 〈1단계〉만 마치면 한때 세계음료 1위인 코카콜라도 꼼짝 못하게 했던 식혜가 된다.

1단계

1. 엿기름을 가는 체에 물을 붓고 거른다.
2. 밥을 고슬고슬하게 짓는다.
3. 엿기름을 거른 물을 밥에 붓는다.
4. 보온(40~50도)에서 4~5시간 방치한다.
5. 밥알이 위로 뜨면 솥에 옮긴다.

식혜는 그것만으로도 훌륭한 상품이다. 하지만 순서(Process)를 더 연장시키면 다른 상품성을 지닌 상품이 만들어진다. 조청(造淸)이다. 사람이 만든 꿀이라는 의미의 조청은 곡식을 엿기름으로 삭힌 후 곡식을 걸러내고 그 물을 졸여 꿀처럼 만든 감미료다. 꿀이 귀하던 시절 꿀 대신 많이 사용했던 조청은 예로부터 떡, 과자 등의 음식을 먹을 때 꼭 필요했던 값진 먹거리였다.

조청을 만드는 방법은 〈2단계〉와 같다.

▲ 왼쪽부터 식혜, 조청, 엿 (출처: 구글)

이렇게 만들어진 조청을 다시 불에 졸여 마지막 단계까지 이르면 '엿'이라고 불리는 상품이 만들어진다. 엿을 만드는 순서는 〈3단계〉와 같다.

13. 다 식었으면 손으로 알맞은 양을 떼내서 잡아당기면서 늘여준다.
14. 늘어난 엿에 갈분(전분) 가루를 묻혀가며 수타면을 뽑는 것과 같은 방식으로 양쪽에서 엿을 잡아 늘이고 늘어난 엿을 반으로 접고 다시 늘이기(켜기)를 반복한다.
15. 짙은 갈색이었던 엿이 반으로 접고 늘이는 과정을 통해 노란색에 가까워질 때까지 반복한다.
16. 알맞은 크기로 잘라서 시원한 곳에 보관한다.

상품기획자가 상품의 본질과 공정에 대한 충분한 이해가 있어야 하는 이유는 이처럼 긴 프로세스를 가진 상품의 경우, 각각의 단계에서 고객에게 가치를 제공할 수 있는 다른 상품이 기획될 수 있기 때문이다.

이동하게 하기

| 자유롭게 하라

사람들은 누구나 자유로운 것을 좋아한다. 그래서 사람들은 '휴대용'에는 더 많은 돈을 기꺼이 지불한다. 그것이 본인의 자유를 보장할 것으로 기대하기 때문이다.

2000년도에는 불과 전체 시장 규모가 2000억 원에 불과했지만 2000년 말부터 2013년까지 무려 35배에 가까운 시장으로 몸집을 키우며 매년 파죽지세의 기운으로 성장을 거듭해 온 아웃도어 업계. 이들의 성장과 더불어 조용하지만 힘 있게 시장을 넓혀온 분야가 캠핑업계다. 비록 아웃도어 업계는 2014년을 기점으로 확연히 성장세가 감소했지만 캠핑 분야는 지속적으로 성장하고 있다. 캠핑은 한 때 '집 나가면 개고생'이라는 광고가 있을 만큼 안락한 집에 대한 소망과 간절하지만 한편으로는 경험하지 못한 미지의 밖에 대한 동경을 상징한다.

〈도표 27〉 국내 아웃도어 시장 추이와 캠핑 시장 규모

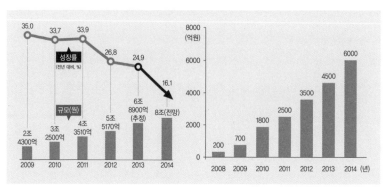

(출처: 패션넷코리아, 아웃도어뉴스)

　자신의 집처럼 쉴 곳을 이동시켜서 하룻밤 잠을 잘 수 있는 곳은 많다. 호텔도 있고 콘도도 있고 펜션도 있다. 버너와 텐트, 코펠로 대변되는 캠핑은 완벽하지는 않지만 그것이 나름대로의 멋으로 자리 잡은 '집을 이동시킨 상품'이다. 이처럼 기존에는 움직일 수 없었던 것, 움직이지 않았던 것을 움직이도록 하는 것이 상품기획을 하는 방법 중의 하나인 '이동하게 하기'다. 고정된 상품에 이동성을 부여함으로써 기존의 제품이 가지는 핵심 기능을 사용자가 원하는 장소에서 구현할 수 있도록 하는 이 상품기획 방법은 아이디어와 함께 기술이 제공될 때 실현할 수 있는 방법이다.

　기획의 발상은 본래 고정되어 있는 것들을 고정된 위치에서 이동하게 하는 방법과 이동해 놓은 상태를 상상해보는 것으로 시작한다. 이동하는 집과 이동해 있는 집, 이동하는 컴퓨터와 이동해 있는 컴퓨터,

이동하는 TV와 이동해 있는 TV 등과 같이 상상하면 다양한 상품기획의 단초를 만들 수 있다. 이동하는 집의 결과물은 캠핑카나 텐트일 것이고 이동해 있는 집은 별장이나 펜션, 호텔 등이 결과물일 것이다. 이동하는 컴퓨터는 노트북이, 이동해 있는 컴퓨터는 PC방의 컴퓨터들이 될 수 있으며 이동하는 TV는 DMB가 결과물이 될 것이다.

이동하게 하는 상품기획 방법은 주로 서비스 분야와 집이나 건물처럼 이동자체가 용이하지 않은 하드웨어 분야에 적용할 때 파급력이 크다. 또 기존 상품의 무게가 무거울수록, 부피가 큰 것일수록, 사용이 필수적이거나 빈번하거나 중요할수록 고객의 선호도는 높아진다. 본래는 집의 천장에 달렸어야 하는 전등이 이동 가능하도록 만들어진 것이 랜턴이고 집안 거실에 큼지막하게 자리 잡고 있었던 화려한 전축은 언제든 이동이 가능한 녹음기나 라디오를 지나 지금의 MP3가 되었다. 움직이는 전등과 이동하는 MP3는 사람들을 밖으로 끌어냈고 라이프스타일을 바꾸었으며 충분한 자유를 누리게 했다.

▲ OLED 조명이 삽입된 조명 (출처: SBS)

고정되어 있던 것들이 움직이는 순간 고객들의 호감도는 상승한다. 특히 그것이 전선이나 커넥트의 연결 없이 단독으로 이동할 수 있다면 고객들의 선호도는 더 높아져 성공적인 상품기획이 될 가능성이 훨씬 높아진다.

그런 측면에서 흔하게 사용하고 있는 건전지와 축전지의 발명과 발달은 상품의 핵심적인 속성을 이동하면서 누리도록 하는 데 결정적인 역할을 했으며 움직이도록 하는 상품기획 방법에 절대적인 조력을 하고 있다. 이런 류의 상품들은 대부분 얼마나 더 작은 공간에 얼마나 더 빨리 얼마나 더 많이 충전하여 얼마나 더 오랜 사용을 가능하게 하는지에 대한 방향을 중심으로 기술적인 발전을 계속하게 된다.

2013년 콘센트와 전선은 물론 배터리가 없는데도 은은한 빛을 내는 유리잔이 TV를 통해 소개된 적이 있었다. 겉보기에는 일반적인 유리잔과 다르지 않은 이 제품은 바닥에 OLED(Organic Light Emitting Diode, 유기발광다이오드) 조명을 넣어 무선으로 전기에너지를 보내는 자기공진 기술로 만들어진 것이다. 자기공진(磁氣共振) 기술이란 자기공진 방식의 무선충전 기술로 상용화된 자기유도 방식보다 더 먼 거리에서도 충전이 가능하도록 하는 기술이다. 더 이상 콘센트에 꽂은 전선이 없어도(Codeless) 마치 코드가 연결된 것처럼 일정한 범위 내에서 충전과 사용이 가능하도록 한 것이다.

개발자에 따르면 OLED 조명을 넣은 잔은 탁자 밑에서 전기에너지를 자기장에 실어 보내면 잔 속에 숨은 안테나가 이를 받아 발열 없이 빛을 발하는 원리라고 한다. 현재의 기술로는 10cm까지 전원이 무선으로 전송될 수 있으며 이미 전원에서 1.2m 떨어져 작동하는 TV도 나와 있어 곧 와이파이존처럼 특정한 공간에 들어서면 휴대폰을 비롯한 모든 기기들이 자동으로 충전되는 서비스의 출현이 가능할 것으로 전문가들은 전망하고 있다. 이미 이와 관련된 기술은 진력을 수 미터까지 안정적으로 보내는 연구와 수신 안테나 크기를 줄이는 연구로 진행되고 있으며, 개인당 소비전력이 많아진 라이프 스타일에 맞도록 이외에도 소비자들의 편의성을 증대하기 위한 무선충전 방식들을 다양하게 연구하고 있다. 무선충전이 주목받는 이유는 이동성 때문이다.

데스크톱에서 랩톱으로 이동성이 높아진 컴퓨터지만 사람들은 노트북 안에 든 저장장치(RAM)를 이동시키고 싶어 했다. 그래서 만들어진 것이 외장메모리 형태의 디스크였고 이후 진화한 것이 USB메모리다. USB메모리는 손톱만 한 크기로 중량감 없이 온전한 이동성을 확보했다. 하지만 분실의 위험과 예상치 못한 상황에서의 오작동이 문제였다. 사람들은 안전한 저장과 함께 잃어버리지 않는 온전한 저장과 사용을 원했다. 개발자들은 이 문제를 클라우드(Cloud)라는 기술로 풀어냈다. 지금은 굳이 USB에 필요한 지식이나 서류를 담아 다니지 않아도 인터넷이 연결된 곳이면 어디서나 어떤 컴퓨터로든지 가상의 공간에 저장되어 있는 내용을 완벽한 상태로 꺼내 볼 수도 있고 전달할 수도 있다.

│ 움직이는 모든 것

2009년 명동 거리에 주말을 맞아 쇼핑을 나온 시민들과 외국인 관광객들 사이로 빨간 외투를 입은 여성들이 한국을 찾은 외국인들에게 직접 궁금증을 해결해주는 서비스를 시작했다. 이들은 서울시에서 운영하는 일명 '움직이는 관광안내소' 소속 안내원들로, 외국인 관광객들에게 영어·중국어·일본어로 서울을 안내해주는 관광 안내원들이다. 이들이 다른 안내원들과 가장 다른 것은 흔히 안내원이라고 하면 안내소에 들어가 있는 사람을 생각하지만, 이들은 스스로 관광객을 찾아 움직이고 있다는 것이다. 이처럼 안내원들이 움직이며 서비스를 제공하는 것은 관광 산업이 발달한 외국은 물론 서비스의 천국이라고 불리는 일본에조차 없는 서비스로 하루 인당 최대 300명의 외국인들이 이용할 만큼 독특한 서울시만의 서비스 상품이다. 같은 동일한 역할을 수행하지만 한 장소에 앉아서 수행했던 사람을 움직이도록 했더니 새로운 서비스 상품이 되었다.

영화를 보면 가끔 편의점이나 작은 소매점에 강도들이 들어와서 점원을 위협하고 강탈을 하는 장면들이 나온다. 매장에 있는 사람들은 어떻게든지 눈치를 살피면서 강도들의 침입 사실을 알리려고 하기도 하고 눈을 피해 탈출을 시도하기도 한다. 이런 위험의 순간 '전화기가 책상 위에 아닌 다른 곳에 있어서 강도들의 시선을 피해 경찰과 연락을 할 수 있는 장치가 있으면 좋을 텐데…' 라는 생각을 실행에 옮긴 사람들이 있다. 바로 우리나라 경북 경찰이다. 이들은 매장과 경찰서를 직접 연결하는 장치인 '풋 SOS'를 관내 편의점이나 금은방과 같은 다액 현금 취급업소에 설치함으로써 안전 수준을 높이고 경찰력을 효과적으로 집중시킬 수 있도록 했다. 책상 위에 있던 신호기의 위치를 카운터 아래로 이동 설치하여 유사시 카운터 아래 설치돼 있는 발판을 밟아 경찰에 신고할 수 있게 만들어진 '긴급 신고 시스템'을 구축한 것이다.

기존의 신고 시스템은 책상 위의 유선전화 수화기를 들고 7초 이상 지나면 KT가 미리 지정해 둔 경찰관서에 신고되도록 하는 것이었다. 그러나 현실적으로 다급한 상황에서 수화기를 7초 이상 들고 있는 것은 사실상 어렵고 평상시에는 사용자 부주의로 수화기가 잘못 들려 경찰에 불필요한 신고가 들어오는 경우도 많았던 것을 보완했다. 새 시스템은 사업주와 경찰 모두로부터 좋은 호응을 받아 타지역에 본이 되고 있다.

▲ FOOT S.O.S (출처: 대구신문, 구미뉴스)

원래 식당과 가게는 고정되어 있어야 하지만 '푸드트럭(Food track)'은 움직이는 식당이다. 다양한 사람들이 함께 어울려 사는 뉴욕에서 1990년대 말까지 길거리 음식의 주된 통로가 되었던 푸드카트(Food cart)에서 시작된 푸드트럭은 우리나라에서도 지난 2014년 7월부터 합법적인 시행이 되고 있는 제도다. 미국은 물론 호주, 영국, 프랑스를 비롯한 유럽에서 푸드트럭은 '거리의 뷔페식당'으로 불리며 소비자들의 열렬한 지지를 받고 있다. 이들은 멕시코풍은 물론 대만, 그리스, 벨기에, 한국풍의 음식을 싸고 빠르고 신선하게 제공하며 새로운 맛집으로 입소문을 타면서 사람들을 줄 세우고 있다. 미국의 몇 곳은 한국의 명문대 출신이나 이민 2세대들이 진출을 해서 현재는 작은 기업으로까지 발전한 곳들도 여럿이다.

이동하는 옷가게인 패션트럭(Fashion truck)도 있다. 패션트럭이 처음 등장한 것은 미국이 한창 내수경기 침체를 겪던 2010년경으로 높은 임대료와 낮은 판매수익 사이에서 고민하던 소매상들이 찾아낸 대안에서 시작되었다. 패션트럭 사업에 가장 먼저 뛰어든 사람 중에 하나인 창업자[*] 에밀리 벤슨(Emily Benson)은 아베크롬비 앤 피치와 헨리벤델, 클럽모나코 등에서 MD와 VMD로 일한 경험을 토대로 뉴욕에서 열풍을 일으켰던 푸드트럭에서 영감을 받아 2011년 보스턴에 이동형(Mobile) 부티크를 열었다.

▲ The FashionTruck의 창업자인 Emily Benson과 패션트럭(2016) (출처: 패션트럭 페이스북)

그녀는 자신의 SNS를 통해 자신의 패션트럭이 이동하는 스케줄을 홍보했고, 트럭을 몰고 파티가 열리는 고객의 집이나 사무실 등을 찾아다녔다. 에밀리의 트럭이 미디어로부터 조명을 받자 미국에서는 700여 개의 패션트럭이 생겨났다. 곧 이어 패션트럭들에 대한 전문적인 정

---

* 출처: www.boston.racked.com/2013.1.17

보를 제공하는 패션트럭파인더(www.fashiontruckfinder.com)라는 온라인 서비스까지 등장했다.

패션트럭은 도심의 개성 강한 라이프스타일과 패션 마인드를 지닌 패션피플들을 위한 셀렉트샵의 역할을 하며, 대형 SPA매장들이 제공하는 편안한 쇼핑스타일과 대중적인 고객들이 선택할 수 있는 평범한 아이템의 한계를 넘어 다양한 카테고리로 세분화되었다. 이들은 유통단계를 줄인 저렴한 가격과 트렌디한 패션상품은 물론 친절한 '1대 1의 패션제안'이라는 가치를 제공하며 고객들에게 '나만의 특별한 개인 의상실'에 온 듯한 만족감을 제공하며 성공했다.

▲ Nomad Truck의 내부모습과 패션트럭 (출처: www.ecouterre.com)

패션트럭의 성공은 선글라스 제품을 전문적으로 판매하는 선글라스 트럭과 네일케어를 해주는 네일케어 트럭 등 전문화된 이동식 매장으로 확장성을 보여주며, 온라인과 온오프라인을 관통하는 새로운 가능성을 보여주었다. 미국에서 런칭한 대부분의 패션트럭들은 온라인쇼핑몰을 함께 운영하며 기존의 온라인쇼핑이 가지고 있던 피팅, 배송 등의 단점을 극복하며 트럭 내부에 피팅룸을 설치하고 이동성을 바탕으로 온라인에서 구매한 고객들에게 직접 배달까지 해주는 새로운 가치를 제공하고 있다.*

▲ 롯데백화점 패션트럭, 홈플러스 수트트럭 F2F (출처: 뉴시스, 홈플러스)

　국내에서는 한때 홍대 앞에서 마마스트럭(www.mamas-truck.com)이 트럭을 활용해 패션아이템을 판매했었고, 롯데백화점과 홈플러스도 2015년 각각 남성용 셔츠와 수트를 직접 입어보고 구매까지도 할 수 있는 '패션트럭'을 선보인 바 있다. 움직이는 상품기획 방법은 고정된 매장의 대명사인 백화점과 대형마트에서 가져다 쓸 만큼 효율성과 전시성은 물론 주목성이 높다.

　일상처럼 대하고 있는 프랜차이즈 사업모델도 서로 다른 곳에 동일한 서비스와 상품이 이동되어 있는 상품기획의 결과물이라 할 수 있다. 동일한 상품과 서비스를 프랜차이저(Franchiser)가 기획하고 곳곳에 흩어진 프랜차이지(Franchisee)가 이를 실행함으로써 동일한 맛과 상품은 물론 서비스가 고객의 근점이 용이한 곳으로 이동되는 것과 같기

* 출처: 패션플라잉블로그, 〈거리로 나온 1인 패션매장, 패션트럭 국내에 안착할 수 있을까?〉

때문이다. 포스트가 많으면서도 일관성이 유지되는 프랜차이징 스토어(Franchising Store)들이 잘되는 이유는 낯선 환경 속에서 익숙한 맛과 정서를 느끼려는 사람들이 리스크를 최소화하기 위해서 선택을 하기 때문이다. 성공한 하나의 모델을 그대로 복사하듯 매뉴얼화해서 각 지역으로 이동시킴으로써 어디서든 고객들이 거리와 시간과 상관없이 필요한 서비스를 제공받을 수 있도록 하는 상품기획은 매우 효과적인 방법이다.

| IT(Information Technology)가 움직이게 한다

우리나라를 포함해 세계적으로 20억 명이 매일같이 사용하고 있는 이동형 전화기인 '스마트 폰'과 직간접적으로 관련된 상품과 서비스는 획기적인 것으로 발전할 가망성이 높다.

▲ 니콜라 랩스가 선보인 스마트폰 케이스 (출처: www.techcrunch.com)

2015년 5월 미국 벤처기업인 니콜라 랩스(Nikola Labs)가 공중에 떠다니는 외부의 무선 주파수 에너지를 끌어다 스마트폰을 충전할 수 있는 신개념 스마트폰 케이스를 발표한 일이 있었다. 아이폰6용으로 개발된 이 제품은 음성과 데이터 접속 유지를 위해 일상적으로 허비되는 스마트폰 에너지의 90% 중 30%를 허공에서 끌어다가 스마트폰을 충전함으로써 스마트폰 배터리 수명을 30% 가량 늘릴 수 있도록 만들어졌다.

니콜라 랩스는 이를 위해 오하이오 주립대학교에서 개발한 무선 주파수 에너지를 포착할 수 있는 안테나 특허와 이를 통해 모은 에너지를 스마트폰에 사용 가능한 DC 전류로 변환시켜주는 RF-DC 컨버터 특허를 사용하는 것으로 알려졌으며, 해당 케이스는 와이파이, 블루투스를 포함한 LTE 주파수를 통해 에너지를 수확하여 이를 전력으로 바꿔 스마트폰에 주입하는 방식을 취하는 것으로 알려졌다. 미국 소셜 펀딩 기업인 킥스타터(www.kickstarter.com)를 통해서 진행되는 이 제품은 특정한 케이스만 깨우면 케이스가 충전기의 역할을 함으로써 충전 걱정을 하지 않아도 되는 시대를 예고하고 있다.

▲ LG포켓포토 (출처: LG전자 홈페이지)

LG가 출시한 포포(FoPo)는 휴대할 수 없었던 프린터와 사진현상소를 휴대할 수 있도록 만든 상품이다. 이 제품의 특징은 스마트폰으로 찍은 사진을 블루투스나 NFC(Near Field Communication)라 불리는 근거리 무선통신 방식으로 바로 뽑을 수 있다는 것.

모바일용 휴대 프린터로 스마트폰 정도의 크기에 불과한 '포포'는 높은 휴대성을 장점으로 어디서나 간편하게 다운받을 수 있는 전용 어플리케이션을 통해서 사진을 원하는 대로 보정하고 날짜와 메시지 및 QR코드 등을 삽입할 수 있도록 했다. 별도의 잉크 카트리지도 필요 없이 전용 인화용지로 사진을 만들어 내는 장점을 가진 포포는 2013년 첫 상품이 출시된 이후 매년 업그레이드를 거쳐 3세대 제품까지 나오며 젊은 세대를 중심으로 한국과 중국 판매량 100만 대를 넘기며 인기를 끌고 있다. 기본적인 레터링은 물론 액자분할기능과 밝기, 대비, 채도 등을 보정할 수 있도록 한 기능이나 필터와 액자 기능 등을 통해 사진에 재미를 더할 수 있게 함으로써 이동하는 현상소의 느낌을 살린 포포는 휴대성과 이동성을 보장하는 상품에 대한 가능성을 노린 상품 기획이라고 할 수 있다.

사회가 다원화되고 변화가 많은 사회일수록, 다양성을 즐기는 고객일수록 사람들은 상품을 고를 때 '휴대성'에 의미를 두는 경우가 많다. 30년 전만 해도 집안의 보물이며 부의 상징이 되었던 진공관 오디오세트가 MP3 앞에 무너진 것과 데스크탑 컴퓨터가 아무리 성능이 뛰어나도 많은 젊은이들과 직장인들이 노트북 구매를 멈추지 않는 것을 보면 움직이게 하는 상품기획의 가능성은 이미 검증되었다고 할 수 있다.

집이나 직장에 항상 있어야 한다고 생각했던 것들, 당연히 같은 자리에 있어야 한다고 생각했던 것들을 옮겨지도록 하는 상품기획은 모바일 시대를 사는 상품기획자(MD)에게 꼭 필요한 역량이라고 할 수 있다.

이동하게 하기의 주의점

이동하게 하는 상품기획을 할 때 가장 주의해야 하는 것은 이동할 수 있는 제품과 고정되어 있는 제품과의 최대한 기능의 차이를 없애는 것이다. 즉 고정형 제품 대비 제품의 안정성과 핵심기능의 수행능력을 최대한 확보할 수 있어야 한다. 이동이 가능한 것은 고정되어 있는 것보다 성능에 있어 불안정한 위험 요소를 가지고 있다. 이동(Moving)이라는 상태 자체가 분실과 충돌, 추락 등의 사고를 내포하고 있기 때문이다. 상품기획자는 예견되는 불안요소를 미리 파악하고 최대한 고정된 상품과 비교하여 볼 때 사용에 있어 성과에 차이가 나지 않도록 해야 한다.

성능뿐 아니라 운반성과 휴대성도 주의해야 하는 요소다. 지나치게 크거나, 무겁거나, 두껍거나, 복잡하거나, 약하거나, 새거나, 달라붙으면 이동성이나 휴대성은 확보하기가 어렵다. 가격도 지나치게 비싸서는 안 된다. 이동이 가능한 상품은 편리함이 제공되기는 하지만 이동은 분실의 위험성과 파손의 리스크를 부담해야 하기 때문에 접근 가능한 가격으로 소비자들에게 어필하여 시장성을 확보할 수 있게 하거나 보험이라는 장치를 통해 고객의 불안감을 제거해야 한다. 그래야 상품으로서 시장성을 확보할 수 있다.

대상 바꾸기

│ 결론은 고객확대

다양한 상품기획 방법들이 의도하는 것은 크게 두 가지다. 하나는 기존의 상품을 구매했던 고객들에게 새로운 가치를 제공함으로써 제품의 사용 빈도를 증가시키거나 충성도를 높여 지속적인 추가구매를 하도록 하는 것이고, 다른 하나는 기존에 상품을 구매하지 않았던 사람들에게 이전과 달라진 상품을 제시함으로써 인식을 전환시켜 첫 구매를 하도록 하는 것이다.

'대상 바꾸기'란 상품의 핵심적인 콘셉트와 기능, 형질은 기존의 것을 그대로를 유지하되 특정한 목표고객을 고려하여 상품을 그에 맞게 수정함으로써 잠재고객을 현재의 고객으로 현실화시키는 방법이다. 상품이 달라지면 고객의 관심이 달라지고 고객의 관심이 달라지면 구매

고객도 달라지기 때문에 대상을 바꾸는 처방은 상품기획의 핵심이며 가장 궁극적인 상품기획 방법이라고 할 수 있다.

대상 바꾸기의 효과는 1960년대에 소개되어 지금까지 경제학과 경영학 분야에서 빈번하게 인용되고 있는 상품수명 주기(Product life cycle) 이론에서도 찾아볼 수 있다.

〈도표 28〉 상품의 수명주기(PLC)

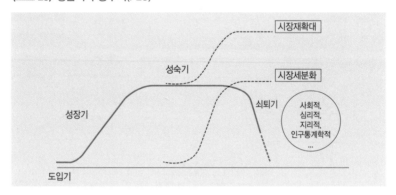

특정한 상품이 도입기와 성장기를 거쳐 성숙기에 이르면 시장의 규모는 경쟁자의 참여로 인해 늘어나지만 매출은 정체되고 마진은 줄어드는 현상을 피할 수 없게 된다.

이때 상품기획자는 두 가지 방법으로 정체된 상황을 탈피할 수 있는데 그 첫 번째가 시장을 확대하는 것이다. '시장을 확대한다'는 것은 제품이 판매될 수 있는 유통의 범위를 넓히는 것이다. 20대를 타깃으로 한 화장품이 백화점에서 판매가 검증되어 매출이 늘면 상품기획자는 우선 다른 백화점으로 시장을 넓힘과 동시에 이 상품을 TV홈쇼핑이나 대형마트, 아울렛, 면세점 등 업태가 다른 유통망으로 확대를 꾀할 수 있다. 유통채널이 확대되면 시장은 자연스럽게 확대된다.

두 번째는 시장을 세분화하는 것이다. '시장을 세분화한다'는 것은 동일한 자극에 대하여 다르게 반응하는 고객을 분류하여 나누는 것이다. 20대를 타깃으로 한 화장품이 백화점에서 판매가 검증되어 매출이 늘면 상품기획자는 백화점이라는 유통경로는 유지한 채 20대를 타깃으로 했던 화장품을 30~40대를 타깃으로, 혹은 폐경이 지난 여성으로, 혹은 막 화장을 시작하는 10대들로, 혹은 피부에 신경을 쓰는 남성들로 대상을 바꿔서 검증된 새로운 상품을 출시할 수 있다.

시장의 세분화

당연히 두 가지 모두를 병행하여 운영하는 것이 잘하는 것이지만 실제로 상품기획자의 입장이 되어서 두 가지를 동시에 성공적으로 한다는 것은 매우 어려운 일이다. 어떤 상품이든지 상품이 시장에 도입된 후 성장기에 들어서면 이곳저곳에서 수많은 경쟁자들이 출현하기 때문에 상품기획자는 상품이 성숙기에 이르기 전에 기업의 비전과 보유한 역량을 고려하여 선택과 집중을 해야 한다. 이 때문에 상품의 특성에 따라 다소 차이가 있을 수 있지만 상품기획자는 시장을 세분화함으로써 다양한 고객의 특징을 기업이 파악할 수 있도록 하여 다르게 반응하는 고객을 분류해낼 수 있어야 하고 아울러 분류된 고객들의 특성을 알고 있어야 한다.

〈도표 29〉 시장세분화의 기준 변수*

인구통계학적 변수	심리적 변수	구매행동 변수	사용상황 변수	추구효익 변수
연령 성별 지역 소득수준 학력 가족수	사회계층 라이프스타일 준거집단 개성 정치성향	사용량 구매빈도 브랜드 충성도 태도	제품을 사용하는 상황에 따라 추구 효익이 상이함	기능적효익 심리적효익

　이 과정에서 〈도표 29〉와 같이 다양한 변수들을 적용할 수 있다. 일반적인 시장세분화는 인구통계적 변수 이외에도 심리적 변수, 구매행동 변수, 사용상황 변수, 추구효익 변수 등이 적용된다. 상품기획자가 어떤 기준과 변수를 적용하느냐에 따라 세부시장의 크기와 특성은 달라진다. 이 때문에 상품기획자에게 고객을 세분화하고 세분화된 각각의 고객집단의 특성을 파악하는 것은 상품의 콘셉트는 물론 전달하려는 고객가치와 깊은 상관이 있기 때문에 고객의 특성과 변수를 이해하는 것은 매우 중요하다.

　특정한 고객집단은 보통 일정한 그들만의 라이프스타일을 가지고 있다. 그래서 남들에게는 별 관심이 아닌 것들도 그들에게는 공통된 관심거리가 되고 그것으로 인해 구매욕구를 자극받기도 한다. 그러므로 새로운 제품을 고객들에게 제안할 때에는 그들의 특성과 기호에 맞춰 콘셉트는 물론, 포장, 가격, 모델, 디자인 등을 반드시 고려해야 한다. 다른 시장에서 검증된 상품이므로 대상을 바꾸는 시장의 세분화

* 출처: http://www.bkcst.com.

는 상품기획자가 보다 안정적인 볼륨을 확보해 나가는 데 유리한 방법이다.

시장의 재확대가 상대적으로 불리한 이유는 대부분의 상품은 각 상품만의 독특한 콘셉트와 특징, 포장과 규격으로 인해 취급할 수 있는 채널이 제한되기 때문이다. 이는 각각의 유통채널이 기업입장에서는 상호보완관계가 아닌 대체관계로 존재하기 때문이며 동일한 고객이 동시에 여러 채널에서 상품에 대한 정보와 구매행위를 하고 있기 때문이다. 기존의 채널을 유지하면서 또 다른 채널로 시장을 재확대하는 것은 상황과 거리적으로 두 개의 상황이 전혀 달라야 하기 때문에 고객이 외국에 있거나 면세지역이 있거나 혹은 특정한 신분이 적용되는 공간에 있지 않는 이상 기술적으로 만들기가 쉽지 않다. 오히려 현실적으로는 한 곳에 주력하면서 다른 채널을 프로모션이나 견제를 위한 경로 정도로 활용하는 것이 보다 전략적인 접근이라고 할 수 있다.

대상 바꾸기의 유용성

우리나라에 처음 기능성 화장품으로 출시된 상품은 LG생활건강이 만든 이자녹스의 '링클 디클라인'*이었다. 1999년 첫 출시(2001년 인증)된 이자녹스의 '링클 디클라인(WrinkleDecline)'은 보이는 주름은 물론 보이지 않은 주름까지 말끔히 케어(Care)한다는 주름개선 기능성 화장품으로 나

---

* 출처: 더 데일리코스메틱.

이가 들어가면서 변화하는 피부와 외부 자극에 의해 눈에 보이지는 않지만 변해가는 피부 속에 대한 주름 관리에 초점을 맞춘 제품이었다.

LG만의 독자개발 성분인 비타민A 유도체인 메디민 A(Medimin A)와 안젤리카(Angelica) 성분이 함께 작용하여 피부표면의 주름을 개선해주고, 피부에 굴곡을 만드는 원인이 되는 피부 속 변화도 동시에 관리해주는 시너지 효과를 위해 출시된 이 제품은 나오자마자 큰 인기를 끌었다. 당시 화장품 유통의 중요한 유통경로였던 시판유통과 종합화장품 할인판매점에서 히트를 친 이자녹스는 당시 주름에 가장 관심이 많은 30대 후반~40대 전반의 여성들을 타깃했었다.

▲ 기능성 화장품의 시장 세분화 사례

이자녹스가 히트를 치자 태평양을 비롯한 여러 브랜드가 동일한 타깃의 시장에 잇달아 진출했다. 그러자 당시 신생업체였던 엔프라니

(www.enprinishop.com)는 동일한 '주름개선'이라는 기능성 효과를 가지고 20대를 타깃으로 한 제품을 출시했다. 엔프라니는 '20대여 영원하라'라는 모토를 내세우며 대상을 바꾸는 상품기획을 통해 단번에 큰 주목을 받았다.

이어서 그냥 20, 30, 40대가 아닌 피부과 병원에서 피부과 치료를 받는 민감한 여성들을 상대로 한 제품이 출시됐고, 10대들을 위한 저가 화장품 브랜드에서도 주름개선 화장품이 출시되어 기능성 화장품은 10대로까지 고객층을 넓혔다. 원료를 민감하게 따지는 사람들을 위해서 동일한 기능을 가지고 있지만 성분을 저자극, 저유해성으로 원료를 바꿔 효과는 물론 원료까지 민감한 사람들을 대상으로 한 상품도 출시되었다. 폐경이 시작된 50대 실버층을 상대로 주름 개선 기능에 보습기능을 강화한 제품들도 출시되었다. 지금은 각 브랜드에서 남성들을 위한 기능성 제품까지 출시되어 이제 더 이상 화장품이 가진 기능성이 여성의 전유물이 아닌 남성에까지 자연스럽게 확대되는 모습을 보여주고 있다. 대상을 세분화함으로써 시장의 확대가 이루어진 것이다.

상품이 가지고 있는 기본적인 고객가치(주름개선)는 같지만 세분화된 대상의 특성에 따라 더 높은 고객가치를 제공하기 위해 때로는 보습, 때로는 미백, 때로는 자외선 차단 등의 기능을 더하고, 각 타깃에 맞는 모델을 달리하며 세분화된 시장에 최적화된 솔루션을 제공해 온 기능성 화장품 시장은 대상을 바꾸는 처방이 얼마나 새로운 고객을 창출하는 데 효과적인지를 보여준다.

대상을 바꾸는 상품기획의 유효성은 아디다스(www.adidas.com)와

나이키(www.nike.com)의 경쟁에서도 증명되었다. 1차 세계대전이 끝난 1924년, 신발공장에 다니던 아버지와 세탁소에 다니던 어머니의 영향으로 섬유가공, 세탁, 재봉 등 신발을 만들 수 있는 지식을 쉽게 접할 수 있었던 루돌프 다슬러(Rudolf Dassler-애칭 루디)와 동생 아돌프 다슬러(Adolf Dassler-애칭 아디) 형제는 함께 다슬러 형제 신발공장 'Dassler Brother OMG(Gebrer Dassler OMG)'를 만들어 신발제조업을 시작했다.

▲ 아돌프 다슬러와 루돌프 다슬러 (출처: http://blog.naver.com/PostView.nhn)

가내수공업 수준을 면치 못하던 그들에게 결정적인 번영의 계기가 된 것은 1936년 베를린 올림픽이었다. 대장장이 친구였던 크리스토프 젤라인의 도움으로 축구와 트랙 경기를 위해 최초로 못을 박은 러닝스파이크(Running spike)를 제작(1925년)한 아돌프 다슬러는 1928년 암스텔담 올림픽에서 그의 스파이크 제품을 선수들에게 처음 선보였다. 선수들은 특별하게 반응하지 않았다. 그러나 1932년 LA올림픽에서 아서 조나스(Arthur Jonath)가 그의 운동화를 신고 육상 100m에서 동메달을 따자 아돌프의 신발이 선수들에게 인정받기를 시작했다.

4년 뒤 베를린대회를 맞아 자신이 만든 육상 스파이크를 스폰서하기로 마음먹은 아돌프는 당시 육상의 유력한 메달 후보였던 미국의 제시 오웬스(Jesse Owens)를 찾아 자신의 스파이크를 신고 경기에 참여해달라고 부탁한다. 흔쾌히 승낙을 한 오웬스는 다즐러의 러닝스파이크를 신고 100m를 비롯해 무려 4개의 종목에서 금메달을 땄다. 이를 계기로 선수들에게 호평을 얻은 아돌프가 만든 스포츠 신발들은 만들기가 무섭게 팔리기 시작하며 유럽을 비롯해서 전 세계에서 판매되기 시작했다. 2차 세계대전과 함께 갈등을 겪은 다슬러 형제는 전쟁 이후 각자의 길을 가며 아돌프 다슬러는 1949년 자신의 애칭이었던 이름의 첫 글자를 따서 아디다스(Adidas)를 설립하게 된다.

1925년 이래 2003년까지 아디다스가 확보한 특허권은 약 700여 개. 이는 다슬러 가문이 가지고 있었던 신념인 '스포츠의 요구에 따른 최상의 신발'에서 비롯된 더 가볍고, 더 질기고, 더 안전하면서도 선수의 능력을 극대화시키기 위한 노력의 산물로서 100년 역사를 바라보는 아디다스가 얻은 훈장들이자 스포츠용품 발전의 기록이기도 하다.[*] 지금도 세계적으로 많은 기능화들이 출시되고 있지만 기능적으로 가장 진보된 스포츠화는 아디다스라는데 이의를 달 사람은 별로 없다. 그들은 스포츠에 집중했고 선수들의 경기력 향상을 위해 최선을 다해왔다.

이런 배경이라면 스포츠브랜드 시장에서 1등은 당연히 아디다스여야 한다. 하지만 현재 세계 스포츠브랜드 시장에서 부동의 1위는 나이

* 문화일보, 2003.5.22.

키(www.nike.com)다. 이유가 뭘까?

여러 가지 원인을 언급할 수 있겠지만 강력한 원인 중에 하나는 나이키의 막강한 상품기획력과 효과적인 프로모션(Promotion)을 들 수 있다.

창업자인 빌 바우어만(Bill Bowerman)과 필 나이트(Phil Knight)는 미국 오리건 대학(The University of Oregon) 육상팀 감독과 소속팀 선수로 인연을 맺은 사람들로, 필 나이트는 대학 시절 중거리 육상선수로 활약했으며, 스탠포드 경영대학원(Stanford Graduate School of Business)을 졸업한 사업가적인 기질이 충분한 사람이었다. 석사 논문에서 '일본의 합리적인 가격대의 기능성 운동화가 당시 독일제 운동화 일색이었던 미국 운동화 산업을 바꿀 것'이라고 주장했던 필 나이트는 학위를 취득한 후, 직접 일본으로 건너가 오니츠카 타이거사(Onitsuka Tiger, 현재 아식스, ASICS)의 운동화에 대한 미국 내 독점 판매권을 획득한다. 빌 바우어만과 필 나이트는 선수들에게 고품질의 신발을 공급하자는 목표를 세우고 1964년 미국 오리건(Oregon) 주에 나이키의 전신인 '블루 리본 스포츠(Blue Ribbon Sports)'를 설립하고 오니츠카 타이거사의 기능성 운동화를 들여와 미국 시장에서 판매했다. 판매는 매우 성공적이었다.

그러던 1970년 빌 바우어만은 와플 굽는 기계에서 아이디어를 얻어 새로운 고무 스파이크(Spike)를 개발하게 된다. 1960년대 당시 선수들이 사용하는 신발들은 아돌프 다슬러가 선보였던 쇠가 달린 스파이크나 그와 유사한 신발들이 주류를 이루고 있었다. 그러나 육상 코치였던 빌은 오히려 쇠가 달려 무거운 신발이 기록에 방해가 될 수 있을 것이라고 생각했다. 액체 고무를 부어 만든 고무 스파이크가 장착된 그의 운동화는 쇠 스파이크가 달린 운동화에 비해 가벼우면서도 지면과의 마찰력이 강해 미끄러움을 방지함은 물론 추진력 향상에 큰 도움을 주었다.

이를 활용해 코르테즈(Cortez)라는 운동화를 선보인 그들은 1972년 '나이키'로 브랜드 이름을 바꾸며 본격적인 출범을 했다. 때마침 1970년대 미국 전역에서 조깅(Jogging) 열풍이 불었다. 기능성을 가진 신발을 독자적으로 개발하게 되면서 오니츠카 타이거사와의 관계는 악화되기에 이르렀지만 기록경기를 위한 선수들만이 아닌 일반 대중들을 상대로 합리적인 가격대를 제시하며 기능성을 앞세운 나이키는 미국을 기반으로 큰 성장을 하게 되었다.

▲ 필 나이트와 빌 바우어만 (출처: 나이키러닝 블로그)

빌 바우어만도 육상경기 7종목에서 미국 신기록을 보유하고 있던 스티브 프리폰테인(Steve Prefontaine)을 시작으로 자사의 제품을 선수들에게 지속적으로 후원했다. 그러면서도 이들은 자신들이 개발한 와플 특허와 1979년 미국 항공우주국(NASA)의 직원이었던 프랭크 루디(Frank

Rudy)와 함께 개발한 에어 쿠셔닝 기술(Air Cushioning Technology)을 이용한 '에어(Air)제품'을 선수용으로만 제한하지 않았다. 나이키는 자신들의 특화된 기술을 대중들을 위한 신발에도 동일하게 적용했다. 육상선수들과 동일한 특허기술이 적용된 신발이라는 소문에 나이키는 곧 미국에서 신발 및 의류, 용품을 대표하는 선두주자가 되었다.

나이키사는 골프, 야구 등의 분야에서 대중에게 가장 영향력이 있는 팀과 선수를 위주로 후원 계약을 체결하며 막대한 돈을 들여 스포츠마케팅과 홍보에 주력하는 한편, 판매는 일반대중을 지향하며 전 세계 스포츠 용품 시장 1위를 굳히고 있다. 대상을 바꾼 상품기획의 확실한 승리다. 또한 나이키는 이미 개발된 축구화를 사용자의 사용환경에 따라 실외용, 실내용으로 나누거나 각 구기 종목의 세밀한 특성을 살려 테니스화나 농구화는 물론 핸드볼화, 베드민턴화, 태권도화, 요가화 등으로 시장을 세분화하고 동일한 대상을 상황으로 다시 세분화함으로써 스포츠용품을 확대하는 데 주도적인 역할을 하고 있다.

│ 나 PD의 대상 바꾸기

'남자들이 / 집을 떠나 / 낯선 곳에서 / 1박의 일정으로 / 다녀오는 / 배낭여행'

단순하게 보이는 이 콘셉트를 가지고 2007년 8월 방송을 시작한 KBS TV프로그램인 〈1박2일〉을 히트시킨 나영석 PD. 나 PD는 '대상을 바꾸는 상품기획'이 재화의 영역에 속하는 유형상품에만 국한된 것이 아니라 서비스 상품인 방송 프로그램 기획 분야에까지 충분히 적용할 만한 것임을 보여주었다. 그가 공영방송 KBS에서 당시 '한낱'에 불과한 종합편성 채널인 CJ ENM으로 자리를 옮긴 뒤 새로운 프로그램을 기획함에 있어 적용했던 방법은 대상 바꾸기였다.

그는 새롭게 자리를 옮긴 지 얼마 되지 않아 <1박2일>의 콘셉트는 그대로 유지하되 여행의 대상을 평균연령 76세 4명의 남자들로 바꾼 프로그램인 <꽃보다 할배>를 기획한다. 대상이 달라지고 한국 땅에서 40년 이상 연기를 하느라 제대로 외국 한번 나가보지 못한 할배들을 위해 여행지가 국내가 아닌 해외라는 것만 달라졌을 뿐 프로그램 포맷은 이전과 같았다. 평균연령 76세의 노인네들을 말조차 안 통하는 오지(奧地)인 해외로 보내기로 결정한 것이다.

▲ 〈1박2일〉의 콘셉트를 빌려와 대상을 바꿔 방송된 프로그램들

해외여행이다 보니 일정은 불가피하게 늘어졌다. 게다가 대상이 모

두 노인들이다보니 이들을 이끌고(?) 갈 리더가 필요했다. 방송에서는 재미를 위해 탤런트 이서진이 짐꾼으로 소개가 되었지만 이 프로그램에서의 짐꾼은 길을 안내하고 숙소를 예약하고 일정을 조정하는 가이드였다. 결과는 당시 최고시청률 9.66%,* 그야말로 최고였다. 보통 시청률이 2%만 넘으면 '대박'에 속한다는 종편방송 사상 최고의 시청률이 터진 것이다.

나 PD 이전에도 히트 프로그램이었던 〈1박2일〉의 콘셉트를 조금씩 변형해서 방영한 프로그램들이 없었던 것은 아니다. 〈1박2일〉이 큰 성공을 하자 SBS는 1년 후인 2008년 6월, 비슷한 콘셉트에 출연진을 남녀로 섞은 〈패밀리가 떴다〉를 방영했고, 이어 남자들이 아닌 여자들이 출현하는 〈청춘불패〉라는 프로그램도 만들어졌다. 각각의 프로그램들은 시즌2까지 만들어졌지만 곧 종영됐다. 유사한 프로그램들이 기획됐지만 〈1박2일〉을 뛰어넘을 만큼 히트작이 나오지는 못했다. 이후에 기획된 유사한 형태의 프로그램 중에 가장 큰 공감을 끌어낸 것은 2013년 6월, MBC가 기획한 〈아빠! 어디가?〉다. 〈1박2일〉의 콘셉트에서 대상을 '남자들'에서 '아빠와 아들'로 바꾼 이 프로그램은 여행지이기 때문에, 물정에 어두운 아빠이기 때문에 벌어질 수밖에 없는 의외성과 아이들의 순진함이 프로그램을 채우면서 좋은 반응을 이끌어 냈다.

〈1박2일〉의 흥행 포인트를 명확하게 알고 있었던 나영석 PD는 종편 사상 초유의 히트작품을 내며 수많은 공중파 프로그램을 따돌리

---

* 2013.8.10. AGB닐슨미디어리서치. 케이블 가입가구 기준.

는 '시청율의 제왕'이 되었고 〈꽃보다 할배〉가 우연한 기획이 아닌 철저한 기획이었고 기획에 있어 그가 취한 기획방법은 '대상을 바꾸는 것'이라는 것을 〈꽃보다 할배〉와 〈꽃보다 누나〉, 〈꽃보다 청춘〉, 〈삼시 세끼〉를 통해 입증했다.

더군다나 〈꽃보다 할배〉가 끝난 후 이전에 여행자를 '남자들'에서 '나이든 여자들'로 바꾼 〈마마도〉라는 프로그램이 KBS를 통해 방영됐다가 시청률 부진으로 조기 개편되었음에도 불구하고 나 PD의 두 번째 작품이었던 〈꽃보다 누나〉는 첫 방송(2013년 11월 29일)에서 평균시청률 10.5%, 최고 시청률 12.2%를 기록(닐슨코리아, 유료플랫폼 가구 기준)하며 훨훨 날았던 것을 보면 기획하는 사람과 흉내 내는 사람은 다를 수밖에 없음을 인정하지 않을 수 없다. 그는 방송 프로그램 분야에서도 대상을 바꾸는 상품기획 처방이 얼마나 강력한지를 보여주었다.

얼마 전까지만 해도 방송프로그램은 해외의 것을 카피하는 것이 많았다. 하지만 최근에는 TV제작사들이 많아지고 온라인을 통한 미디어의 경계가 허물어지면서 콘텐츠의 경쟁이 불가피해짐에 따라 해외 히트 프로그램의 포맷을 그대로 가지고 오는 형태가 주를 이루고 있다. 이들은 모두 포맷은 그대로인데 출연 대상이 미국인(Project Runway)에서 한국인(Project Runway Korea)으로 바뀌거나 영국인(Britains Got Talent)과 미국인(American idol)에서 한국인(K-POP STAR)으로 바뀌는 식의 변형이 이루어지고 있다.

이런 의미에서 보면 현재 우리가 보고 있는 프로그램들은 지금도 얼마든지 대상을 바꾼 형태로 새롭게 만들어질 수 있다. 문제는 그렇게 바뀐 대상이 얼마나 많은 시청자들에게 과연 매력적일까에 관한 것이다. 대상을 바꾸는 상품기획 방법은 머천다이저가 가장 궁극적으로 고민해야 하는 방법이라고 할 수 있다.

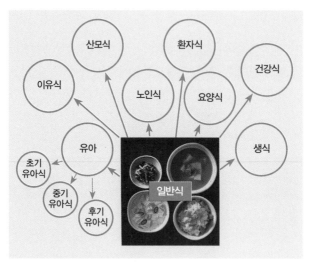

▲ 대상 바꾸기에 따른 일반식의 변화

대상을 바꾸는 상품기획은 우리가 흔히 먹는 '한 끼 밥'을 살펴보면 그 다양한 변화무쌍함이 새롭게 다가온다. 일반적인 사람들이 가장 편하게 먹는 밥을 '일반식(食)'이라고 정의해보면 대상이 갓난아이로 달라지면 일반식은 '이유식'이 되고 노인을 상대로 하면 '노인식'이 된다. 아픈 사람을 대상으로 하면 '환자식'이 되고 환자였던 사람이 회복의 단계에 들어서면 '요양식'으로 달라진다. 산모를 대상으로 한다면 '산모식'이 되고 건강을 생각하는 사람들을 위한 밥상은 '건강식'이 되고, 익힌 것이 아닌 날 것을 먹고자 하는 사람들을 위한 밥상은 '생식'이 되는 식이다.

이뿐 아니다. 이유식이 지난 어린아이는 '유아식'이라고 불리는 그들만의 식사를 하게 되는데 이 유아식은 다시 전체 약 21개월의 기간을 세 구간으로 나눠 '초기 유아식(만 15개월~18개월)', '중기 유아식(18개월~24개월)', '후기 유아식(24개월~36개월)'으로 나눠 다시 세분화된다. 대상을 바꾼 상품기획은 대상을 어떻게 규정하고 어떻게 나누는가에 따라 적용할 수 있는 상품기획 방법이다. 상품기획자의 핵심역량은 가치 있고, 의미 있고 동일한 자극에 다른 반응을 표출하는 고객들을 세분화하여 그들만의 요구와 원함을 구별해 내는 것이다.

혼재되어 나타나다

10개의 상품기획 방법은 각각 다른 방법을 적용하여 새로운 상품을 기획하는 방법이다. 하지만 실제로 만들어진 상품을 하나하나 따져보면 상품기획을 잘하는 각각의 방법은 단독적으로 발휘되기도 하지만 교묘하고 긴밀하게 어우러져 여러 방법이 혼재되어 발휘되는 경우가 많다.

2016년 4월 롯데홈쇼핑을 통해서 20년 홈쇼핑 역사상 국물용팩으로는 1050만 원이라는 최고의 분당 매출을 기록한 '육수바리스타'는 바다원이 강레오셰프와 함께 공동 기획한 상품이다. '육수 바리스타'는 주부들이 육수가 필요한 요리를 할 때 필요에 따라 멸치와 다시마, 꽃게, 새우 등을 따로 꺼내고 덜어서 끓이고 버리는 번거로움을 줄인 육수를 위한 국물용 팩이다. 국물용팩이 나오기 이전에 소비자들은 제대로 된 국물요리를 하려면 원하는 원물을 따로따로 구입해서 냉동실에 넣어야 했다. 육수바리스타가 출시되기 전 국물용 팩제품들은 필요한 원물을 따로 구입해야 하는 번거로움 대신 다양한 원물들을 일정 비율로 부직포에 한 봉씩 담아 소포장을 한 형태로 판매하는 것이 전부였다. 원물이 부서지고 찌꺼기가 남는 불편함은 줄어든 상태였지만 건수산물의 특성상 원물에 수분이 많다 보니 반드시 냉동을 해야 하는 보관의 불편함은 여전히 존재하고 있었다.

바다원과 강레오셰프는 원물만으로 좀 더 깊은 맛을 낼 수 있는 방법을 고민하기 시작했다. 마침 바다원에는 20년이 넘게 사업을 영위해 온 원물중심의 상품라인에서 탈피하되 가장 잘 알고 있는 분야에서의 노하우를 살려 신상품을 기획하려는 의지가 있었고, 강레오 셰프에게는 10년 넘게 피에르 코프만*이나 고든 램지**와 같은 세계적인 요리의 거장들을 사사하고 한국의 궁중요리의 기능 보유자인 한복려 선생을 사사하면서 알게 된 모든 요리의 기본이 되는 육수에 대한 좋은 레시피를 대중과 공유하고 싶은 의지가 있었다.

의기가 투합된 바다원과 강레오 셰프는 바다원이 좋은 원물을 고르고 강레오 셰프가 레시피를 잡는 구도로 상품기획을 하기로

---

* 피에르 코프만(Pierre Koffmann, 1948.8.21~) 영국에서 활동하는 프랑스 국적의 요리사. 그의 식당인 코프만즈는 영국 역사상 최초로 미슐랭 가이드 스타 3개를 받은 식당임. 그에게서 사사받은 요리사로는 마르코 피에르 화이트와 고든 램지(이상 영국인)와 강레오(대한민국) 등이 있음.
** 고든 램지(Gordon Ramsay, 1966.11.8~) 스코틀랜드의 유명 요리사이자, 식당 경영자, 푸드작가, 방송인. 그의 레스토랑은 세계적인 레스토랑 가이드의 《미슐랭 스타》를 15개 획득하였고, 현재 그는 14개를 보유하고 있음. 2001년 런던 첼시에 위치한 고든 램지 레스토랑이 미슐랭 스타 3개를 받으며 세계적인 유명 셰프로 이름을 알림. 영국 시리즈 《헬's 키친》, 《더 F 워드》, 《램지의 키친 나이트메어》와 미국 버전의 《헬's 키친》과 《키친 나이트메어》, 《마스터 셰프》 등의 요리 리얼리티 쇼에 출연해 욕설도 서슴지 않는 카리스마를 보여 유명세를 얻음. 출처: 위키백과.

▲ 상품 협의 중인 강레오 셰프와 바다원의 이영빈 이사 (출처: 바다원)

했다. 바다원의 이영빈 이사는 고객들의 식문화를 TPO(Time, Place, Occasion)로 구별하여 고객이 육수를 필요로 할 때를 분류했다. 각각 구수하고 감칠맛이 나는 육수를 원할 때, 깊고 진한 맛의 육수를 원할 때, 시원하고 개운한 맛의 육수를 원할 때, 맑고 시원한 육수를 원할 때로 고객의 요구를 세분화한 이영빈 이사는 추구하는 맛에 가장 잘 어울리는 원물들을 강레오 셰프에게 추천했다. 강레오 셰프는 제안된 원물에 차별성과 맛의 조합과 풍미를 고려했고 이영빈 이사는 다시 생산성과 수급성을 고려했다. 그렇게 탄생한 것이 '육수바리스타'다.

'육수바리스타'의 가장 큰 차별점은 첫째로 소재의 차별화에 있다. 바다원은 국내에서는 처음으로 국물용 팩에 이제껏 한 번도 시도하지 않았던 솔치와 복어를 사용했다. 부분적으로 육수 전문점들이 비법처럼 사용해 오던 재료를 일반 고객들도 사용할 수 있도록 소재를 바꾼 것이다.

둘째로는 기존의 국물용 팩 제품들이 멸치를 비롯한 원물을 말려서 담은 것에 반해 육수바리스타는 주재료인 멸치와 솔치, 다시다를 탈염함으로써 나트륨 농도를 줄여 유아식과 환자식에 사용할 수 있도록 했다. 멸치와 솔치는 선단에서 잡자마자 선상에서 물을 끓여 자숙을 시키게 되는데 이때 유통 중 품질보존을 위해 적지 않은 양의 소금을 넣게 된다. 그래서 국내에 유통되는 모든 멸치와 솔치는 특별히 계약 주문하지 않는 한 염도가 높다. 그런데 육수바리스타는 이런 원물들을 선별하여 탈염을 한 후 국물이 잘 우러날 수 있도록 원물을 잘라 육질과 영양은 그대로 살려 상품성을 높였다.

셋째는 로스팅 기법이다. 육수바리스타는 모든 원물을 마치 커피를 볶는 듯 원물별로 최적의 온도와 시간을 찾아 말리지 않고 볶아낸 로스팅(Roasting)기법을 사용하여 원물을 구워냈다. 로스팅기법은 원물의 분자구조에 변화를 가져왔다. 손은 많이 갔지만 모든 제품에 열을 더해 구워내는 기법으로 인해 바다원은 내용물의 수분을 3% 내외로 떨어뜨릴 수 있었고 육수바리스타는 국내에서 유일하게 상온유통이 가능한 국물용 원물팩 상품이 되었다.

기존의 제품들은 말린 상태의 원물을 사용하여 높은 수분율 때문에 변질의 우려를 안고 있어 냉동유통만 가능했지만 로스팅기법을 활용한 육수바리스타는 원물을 익히는 효과를 가져와 상온유통을 가능하게 했을 뿐 아니라 더욱 깊은 향과 감칠맛, 진한 국물을 우러나게 했다.

이렇듯 실제로 상품기획을 할 때는 한 가지만의 방법이 적용되어 상품이 기획될 수도 있지만 경우에 따라서는 여러 가지 방법들이 함께 적용되어 새로운 상품이 만들어지는 경우도 많다. 상품기획을 한다는 것은 상품기획자가 학습과 경험을 바탕으로 머리와 손을 통해 주어진 시간과 가용할 수 있는 자원에 맞게 다양한 방법들을 적용을 해 봄으로써 최적의 방법을 찾아내야 하는 휴리스틱(Heuristic)한 일이다.

"아빠, 나 다른 거 공부 먼저 해야 하니까 아빠가 이거 정리 좀 해주시면 안 돼요?"

책의 막바지를 쓰던 어느 날 서림이가 과학 시험공부 범위를 보여주며 한번 내용을 봐달라고 부탁을 해 왔다. 길지 않은 시험범위에는 지적재산권과 발명에 대한 부분이 포함되어 있었다. '별게 있을까' 싶은 마음으로 참고서와 유인물을 받아들고 서림이에 앞서 내용을 살펴보던 나는 선생님이 출력해서 주셨다는 발명에 대한 자료가 인쇄된 유인물을 보고 깜짝 놀라고 말았다.

'발명가의 자세'와 '발명의 요건'을 비롯해서 '발명의 종류' 같은 것들이 적혀져 있던 서림이의 유인물에는 특허청(www.kipo.go.kr)에서 출력했다는 '발명을 시작해볼까?'라는 짧은 글이 담겨져 있었다. 유인물에는 '발명'이라는 작업을 위해 어떻게 발명을 시작해야 하는지를 알려주는 방법이 차근차근 열거되어 있었다. 눈길이 머문 것은 유인물에 언급되어 있는 방법과 상품기획을 잘하기 위한 방법이 사례와 깊이는 다르지만 문제를 해결하는 핵심적인 부분에 있어 많은 유사성이 공유되어 있었기 때문이었다.

깜짝 놀란 나는 정신없이 머릿속을 뒤지기 시작했다. 그리고 나서 아주 처음, 지금과 같이 상품을 기획하는 방법들을 생각하고 그걸 마음속으로 적용해가며 사례를 찾아 정리할 수 있도록 마음을 먹게 한 기초가 16~17여 년 전 한 교육과정에서 만난 교수님의 강의를 통해 들었던 몇 개의 단어들로부터 시작되었음을 생각할 수 있었다.

'아… 그래 맞아, 그때 그런 단어를 언급하신 분이 계셨었지. 그런데 그분이 발명을 하시는 분은 아니셨는데…'

아마도 내게 지식을 전달해준 교수님께서는 그 키워드들을 더 오래전 발명분야에서 가지고 오셨는지 모른다. 하지만 그 단어들은 시간을 지나며 갈고 닦여 내게 전달되었고 그로부터 10년이 훌쩍 넘은 지금 나는 그 위에 머천다이저로서의 생각과 안목을 더할 수 있게 되었다. 기존의 것이 없었다면 불가능한 일이다.

머릿속 기억의 어느 방이었는지는 모르지만 그 방에 남아 있던 단어들이 씨앗이 되었다. 그리고 상품과 사업을 기획하고 런칭하는 동안 보고 듣고 체험했던 경험들과 가설들이 풍부한 자양분이 되었다. 그러는 과정에 논리가 더해지고 개념이 추가되고 통합과 분리의 과정을 지나면서 지금의 모습이 되었다. 그러니까 이 책의 내용도 새로운 것이 아니라 다른 분야에 있던 것을 발판 삼아 다른 눈으로 새롭게 표현한 것이라고 할 수 있다.

우리나라는 물론 전 세계적으로 불편한 경제 상황이 수년째 계속되고 있다. 더군다나 최근에는 공생과 상생을 요청하는 시대적인 요구가 여러 이해관계와 맞물리면서 유통업계에는 부쩍 상품기획에 대한 관심과 제대로 하는 상품기획의 필요성이 부각되고 있다. 하지만 불과 얼마 전까지만 해도 각 카테고리에서 1등을 하는 회사들은 상품기획에 대한 교육과 정립의 필요성을 누군가가 얘기하면,

"우리가 1등인데 누가 우리에게 뭘 가르쳐?"라고 말하거나, "우린 그냥 놔두는 게 도와주는 거야. 그거 배우면서 앉아 있을 시간에 나가서 매장 하나 더 오픈하고 상품 하나 더 올리고 물건 하나라도 더 팔아야지."라고 말하는 경우가 흔했다. 상품기획자들에게 있어 상품은 장소가 문제지 늘 넘쳐나는 것으로 보였기 때문에 언제든 좋은 상품을 공급받는 것은 문제가 아니라고 생각했기 때문이었다. 매년 확장되는 매장, 증가일로의 가입자 수, 팽창되는 매출로 인해 '상품을 기획해야 한다'는 콘셉트는 별로 공감되지 못했었다.

그 때문에 아쉽게도 우리나라는 유통시장이 개방(1996)된 지 30년이 가까워지는 지금까지도 유통현장에는 상품기획 업무를 하는 사람들은 많지만 상품기획을 제대로 배운 사람은 없고 마땅히 배울 수 있는 환경도 만들어져 있지 않다. 여전히 우리는 이 부분에 있어 비논리적이고 폐쇄적이며 비정형적이다. 그래서 아직도 일 년이면 수조 원의 매출을 올리는 대형유통회사의 상품기획자들도 '어떻게 상품기획을 하

느냐'는 기자들의 질문에는 아직도 업무를 '도제식(徒弟式)'으로 배우고 있다는 안타까운 얘기를 되풀이하고 있는 실정이다. 대기업의 상황이 이러니 지역 기반의 기업이나 이제 시작하는 수많은 스타트업들과 해마다 수십만에 이르는 귀농귀촌인들은 말할 것도 없다. 심사와 평가를 위해 전국 지자체와 학교 곳곳에 있는 창업센터와 기술지원센터에서 만나는 분들의 대부분은 상품기획을 배우지 않아서 소비자의 변화와 유통을 고려한 상품기획의 할 줄 모른다. 판로를 생각을 하지만 협의되지 않은 개인적인 생각일 뿐, 사전에 시장조사를 통해 판로의 상황을 알아보거나 판로를 확보하는 사람은 매우 적다.

판로를 확정하지 않고 식품을 만드는 분들은 마치 유통에 있는 MD들이 상품을 만들어 주기만을 기다렸다가 나왔다고 카톡만 날리면 서로 상품을 달라고 예상이라도 한 듯하다. 하지만 이미 만들어져 포장이 끝난 상품의 판로를 찾기란 현실적으로 매우 어렵다. 본인이 직접 온라인에서든 오프라인에서든 스스로 팔수도 없고 팔아줄 곳도 없는 이들은 그제야 센터장을 찾고 멘토를 찾고 MD들을 찾아 팔아달라고 읍소한다. 그나마 유통이 확대되던 시절, 상품이 수요에 비해 부족했던 시절, 유통에 짬짜미가 용인되던 시절에는 가능할 수도 있었다.

이제는 상황이 달라졌다. 제조업체는 물론 대한민국의 어느 유통채널도 자연증가분은 물론 이전과 같은 매장확대를 기대하기 어렵다. 생산과 공급의 효율화는 기본이고 공간의 효율화, 페이지의 효율화, 시간의 효율화를 생각하지 않으면 과잉공급되는 경쟁에서 밀릴 수밖에 없게 되었다. 고객의 시간을 잡아두지 못하면 어느 누구도 지속가능을 장담할 수 없다.

혹시 '어쩌다 되고 그냥 되는 일'이 한 번쯤은 있을 수 있겠지만 거듭 되는 일은 없을 것이다. 저성장이 일상화된 세상은 상품기획자들이 산 속에 들어가서 도자기를 굽는 것을 사사받거나 나전칠기 공법을 배우는 것 같은 방식의 반복과 여유로움을 주지 않을 것이기 때문이다.

상품기획의 기본은 분석하고 계획하고 의도한 후 가설을 세워서 검증하는 것이다. 그리고 이러한 과정을 통한 정보는 조직 내에 공유가 되어서 상품기획자라면 누구든 데이터를 기본으로 한 의사결정을 할 수 있어야 하며 그것을 기본으로 개인의 역량과 경험을 통해 시너지를 발생시킬 수 있어야 한다. 그런 정보들이 쌓이고 실적이 쌓이면서 각자의 채널과 카테고리의 특성에 따른 변수를 찾아내고 그 비중을 각자의 상황에 맞게 적용하는 일들이 진행되어야 한다.

너무 많은 상품에 오히려 불편함과 피로감을 느끼고 있는 요즘 고객들은 많은 상품을 필요로 하지 않는다. 본인이 사고 싶어 하는 상품과 그것에 관한 정보만을 필요로 한다. 그리고 '구매(Buying)'라는 활동을 통해 상품을 소유하는 것으로만 만족하지 않고 소유의 경험과 함께 지식, 추억, 쉼, 존재감과 소속감을 얻기 원한다. 신문으로 대변되는 구독경제(Subscription economy)가 생필품이나 의류를 비롯해서 다양한 서비스로 계속 범위를 확대해가는 모습은 상품을 대하는 고객의 변화가 매우 크게 달라졌음을 의미한다. 이것은 상품기획자들의 직무가 이제 '팔릴 만한 상품을 준비하는 사람'에서 '살 만한 상품으로 고객을 방문하게 하고, 오래 머물도록 하게 하는 사람'으로 달라져야 함을 뜻한다.

상품기획자가 해야 하는 일의 기본은 '잘 파는 기술(Promotion)'이 아닌 '잘 만들고 알리는 기술(Merchandising)'에 있다.

이 책은 부족하게 쓰였다. 충분히 담아내지 못했을 뿐 아니라 담아낼 수도 없었기 때문에 부족함이 그대로 드러나 있다. 하지만 바라기는 이 책의 고민이 각 분야의 상품기획자들에게 상품기획에 대한 보다 쉽고 빠를 뿐 아니라 실질적으로 적용할 수 있는 시작점이 되기를 원하고 앞으로 펼쳐질 상품기획 방법과 훈련에 조금이나마 유용하게 쓰이기를 기대한다.

'저성장 시대'에서의 상품기획은 무엇이든 많이 팔릴 것을 전제해서는 안 된다. 다양한 것이 팔릴 수는 있지만 한 가지가 많이 팔리는 일은 현격하게 줄어들 것이다. 서로 다른 여러 가지가 팔려 결론적으로 많은 수가 될 가능성이 높다. 한 가지가 많이 팔리면 좋겠지만 많이 팔리지 않는 것이 당연한 시대로 접어든 이상 적게 팔리는 것에 빨리 적응해야 한다. 그만큼 속도가 중요하고 다양성이 중요하고 마켓을 감지하는 능력이 필요하다. 상품기획자에게는 다른 상품으로 만들거나 다른 상품으로 인식하게 하는 기획력이 필요하다. 규모를 줄여 경쟁을 피하고 작은 독점을 만들어 팬덤(Fandom)을 확대시켜야 한다.

사회와 환경과 더 많은 사람들에게 편안함과 이로움을 주는 좋은 상품기획자들이 곳곳에 많아졌으면 좋겠다.

저성장시대에 상품기획을 잘하는
10가지 방법

개정판 1쇄 발행 2023년 4월 20일
개정판 1쇄 인쇄 2023년 4월 20일

지 은 이 최낙삼
발 행 인 전익균, 전형주

이   사 정정오, 김영진, 김기충
기   획 권태형, 조양제
편   집 김 정
디 자 인 페이지제로
관   리 김희선, 유민정
마 케 팅 팀메이츠

펴낸곳 (주)새빛컴즈, (주)아미푸드앤미디어
전화 (02) 2203-1996, (031) 427-4399 **팩스** (050) 4328-4393
출판문의 및 원고투고 이메일 svcoms@naver.com
등록번호 제215-92-61832호 **등록일자** 2010. 7. 12

가격 18,000원
ISBN 979-11-91517-39-2 03320